焦点艺术丛书

MARTIN KEMP

LIVING WITH LEONARDO

Fifty Years of Sanity and Insanity
in the Art World and Beyond

与达·芬奇同行

艺术世界内外 50 年
目睹之清明与疯狂

［英］马丁·肯普 著

沈丽旸 译　刘爽 校译

GUANGXI NORMAL UNIVERSITY PRESS
广西师范大学出版社
·桂林·

与达·芬奇同行：艺术世界内外 50 年目睹之清明与疯狂
YU DA FENQI TONGXING:YISHU SHIJIE NEIWAI WUSHINIAN MUDU ZHI QINGMING YU FENGKUANG

出版统筹：冯波
特约策划：徐捷　陈铖
责任编辑：谢赫
营销编辑：李迪斐　陈芳
责任技编：王增元
封面设计：彭振威设计事务所

Published by arrangement with Thames & Hudson Ltd, London
Living with Leonardo: Fifty Years of Sanity and Insanity in the Art World ©2018 Thames & Hudson Ltd, London
Text ©2018 Martin Kemp
This edition first published in China in 2022 by Tree Culture Communication Co., Ltd,
Shanghai Chinese Edition © 2022 Tree Culture Communication Co.,Ltd
著作权合同登记号桂图登字：20-2020-096 号

图书在版编目（CIP）数据

与达·芬奇同行：艺术世界内外 50 年目睹之清明与疯狂 /（英）马丁·肯普著；沈丽旸译；刘爽校译. -- 桂林：广西师范大学出版社，2022.8
（焦点艺术丛书）
书名原文：Living with Leonard：Fifty Years of Sanity and Insanity In the Art World and Beyond
ISBN 978-7-5598-5115-4

Ⅰ. ①与… Ⅱ. ①马… ②沈… ③刘… Ⅲ. ①达·芬奇(Leonardo, da Vinci 1452-1519)－人物研究 Ⅳ. ①K835.465.72

中国版本图书馆 CIP 数据核字（2022）第 103002 号

广西师范大学出版社出版发行
（广西桂林市五里店路 9 号　邮政编码：541004）
　网址：http://www.bbtpress.com
出版人：黄轩庄
全国新华书店经销
中华商务联合印刷(广东)有限公司印刷
（深圳市龙岗区平湖镇春湖工业区 10 栋　邮政编码：518111）
开本：635 mm × 965 mm　1/16
印张：21　　字数：270 千
2022 年 8 月第 1 版　　2022 年 8 月第 1 次印刷
定价：128.00 元

如发现印装质量问题，影响阅读，请与出版社发行部门联系调换。

代序　达·芬奇艺术的锁码与解码

郑巨欣

　　任何一位学过美术，或者爱好美术的人，只要听到莱奥纳多·达·芬奇这个名字，崇敬之情无不油然而生。仿佛 500 多年前那场声势浩大的欧洲文艺复兴运动又在历史的屏幕上展现了出来。其时，达·芬奇已经赢得了整个人文世界的赞誉。与其同时代的意大利艺术史家乔尔乔·瓦萨里，在《艺苑名人传》中写道："上苍通常将最丰厚的禀赋倾注于人类，而且有时还把这些盖世奇才奇迹般地融合在一起，赋予一个人美貌、德行和才华，因此这个人无论从事什么，都出类拔萃……人们在达·芬奇身上便清楚地见到这一情景。"1519 年 5 月 2 日，享年 67 岁的达·芬奇在克鲁庄园溘然长逝。克鲁庄园位于法国卢瓦尔河谷的昂布瓦兹，现已成为世界著名旅游胜地。达·芬奇曾给故乡佛罗伦萨带来巨大声誉，消息传来，佛罗伦萨诗人乔万尼·巴蒂斯塔·斯特罗齐，哀伤地为他献上不朽的诗句：

> 唯有他超越了所有人，
> 超越了菲迪亚斯与阿佩莱斯，
> 以及他们所有成功的同伴。
> 一支所向披靡的队伍。

　　众所周知，达·芬奇已经长眠不起，但是，人们依然觉得，他还活着。他真的还活着吗？毫无疑问，活着的，是大量达·芬奇作品、笔记、故事中的达·芬奇，一个让所有人折服的艺术灵魂，始终游荡在我们的视觉和记忆里，让人浮想联翩，隐秘而伟大。达·芬奇的贡献丰富了整个文艺复兴的内涵,但是,我们真正了解他的伟大,却还不到两个世纪。

在达·芬奇的诞生地芬奇小镇,立着一方石碑,上面仅有简单的达·芬奇生平信息。达·芬奇一生为后世留下了丰富的艺术遗产。一些可移动的作品,被收藏在许多著名博物馆,供研究者研究、爱好者瞻仰;一些不可移动的作品,包括在佛罗伦萨、米兰的个别建筑以及保留在建筑里的壁画,例如,绘制在米兰圣玛利亚感恩教堂的餐厅墙壁上的达·芬奇名作《最后的晚餐》等。直到 18 世纪末,人们还仅仅只是从瓦萨里的《艺苑名人传》和梅尔兹的《论绘画》中了解到达·芬奇是一位杰出的画家。

19 世纪末,随着达·芬奇手稿的现世,人们开始将他与科学家联系在一起。因为达·芬奇的手稿中,有许多与蒸汽机、潜水艇、飞行器、汽车、工地机械、战争防御系统相关的图解。有些图解,还将人类脑部与洋葱,坐着的男人与水的动态,女士的血管、呼吸、泌尿系统与农业灌溉系统相关联。这些完全是从科学家,而非只是从艺术家角度的思考。所以,达·芬奇被解读成了无所不能、无所不知的超凡巨匠,甚至被神化了。可见,我们距离了解真正的达·芬奇还很远,尤其对他创作时的所思所想,可谓知之甚少。也许,正是出于这方面的考虑,马丁·约翰·肯普(以下简写马丁·肯普)撰写了《与达·芬奇同行:艺术世界内外 50 年目睹之清明与疯狂》这部让人饶有兴味的著作。

马丁·肯普,1942 年 3 月 5 日出生,是英国著名的艺术史学家和展览策划人,从事达·芬奇生平和作品研究的权威专家。年轻时就读于温莎文法学校，1960年至1963年在伦敦大学考陶尔德艺术学院学习自然科学和艺术史。马丁·肯普在苏格兰工作25年有余，1966年至1990年在格拉斯哥大学教授美术，之后在圣安德鲁斯大学教授艺术史与理论。1991年当选为英国科学院院士。1995年起在英国牛津大学担任艺术史系教授，直至2008年退休。此外，他还曾在普林斯顿大学、剑桥大学、芝加哥大学和哈佛大学等机构担任过客座教授，获得过英国沃尔夫森学院研究教授职位，并与艺术史学家玛丽娜·华莱士一起，推出了"世界的达·芬奇"项目。

马丁·肯普写过不少有关达·芬奇的书。2010年，与法国工程师帕斯卡·柯特合著的《美丽公主》，讲述了一个达·芬奇真迹鉴定过程的真实故事。他不仅运用流传过程考证、材料论证、技法风格等常规的鉴定方法，还利用法医的鉴定方法，将画面左上角发现的一枚淡淡指纹，与达·芬奇作品《圣杰罗姆》上残留的指印相匹配，最终为《美丽公主》作者的归属问题提供了充足的理由、确凿的证据，鉴定故事读来津津有味，令人拍案叫绝。目前，国内已引进的马丁·肯普著作，有《看得见的·看不见的：艺术、科学和直觉——从达·芬奇到哈勃望远镜》（上海科学技术文献出版社，2009），《达·芬奇：100个里程碑》（金城出版社，2019）。现在，广西师范大学出版社又将出版由沈丽旸翻译、刘爽校译的《与达·芬奇同行》。

"隐秘"的基本解释是隐蔽不显露。这不由得让人联想起丹·布朗的《达·芬奇密码》。然而,马丁·肯普在《与达·芬奇同行》第十一章中,却将其"密码"与"谣言"相提并论。这是因为,前者是成功的推理小说,与马丁·肯普的探究截然有别。马丁·肯普笔下解读的《蒙娜·丽莎》《最后的晚餐》等名作,不是凭借想象和颠覆性的演绎激起读者的兴趣,而是以科学的态度,不畏读者披毛索黡的苛刻,以足够详赡的史料,深入而精细周密的研究,将烦琐的考证变得娓娓动人。《与达·芬奇同行》的独特之处,在于利用科学的方法揭示隐藏在作品背后的达·芬奇的思想。马丁·肯普以目鉴原作为前提,结合文献学、图像学,包括复原技术在内的科学检测,以及展览、模拟实验等,进行细致入微的构会甄释。在这个过程中,马丁·肯普不是从鉴赏角度,而是以倍加谨慎的研究态度,主动寻求根本性原因与更具可靠性的依据,来描述他所见之物。所谓真相,也即人们自以为熟悉,实际却并未完全参透的玄机。那么在马丁·肯普看来,达·芬奇名作之下的真相又是什么呢?也许,不只是视觉,还有达·芬奇用绘画讲故事的独特方式,及其所具有的超常的关联性思维与综合的艺术创造力,非凡的跨界与实验探索的想象力吧。

由此,马丁·肯普开始了他钩深致远的探赜索隐,通过对达·芬奇名作下的真相解码,来满足人们求知的天性,带领读者在获得种种喜悦的同时,进入一种美妙的境界。

目录

前言　艺术史在行动　1

序言　达·芬奇简介　5

第一章　《最后的晚餐》与最初的尝试　16

第二章　"还原"《最后的晚餐》　48

第三章　望向丽莎　66

第四章　被盗走的圣母子像　97

第五章　美丽公主　132

第六章　丑陋的争端　154

第七章　救世主　180

第八章　科学与视觉　208

第九章　古抄本与计算机　234

第十章　展览　251

第十一章　密码与谣言　277

后记　307

参考资料　309

图片版权　312

致谢　314

索引　318

莱奥纳多·达·芬奇的侧面肖像，1515年，红色粉笔，27.5厘米×19厘米

前言　艺术史在行动

这本书囊括了莱奥纳多·达·芬奇半个世纪的人生，是我与达·芬奇的个人际遇。它不是一部自传，即使在我的整个学术生涯中，它都显得极为特殊——可能它更接近高度聚焦一系列经历的回忆录。

我不知道任何能够与之比较的作品。2008 年，对达·芬奇研究最多的卡罗·佩德莱蒂已经或者一直有意出版一本 700 多页的《莱奥纳多与我》。虽然那本书是一个出色的研究交流宝库，融合了卡罗个人的洞见和达·芬奇的笔记、草稿、绘画及相关文献，但是，卡罗却并没有展现由此而延伸出的关于人、机构、事件与诡计的生动故事。

在艺术史，甚至更广泛的领域，达·芬奇都是无可匹敌的。他是 20 世纪前著名的历史人物。2013 年有一项衡量历史声望的定量分析，达·芬奇位列"20 世纪前的艺术家"榜单榜首（第二位是米开朗琪罗），而在另一项"前 30 名历史人物"排行榜中，达·芬奇排名 29，位居前列的是耶稣和拿破仑，阿道夫·希特勒排名第 7。

2011～2012 年的冬天，伦敦的英国国家美术馆举办了一场"莱奥纳多·达·芬奇：米兰宫廷画家"展览，所有门票提前售罄，部分门票还以天文数字般的高价在网络上转售。一个艺术展能引起如此强烈的反响是前所未有的，达·芬奇就像票务网站上的一位"当红明星"一样。而一般占据"当红明星"位置的并不是画家，也不是雕塑家，而是布鲁斯·斯普林斯汀这样的摇滚乐巨星，他的名曲《老板》在谷歌上拥有近 1900 万次的点击量。在写作本书时，达·芬奇在该网站的点击量也接近 1000 万次，而他的代表作《蒙娜·丽莎》的点击量则高达 2850 万次。对于一个 500 多年前的艺术家兼工程师来说，如此火爆的受欢迎程度已经非比寻常了，而且他还以什么事都没能完成而闻名——当然，除了世界上最著名的画作《蒙娜·丽莎》，还有可能是知名度仅次于其的画作《最后的晚餐》。

同时，他还绘制出世界上最著名的一幅素描：在一个圆圈和方形中张开四肢，并且有着四条胳膊和四条腿的裸体男人（基于古罗马建筑师维特鲁威的理论）。

达·芬奇有着无私的奉献精神，同时又充满着无拘无束的幻想。人们关注他，一部分是因为他享誉盛名，但最根本的原因，是他的研究领域横跨艺术、科学与工程，其涉猎的深度、广度以及创造性都是举世无双的。正因如此，他的生活经历和工作也成了一个始终开放的理论宝库，没有人能够匹敌——你见过有人销售"米开朗琪罗密码"之类的书吗？达·芬奇的研究事业是如此与众不同，很容易让人深陷其中。

我从事达·芬奇这项研究工作已近 50 年，可以说见过了它的全貌。我曾与大大小小的学者、收藏家和策展人打过交道，也曾与艺术世界里充满膨胀的自负情绪且狡猾的经销商、油腔滑调的拍卖商斗智斗勇。研究达·芬奇的主要学者和作家，甚至是伪历史学家和幻想主义者，都与我有过交集。在一些私人或公共场合，我也曾对一些人的攻击进行了回应。我一直在应对那些日益膨胀的"达·芬奇狂热分子"，谨慎地与学术界和博物馆的既得利益相处。"反莱奥纳多"群体一直向我施压，有时达一周多次。我一直密切关注着过去 100 年中关于达·芬奇的两大重要发现，其中一个突然陷入了敌对与争议，另一个的名声与价值则不由自主地攀升。精巧的仿品考验了我鉴别真伪的能力，百万英镑计的达·芬奇商业市场也让我直接或间接地参与一些较为突出的金额高昂的庭审案件当中，警察曾因达·芬奇的圣母子像在苏格兰的城堡盗窃一案来向我咨询。我组织过许多场达·芬奇的展览，介入过所有相关的周旋当中，我也参与过诸多广播和电视节目。不得不说，大多时候，出版商和编辑对我提出的要求在很大程度上使我受益匪浅。我曾在国家收藏委员会中任职，目睹了艺术世界各种活动的方方面面。与此同时，我也一直从事自身的研究工作。

而这一切，在 20 世纪 60 年代末我第一次接触达·芬奇的解剖素描时，都完全没有预料到。后来很多时候，我感到自己已经完成了对达·芬奇的研究，我已经说了所有想说的话，是时候继续向前了。1981年我的第一本专著《莱奥纳多·达·芬奇：自然与人类的杰作》出版时，我的确认为我们的关系差一点就这样定形。好在后来我意识到达·芬奇其实从来没有和我"分手"。他始终在向和他交往过的人提出不可抗拒的要求。

达·芬奇就像是一块磁石，人们很容易被他一些荒谬的想法所吸引，但能与500多年前的人物对话是一种荣幸，更何况他依然活跃在人们的脑海中。虽然很多达·芬奇的研究者所提出的理论站不住脚，但是他们确实投入了大量的时间与情感。在本书中，我会尽量用一种易于理解的方式对此进行回应，不过依然担心有时会显得生硬。达·芬奇持久的影响力保证了公众对我的研究工作以及我参与的媒体节目抱有高度的兴趣。我也很享受与众多国际友人及同僚的广泛接触，他们对于揭示达·芬奇的天才之处发挥了不可或缺的作用。多年来，将我所了解的达·芬奇讲述给好奇的学生们，是一种持久不断的欢乐，我也很乐意其中一些达·芬奇的"粉丝"能够与我保持联系。

关于达·芬奇的故事数不胜数，它们生动有趣，极富启发性，但同时也展示了一个历史学意义上的事实：每个人获取的知识、个人观点的形成，很大程度上是取决于我们特定的成长及生活环境的。简单来说，就是认识方式不同，事物的样貌也会产生不同。它有点像现代物理学中的概念，即观察者和观察手段对于观察系统的介入。在我的教学工作中，我曾多次举办"艺术史在行动"的研讨会，我们广泛讨论了艺术史知识得以产生的各种环境。而意识到环境的广泛性本身就是具有教育意义的，同时也为那些打算进入艺术领域的学生提供一些建议。

艺术史研究领域表面平静，但清醒的人会看到在所谓的客观分析和专业话语的表象下，仍隐藏着混乱、一意孤行、偏见、既得利益、民族性，以及那些被刻意操纵的争论，它们全都混杂在一起。有人很珍视某些理论，但其论据却是一些站不住脚的假设。在作品的鉴定中，对鉴赏力的强调会让"困难的"科学检测证据得不到重视。声称拥有"一双善于观察的眼睛"可能会轻易否定其他的分析模式。而作品归属的认定则有可能牵涉着巨大的经济利益，从而陷入纷争。在极端情况下，策展人或许会为了获得展览资金而修订展品目录，博物馆的馆长和董事会也可能会违反相关的规定。

对于那些书写或宣传达·芬奇的人而言，为了吸引观众，他们会不由自主地捏造一套新的理论。媒体会被所谓的异端邪说和对神秘教派的忠诚所吸引，记者会去迎合公众的口味，甚至附和那些造假者，让专家们受辱；电视公司为了提升节目的收视率，会用一种"摇摆不定"的标准来证明那些古怪的想法是合理的。有人称，《蒙娜·丽莎》是达·芬奇本人男扮女装后、以自己为模特绘制的，最近又有人称变装做模特的人其实是他的学生萨莱，又或许这件作品根本不是达·芬奇所作，还有人告诉我蒙娜·丽莎其实是提香所画的大溪地公主。而藏于都灵的著名《自画像》实际上根本不是那个样子。没有什么能阻止公众的想象——诸如此类的假想层出不穷。每个月都会有新的谬论出现，然后和旧的谬论叠加。人们会很容易陷入自我辩护的模式，平静地立于一片混乱之上，做出如古代诸神般的判断，但很显然，我也处于利益和偏见的复杂网络中，而且并不能声称自己拥有某种独特的途径，能够接近真正的事实。所以，我已经尽力保持清醒，意识到我的观点也有可能是不正确的。

本书的组织结构大体上是根据主题而非时间先后来安排的。序言部分简要地介绍了达·芬奇的职业生涯，为我所关注的作品建立了一个语境。前七章以《最后的晚餐》《蒙娜·丽莎》，以及另一些我尤为青睐、有过诸多交集的著名作品作为案例展开，即使有些遭遇并不愉快。接下来的四章则以主题的形式探讨达·芬奇作品的方方面面，每一章都旨在阐明现代艺术史书写的一个特定方面。我所做的研究并非按照传记的框架来构成的；而且本书也没有涉及达·芬奇相对较小的绘画作品。

当我开始研究达·芬奇的时候，我不知道自己在研究什么，然而，这些年来他一直待我很好。谨借此书向达·芬奇表示由衷的感谢。

序言 达·芬奇简介

多年来，我一直致力于创作一幅达·芬奇的"画像"，试图涵盖他所涉及的所有领域并展现它们与其核心信仰之间的关系。考虑到接下来的章节会片段式地讲述达·芬奇的主要成就，在此先对他的生平做一个简短介绍。

达·芬奇是一个私生子，母亲是一位名叫卡特琳娜·迪·梅奥·利皮的贫苦孤儿，父亲是托斯卡纳山区芬奇镇的一名公证人员。1452年4月，达·芬奇出生时，他的父亲正在小镇东边20千米外的佛罗伦萨开展其显赫的事业。所以达·芬奇是在当地的祖父家中长大的，不仅受到了很好的照顾，还接受了不错的教育。

事实上，我们并不清楚达·芬奇具体是在什么时候搬去佛罗伦萨并接受著名雕塑家、金匠、画家、设计师安德里亚·韦罗基奥的指导的，或许是因为私生子的身份被禁止继承父亲的事业，他才开始学习艺术，但达·芬奇很早就展现出了在艺术方面的天赋。1472年，年仅20岁的达·芬奇已经在圣路加行会缴纳了个人所得税。至少在1476年之前，达·芬奇一直在韦罗基奥的工作室勤奋地工作。同年，他和一些人被匿名指控有同性恋行为，但事件未被深究。

韦罗基奥与达·芬奇合作的最重要成果是现存于乌菲齐美术馆的宗教作品《基督受洗》，两位艺术家采用了当时还比较陌生的油画颜料，使人物带有一种强壮、雕塑般的风格，令人眼前一亮。朦胧的风景与涓涓细流蕴含着让人兴奋的活力，这种表现手法在达·芬奇第一幅注明日期的作品中也可以看到，即1483年8月5日为庆祝雪地圣母节所画的山地风景。在达·芬奇15世纪70年代的作品中，如《天使报喜》、慕尼黑的《圣母像》以及《吉内弗拉·德·本奇肖像》，都展现出韦罗基奥画室的巨大影响，同时也带有引人注目的个性风格，尤其体现在对于事物外观的仔细刻画和渲染上。达·芬奇的第三幅小型画作《帕诺瓦的圣母》更展现出其个人风格的形成：富有活力的人体和心理活动相辅相成。

韦罗基奥曾为布鲁内莱斯基设计的佛罗伦萨百花大教堂的穹顶制作空心铜球，托斯卡纳大师们的博学传统无疑对达·芬奇产生了潜移默化的影响。他学习了画家应该了解的透视法和解剖学，并在各种艺术媒介、文化和军事工程、仪式设计中培养各项技能。达·芬奇留存至今的、自15世纪70年代起创作的手稿中，我们可以看到他在军事、水利工程、机械设备、武器设计、传动装置、几何学、时间计算方面都有着独立的思考。从不止一份记载了达·芬奇想要咨询的人和想要查阅的书籍的早期备忘录中，还可以看出他对科学的广泛兴趣。虽然关于这段时期的材料并不多，但简而言之，它们至少提供了诸多线索，证明达·芬奇从一开始就有着广泛的好奇心和远见卓识。

从达·芬奇有记录的第一份绘画工作中便能得知，他的才华在早期就已经得到认可。1478年，达·芬奇接受委托，绘制著名的佛罗伦萨共和国议会大厅中圣母与圣徒的祭台装饰画。这是我们所知的达·芬奇职业生涯中的第一个项目，但不幸的是，它一直处于未完成状态。类似的还有《三王来拜》，是为佛罗伦萨城外一座修道院绘制的大型方形祭坛画——至少我们能够在乌菲齐看到这幅作品出色的底稿。达·芬奇革新了佛罗伦萨地区的表现传统，借助透视手法在背景中的废墟建筑周围，描绘出战马、动物和人民的各种身体动态，展现出基督诞生时所触发的虔诚、沉思、困惑及敬畏交织的复杂情绪。而佛罗伦萨的叙事性绘画从根本上受到了这件未完成品的巨大影响。

研究资料显示，1483年4月，达·芬奇已经离开了佛罗伦萨。当时他接受了米兰两兄弟的委托,围绕米兰的一座形制巨大、构造复杂的祭坛进行绘制、上色与镀金工作。其中就包括位于祭坛正中央的那幅《岩间圣母》。最初,可能是佛罗伦萨的洛伦佐·德·美第奇将达·芬奇作为艺术使者,引荐给了米兰公爵卢多维科·斯福尔扎。目前还不清楚达·芬奇是什么时候正式为斯福尔扎服务的,但在就职后,他给公爵写了一封长长的推荐信,承诺他将在军事工程方面取得卓越的成果,其中包含了他自己研究发现的大量"秘密"。在求职信的结尾,达·芬奇还提到自己的艺术成就"可以与任何人一较高下"。

这项委托出人意料地催生了两个版本的作品,一个版本现藏于卢浮宫,另一个版本在伦敦。就艺术家的工作而言,绘制过程谈不上高效。直到1506年,委托这项工作的同僚们还在等待《岩间圣母》的完成。大约在1493年,卢多维科公爵很可能征用了藏于卢浮宫的首个版本作为比安卡·玛利亚·斯福尔扎与罗马帝国皇帝马克西米安的结婚礼物。它促使艺术家最终在1508年完成了最初的委托。《岩间圣母》的两个版本讲述了婴儿时期的基督与施洗约翰在逃往埃及途中相遇的故事。圣约翰处于大天使乌里叶的看护中。整幅画面中的情感交流就像光影系统一样新颖。在这个奇幻的岩洞中,丰富的植物、地质景观为人物提供了背景,它再一次展现出达·芬奇对于"如何借助自然,使观者与宗教性的形象产生共鸣"进行的反复思考。

如果只看达·芬奇在斯福尔扎家族工作约18年的艺术成果,会发现它们的创新性就像其稀少的数量一样,让人震惊。在三幅贵族肖像中,有一幅未完成。而在这些作品中,最出名的一幅就是绘制于1490年前后的《抱银鼠的女子》,年轻的公爵情妇塞西莉亚·加莱拉尼怀抱着一只异常巨大又纤瘦的银鼠——象征着温和与纯洁,她浅笑着,转身向一位画外人致意(据推测可能是公爵)。再一次,一个看似静态的主题被赋予了叙事性。而达·芬奇唯一一次对斯福尔扎家族的内部成员进行较为正统描绘的作品,是用墨水和粉笔为比安卡·玛利亚·斯福尔扎绘制的肖像画,用于一本牛皮纸制成的书——赞颂公爵父亲弗朗西斯科的传记。

本书前两章的主题围绕《最后的晚餐》展开,这幅壁画是卢多维科公爵在1497年为装饰恩宠圣母教堂的餐厅而委托达·芬奇绘制的。达·芬奇在斯福尔扎时期最雄心勃勃的项目,是建造弗朗西斯科·斯福尔扎的大型骑马像。为了制作一个等尺寸的模型,达·芬奇付出了高强度的体力与脑力劳动,包括对马的解剖结构和比例的详细研究,同时解决用青铜铸造这样一个庞然大物的艰巨任务。在1499年,由于卢多维科公爵入侵法国失败,这项极其昂贵的任务遭受了致命的打击。

达·芬奇"产出稀少"的观点是极具欺骗性的。他在宫廷担任过各种职务,而不仅仅是一位米兰公民和军事工程师。我们有充分的证据证明,他有许多具有远见卓识的发明,这些发明被认为是工程师们宣扬自身研究成果的最佳视觉证据。遗憾的是,达·芬奇的许多工作活动并没有被记录下来,也未能留存。他所实现的最宏伟的建筑是用于重大庆典活动——尤其是用于盛大王室婚礼——的舞台布景装置。他创造了很多震惊世人的戏剧效果,如天堂般的穹顶、开阔的山脉。这些设计工程浩大,造价昂贵,还必须要按时完工。达·芬奇把许多关于宫廷建筑的创造性想法都运用在了斯福尔扎城堡的大型转角厅"天轴厅"当中,四面墙壁与天花板上都装饰有树木与金色绳结交错的繁复植物图案。

不仅如此,达·芬奇还在更广泛的领域为朝臣们的娱乐营造各种乐趣。他能把水变成酒,以现代表情符号的艺术手法创造谜语,用一种小提琴演奏音乐,朗诵似是而非的寓言和预言,设计可移动的户外看台,并以复杂而博学的观点论述为什么绘画优于其他任何一种艺术形式。而当他从那些能够为他带来持久声誉的作品中抽离时,他又在笔记本中表现出沮丧的情绪。

在宫廷中,达·芬奇的科学研究得到了蓬勃发展的空间,他安排了一项活动，即从亚里士多德学派的书籍当中获取知识。最显著的成果是解剖学，他将动物解剖的数据与传统智慧结合起来，并加入了一些稀缺的人类研究材料。达·芬奇早期在解剖学方面取得的最大成就集中在他于1489年对人类头骨的研究上，在这一方面，他给予了大脑功能以骨骼结构同等的重视。达·芬奇的另一个主要关注点是光学，他借助不同来源的光和各种形状的物体，进行了一系列复杂的投影演示。他对自然现象中数学运算的热衷，则表现在他对静力学（如平衡）和动力学（如武器的弹道学）的研究上。他致力于研究水流运动的物理学原理，成果包括他在米兰时的笔记，后者广泛讨论和说明了水利工程的理论维度。而支撑这些兴趣的动力来自几何学本身，达·芬奇为曾一同共事的数学家卢卡·帕乔利的论著《神圣比例》绘制了规则和半规则的"柏拉图立体"插图。达·芬奇最令人印象深刻的地方还在于他永不停歇，他在宫廷中的工作远远不限于完成一些画作。

因为卢多维科公爵过于复杂、圆滑的外交手段与军事政策，达·芬奇在斯福尔扎宫廷的多彩生活随着1499年法国路易十二世军队的到来而结束。达·芬奇当即选择了威尼斯，并在此后为这个水上共和国设计了一些水利措施，帮助城市应对来自土耳其的威胁。1500年2月，达·芬奇来到曼图亚，卢多维科公爵已故妻子的妹妹伊莎贝拉·德·埃斯特对他的肖像画技艺早有耳闻，并表现出浓厚的兴趣。达·芬奇为伊莎贝拉创作了一幅素描稿，但4月他就回到了佛罗伦萨。虽然达·芬奇承诺过要将这幅画稿变成一幅完整的肖像画，但无论这位侯爵夫人付出多大努力，终究没能从他身上争取到任何一幅作品。侯爵夫人在佛罗伦萨的代理人报告称，达·芬奇正在创作《圣母子与圣安妮和施洗约翰》的草稿和一幅小型油画《纺车边的圣母》。除此之外，据记载，达·芬奇的生活可谓居无定所。为了寻找新的机会，达·芬奇花了9个月左右的时间为冷酷无情的切萨雷·波吉亚服务。当时，切萨雷·波吉亚以波吉亚教皇亚历山大六世之名,在意大利中部和北部横行霸道,力图征服所谓的教皇国。

1503年2月,达·芬奇回到佛罗伦萨,他很快被政府快速围攻比萨的计划所占据,其中最著名的设计是一个注定无法完成的工程——让环绕这座正在顽强抵抗的城市的阿诺河改道。达·芬奇参与了阿诺河谷的地质研究,最有成效的成果是他越来越相信"地球的主体"一定在很长一段时间内经历了巨大的变化。他的主要证据来自被流水侵蚀的层叠的化石。

同年,达·芬奇的绘画事业突然恢复繁荣。7月,达·芬奇的名字再次被记录在圣路加行会的账簿上,因为他接受了政府的一项委托,为新建的议会大厅创作一幅表现战斗场景的壁画。壁画的主题是佛罗伦萨人在安吉亚里战胜了米兰人。为了制作草图,达·芬奇被授予新圣母玛利亚教堂一个大厅的使用权,并定期收到一系列用于创作的资金,还有用于革新脚手架的零部件。但在1504年5月,达·芬奇和政府签订了一份协议,政府代表为马基雅维利,表明上述计划并非如预想般顺利。而在此时,年轻的竞争对手米开朗琪罗的加入也让达·芬奇感到不快,米开朗琪罗被委托绘制另一幅战斗场景:佛罗伦萨人在卡希纳与比萨人的战争。据我们所知,大约一年后,达·芬奇还在议会大厅的墙面上作画,因为他曾在笔记中记录,他的工作因为夏季的一场狂风骤雨而严重受阻。他尝试在灰泥上用一种实验性的油画方法去描绘中心物象:为了争夺米兰旗帜而扭在一起的战士们。但这项新技术似乎未能达到他理想中的效果。

1506年3月,我们首次注意到达·芬奇在佛罗伦萨共和国与驻扎在米兰的法国当局之间的摇摆。考虑到佛罗伦萨对于法国当局的依赖,佛罗伦萨在政治上并不具备赢取这场战斗的可能性。1506~1507年,达·芬奇和他的家人频繁往返于两座城市之间,但在1508年4月,他失去了作为佛罗伦萨常驻艺术家的身份。16世纪60年代,在壁画《安吉亚里之战》被美第奇家族壁画覆盖之前,这幅未完成的画作可谓史无前例,展现出愤怒的战士与狰狞的战马在厮杀当中的凶猛动态,一直被视作是市政厅的一大奇迹。而米开朗琪罗与之相关的工作也止步于草创时期,因为他离开了佛罗伦萨前往罗马,开始为教皇尤利乌斯二世工作。

但达·芬奇不愧是达·芬奇,在佛罗伦萨期间,他还做了许多其他的事情,包括绘制丽莎·德·乔孔多的肖像,即著名的《蒙娜·丽莎》。该幅作品于1503年开始创作,但真正完成却是在许多年之后。较近发现的《救世主》也大约创作于这个时期,还有达·芬奇一生中最具价值,但现已失传的油画《丽达与天鹅》。第二版的《岩间圣母》也最终成为米兰的祭坛画。

除了绘画,达·芬奇还对几何学进行了大量研究,其中包括一项十分经典的工作:确定一个面积等于既定圆形的正方形。他还深入分析了自己的地质观测结果,这些重要的研究成果都记录在由比尔·盖茨收藏的《莱斯特抄本》中。1507~1508年的冬天,当达·芬奇回到佛罗伦萨时,解剖学的工作渐渐崭露头角,他得到允许,在新圣母玛利亚医院解剖一名自称已有100岁的男子。在这项最为重要、记录最为翔实的解剖工作中,达·芬奇重点记录和研究了人体的循环系统,包括血管、支气管和泌尿生殖系统,他发现老人的血管已经变得弯曲、堵塞,就像淤积的河流。这与他的微观世界学说是一致的,即"微小的世界"能够反映其整体的运作,而且它是一个更大的世界——"地球自身"——的组成部分。

驻扎米兰的法国人,包括国王,都十分仰慕达·芬奇的才能,并给予他各种特权与源源不断的资金支持。因此,达·芬奇再一次参与了圣母子与圣安妮主题的创作,可能是一幅为国王创作的油画。不过,最终的成品在他死后才被纳入法国皇家艺术收藏,但达·芬奇广泛地参与了各种各样的皇室工作,包括建筑、宏伟的剧场设计等,还规划设计了米兰将军吉安·贾科莫·特里武尔奇奥的青铜骑马像。

达·芬奇在米兰宫廷任职期间重复采用的基本原理，包括计算体积和面积的几何学；他还试图"推进一切解剖工作"；（结合理论与实践）进一步制订了对水的研究计划；发展了地球古代史的思想；完成了一篇用以改进飞行器设计的鸟类飞行论文；并对眼睛内部的光学结构进行了深入研究。与之前所作的假设相比，达·芬奇逐渐认为"观看"是一种愈发模糊的过程。

达·芬奇此后的解剖学研究主要有两大成就。一个是1510年左右对于骨骼和肌肉系统的结构与力学的出色研究。另一个则围绕心脏，探索了其内部肌肉与血液流动的关系。研究指出主动脉瓣是借助血液的曲线紊流，来填充每个瓣膜的三个凹尖的，这样随着每次泵血收缩而排入血管的血液就不会发生回流。他可能会这样写道："让每个不是数学家的人，都能读懂我的原理。"

为驻扎在米兰的法国当局工作了五年后，达·芬奇又来到了罗马，彼时佛罗伦萨的乔凡尼·德·美第奇刚好被选为教皇利奥十世。达·芬奇被安顿在享誉盛名的梵蒂冈，开始为教皇的兄弟朱利亚诺工作。或许他就是在罗马开始绘制《圣施洗约翰》的。这位圣人在无尽的黑暗中，指向天堂——精神力量的无尽之源，脸上却露出狡黠而神秘的微笑，正如达·芬奇笔下那些保有秘密的人。朱利亚诺可能与达·芬奇重新开始创作《蒙娜·丽莎》有很大关系。其他的一些部分完成的作品，如《丽达与天鹅》《圣母子与圣安妮》等，可能都是在此之后关注的主题。不过，在为朱利亚诺工作期间，达·芬奇的主要工作似乎不是绘画，他参与了一些水利与海事工程项目，努力完善一类有着巨大的凹面"燃烧镜"的发热装置——不仅仅用来摧毁敌人的船只。一位受聘于达·芬奇、负责镜子制作的德国工匠曾谴责达·芬奇进行人体解剖，但他并没有停止研究。几何问题也继续困扰着达·芬奇，而在他最初的兴奋之后，关于圆形与方形的计算问题仍然没有得到解决。

1515年冬天,达·芬奇和朱利亚诺一起前往佛罗伦萨,参加利奥十世的入城凯旋式,并筹划在佛罗伦萨建造一座宏伟的新美第奇宫。在此之前,达·芬奇可能已经去过博洛尼亚。在那里,教皇与弗朗西斯一世召开了一场极其重要的会议。温莎城堡收藏的一件达·芬奇素描作品似乎就是关于会议相关协定的寓言,描绘了一艘载有象征罗马的狼的船只,正在驶向一只帝国的雄鹰。1516年3月,朱利亚诺意外死亡,达·芬奇失去了赞助人,在一份悼词中他哀叹道:"美第奇成就了我,也毁灭了我。"

对于法国人而言,达·芬奇因为在米兰的工作而声名大噪,或许他在博洛尼亚的会议上遇到了新任君主弗朗西斯一世。在1516年的某个时期,达·芬奇接受了来自弗朗西斯一世的丰厚资助并且移居法国。他被安顿在昂布瓦斯的克洛吕斯庄园里的一座雄伟的城堡中,达·芬奇及其家庭也能够获得丰厚的薪水和大量津贴。法国君主正在大量引入意大利文艺复兴时期的文化,并且尤为看重达·芬奇所发挥的重要作用,一名证人曾记录了这一点:

> 君主弗朗西斯对于达·芬奇的出色成就致以最崇高的敬意。一年之中,他只愿短暂地从与达·芬奇的交流中离开……他说他不敢相信世上竟然有人如此博学,此人不仅在雕塑、绘画、建筑领域无人匹敌,同时还是一名非常伟大的哲学家。

达·芬奇接待过不少政要名人,如在他1517年10月的旅行日记中,就提到了安东尼奥·德·比蒂斯,后者曾参加了阿拉贡主教的欧洲旅行。达·芬奇不仅向访客们展示了包括《蒙娜·丽莎》《圣母子与圣安妮》在内的画作,还一同展示了各类出色的手稿,其中关于解剖的部分给人留下了深刻的印象。据说这一时期,达·芬奇因为经历了一场中风,正遭受着右半身瘫痪的痛苦。

弗朗西斯一世期望达·芬奇能做出一些成果，也确实得到了很多奇异的设计，比如一只实现自动的狮子，它能够大步上前，挺起胸膛，露出蓝色背景下的法国百合花，以此象征着和平。为了庆祝年轻的洛伦佐·德·美第奇和法国君主侄女的婚礼，达·芬奇根据1490年最初为米兰设计的"天堂"装置，又建造了一个新的作品。他还在罗莫朗坦深入参与了一项雄心勃勃的城堡/宫殿建筑工程，包括借助水利工程建造了一座观赏性的喷泉。虽说达·芬奇的广泛研究（包括长期的实地考察）并不会产生立竿见影的成果，但法国卢瓦尔地区辉煌的法国庄园建筑群，却证明了新意大利文艺复兴的相关设计，融入法国城堡的传统形态当中。

在1519年的春天，达·芬奇认为起草遗嘱是明智之举。1519年4月23日，达·芬奇在昂布瓦斯签署了他的遗嘱。遗嘱里详细记载了他的遗产分配：他的艺术品和手稿留给了他的一位受过良好教育的、在伦巴第的学生——"米兰贵族"弗朗西斯科·梅尔齐；而被称为"助手"的萨莱，则得到了达·芬奇在米兰的半个"花园"（此时萨莱已经在花园里建了一座房子）。达·芬奇为其葬礼所做的精心准备以及到场的虔诚的群众，都再度证实了他对"全能者上帝"和圣人的传统信仰。虽然他明显对男女圣徒待人处事的方式心存疑虑，但他并不怀疑上帝的存在。他的研究明确地证实了自然界——尤其是"微观世界"——中的那些奇妙设计，只可能是不可见的造物主的产物。

1519年5月2日，达·芬奇逝世，享年67岁。弗朗西斯科·梅尔齐在一封信中向远在佛罗伦萨的达·芬奇的同父异母兄弟们深情地写道：

想必你们已经闻悉你们的兄弟——达·芬奇大师的死讯。对我来说，他就像一位出色的父亲。对于他的离世，我的悲痛难以言表，只要我活着，就会永远感到悲伤，这一切都来自日常生活中他对我的关怀与照顾。没有人不会为失去达·芬奇而悲痛，因为大自然不可能再塑造出一个像他这样的人。现在，愿全能的上帝能赐予他永远的安息。

达·芬奇位于昂布瓦斯圣弗洛朗坦的坟墓在1802年遭到亵渎，他的"永远安息"之地也因而被打扰。目前尚不明确后来在城堡的圣于伯特礼拜堂重新埋葬的是否为达·芬奇的真正遗骨。

梅尔齐和萨莱重新回到了伦巴第。根据达·芬奇的遗嘱，梅尔齐很可能继承了达·芬奇所有的艺术品，他也一定会十分珍视那些重要的大量手稿和草图。令人费解的是，人们在1524年萨莱突然死亡时发现，似乎是他而不是梅尔齐，收藏了达·芬奇从未递交给其赞助人的一批画作，其中包括《丽达与天鹅》《圣母子与圣安妮》《蒙娜·丽莎》和《施洗者圣约翰》。从某种程度上说，上述所有作品，都是在一切尚未清晰的情况下，为法国皇家收藏所获取。

达·芬奇的这些遗产——油画、素描手稿和文稿，即将开始它们异彩纷呈却又命途多舛的留存和消亡之旅，其轨迹不尽相同，却都径直走向了当下所看到的、近乎神化的位置。

第一章 《最后的晚餐》与最初的尝试

当我第一次亲眼见到《最后的晚餐》时，发现自己并不了解它。当然，我知道这是世界上最有名的叙事性油画，只有米开朗琪罗绘制在罗马西斯廷教堂天花板上的《创造亚当》能够与之相提并论，但真正去了解《最后的晚餐》又完全是另外一回事。

与达·芬奇这幅杰作的第一次相遇是在1964年，我第一次游览意大利的时候。那是我在伦敦考陶尔德艺术学院攻读两年制艺术史硕士学位期间，正值暑假，也正是我从剑桥大学完成自然科学学习到艺术史研究的转换阶段。至于我如何走到了这一步，有很多值得一说的事情。

我曾就读于温莎文法学校，然后升入剑桥大学的唐宁学院，想要成为一名生物学家。受到同学的影响，我逐渐失去了对科学研究的兴趣，渐渐沉浸在外国电影、视觉艺术与音乐所营造的、难以想象的世界当中。学院的卡巴莱酒吧里有约翰·克里斯的身影，特雷弗·纳恩正在导演他的戏剧，我也不知道他们是不是学生中的特例。我也喜欢很多运动。我和当时正在攻读数学学位的朋友约翰·夏普一起参加了艺术史新生的系列讲座。一天晚上，约翰问我："你想听佩夫斯纳谈威廉·莫里斯吗？"我不想承认我不知道他是谁，所以说了"可以"。我们还度过了一个神奇的下午，在菲茨威廉姆博物馆的自习室里偷偷地欣赏透纳的水彩画。这些日常的积累致使我在选择三年级的课程时，由于当时没有第一阶段，而转向艺术史学习的第二阶段（共计三年的课程），并接受严厉的迈克尔·贾非教授的教导。

为了进入艺术史的第二阶段，一个有抱负的学生需要得到贾非教授的认可。贾非教授有着英国贵族般的绅士风度，而且是一位遵守严格教义的犹太教拉比。他约我面谈，地点位于国王学院吉布斯楼的豪华房间。我敲了敲外面的门，一声直接的"请进"从远处的房间内传出。接下来我应该经过了一间浴室，然后荣幸地进入一个摆满华丽物件——姿态优雅的青铜雕塑、极富历史感的油画和法式家具——的房间。贾非教授坐在一张路易十四风格的书桌前，眉毛上扬，说："请坐。"我只在博物馆里见过这种有藤蔓缠绕着扶手的椅子，所以选择了一张看起来没有那么古老的沙发，结果深深地陷入了松软的坐垫里。我挣扎着坐起，表达了自己想选修一年艺术史课程的想法。"我也觉得这样更好。"他回答说。大概他见到过我与约翰一起参加他的讲座。之后我们又交流了一会儿，我的选择就这样得到了正式的认可。

贾非教授针对菲茨威廉姆博物馆所藏绘画作品的课程是很让人兴奋的。另外，还有很多著名的客座讲师，包括对拉斐尔有着一系列启发性见解的约翰·谢尔曼，后来我也成了他的学生。这之后我又接受了另一位朋友——同样进入第二阶段课程的查尔斯·艾弗利——的建议，申请了伦敦考陶尔德艺术学院的硕士研究生。当我接受面试的时候，院长安东尼·布兰特爵士问我刚"取得"了些什么，我毫不犹豫地答道："我下面的午餐"。面试小组的其他成员好像被逗乐了，于是我再一次被录取了，在这条路上继续走下去。

在我生活的小镇，当地的中产阶级群体对于外国人怀有深深的疑虑，这种不信任似乎是与生俱来的，特别是涉及钱的话题的时候。这种情况在意大利人身上尤为突出，就像我父亲说的，"他们曾经'在战争中变换过立场'"。我在温莎文法学校遇到的唯一一个意大利人是托尼·威迪斯，一个比我年长一点的男生。他的祖辈在19世纪作为工匠来到温莎

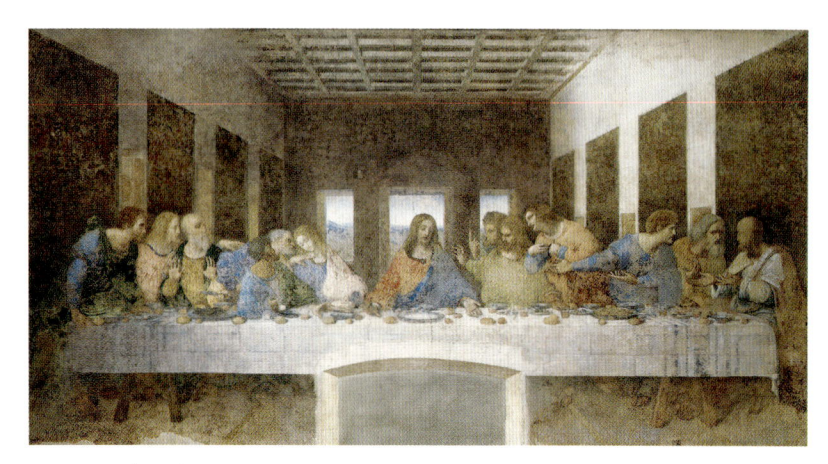

"上层空间"中的故事:最后的晚餐,1495~1498年,石膏蛋彩,460厘米×880厘米

城堡内的阿尔伯特陵墓礼拜堂工作。不管是自身的艺术天赋,还是调皮捣蛋的性格,托尼都完全不像是一个英国人。我曾经学习理科(被视作是一门严肃的学科),所以渐渐放弃了包括艺术在内的文科。我们不得不在很小的时候就做出选择。当时威迪斯家族已经拥有一个店铺,他们可以说是传统意义上的冰激凌制作者与销售者。他们其中一家小店门口的招牌上,有一个穿着泳装的迷人女孩,正在怂恿大家"潜入冰里"。但我的父母警告我,和沃尔的产品还有其他有品牌的制造商相比,他们家自制的食品是不够"卫生"的,所以提醒我不要去买。当初我被这一刻板印象吓到,但现在我却很后悔当初没有"潜入"他家的冰激凌。

1964年,考陶尔德艺术学院赞助了我一笔资金,于是我与查尔斯以及我们各自未来的妻子吉尔和玛丽到访了意大利。在抵达威尼斯之前,我们经历了两天筋疲力尽的旅程。第一天晚上,我们来到挤满了学生的甲板上,先登船的人根据指示把行李放在甲板中间,旅客们则按照要求在堆积如山的行李旁边放置座椅,所以船上显得更加拥挤了。在加来靠岸的时候，距离行李最近的旅客甚至无法从"行李山"中取出自己被淹没的行李。而晚一些登船的旅客们的行李则从斜坡上倾倒下来，挤不进人群的旅客便开始"挖地道"，绝望地在边缘寻找自己的随身物品。这堆行李就像岩浆一样，被寻找行李的旅客踩在脚下。在一阵可怕的混乱后，我们终于找到了各自的行李箱。随后就是一段如蜗牛般缓慢、脏乱的火车之旅，追逐一列列的火车，缓慢地穿越德国，车厢里挤满了衣衫褴褛的年轻人，背着硕大的背包，带着破旧的行李箱。

长长的火车如蛇一般地驶向维罗纳，我们需要在这儿换乘，然后去威尼斯。火车停靠了约十分钟，明显是在等着乘客进站。然后火车果断驶向了相反的方向。我们向索要额外车费的检票员辩解说："我们不到维罗纳"（虽然表述并不符合语法，但检票员最终还是理解了）。他用手势示意我们应该下车，然后沿着路上的轨道走——因为火车太长，无法全部进站。终于我们在帕多瓦下了车，等着反方向的、开往威尼斯的慢车。我已经想不起来我们有没有被迫多交车费。但不管怎样，有一点还是印象很深——非常混乱，而且还有些人对我钱包里残留的一点里拉虎视眈眈。

最后，筋疲力尽的我们终于沐浴在了圣马可广场的晨曦中，听着一个意大利乐队激情地演奏瓦格纳的《坦哈德豪瑟序曲》。我讨厌瓦格纳，无论是在音乐还是在道德层面上，而且我更不喜欢铜管乐队。这并不是一个愉快的开始。

不过威尼斯富有魔力般的景色拯救了我们，我们被"最宁静的共和国"深深吸引了——闪闪发光的外墙，部分是哥特风格，部分是土耳其风格，还有部分是古典风格。当这艘由马达驱动的船沿着狭窄的、专为贡多拉船建造的运河颠簸着行进时，水流拍打着石头和砖块的声音、海水的咸味、可疑的废气混合在一起。穿过一座座拱桥，我们驶进一条没有尽头的小巷。伟大的威尼斯"S"形大运河以其两岸华丽的建筑、骄傲的古老家族和著

基督受洗，奇玛·达·科内利亚诺，1492年，木板油画，350厘米×210厘米

名的外国商人仓库而闻名。路边被撕成碎片的海报上大肆宣扬着"Togliatti è morto"（托里亚蒂已逝），以此哀悼意大利共产党领导人柏里米罗·托里亚蒂的离世。我粗浅的意大利语水平仅能读懂这个。当然还有那些画作，那些歌唱着色彩的超凡奇迹，以至于我们在今日似乎还能听到千年前这座城市发出的对于不朽天才的声音：贝利尼、奇玛、乔尔乔内、提香、丁托列托和委罗内塞，它的人口规模和现在的牛津一样大。只有眼前真实的景象才能将我在伦敦学习时看到的那些幻灯片和照片变得栩栩如生。

我开始沉迷于奇玛·达·科内利亚诺，虽说他的名声一度处在强大的贝里尼的阴影之下，现在也是如此。但在我看来，他是一位"近乎完美"的绘画创作者，有一种精细的自然主义风格，展现出对于自然严格的审视。对于一个有理想的年轻人来说，获悉一个喜欢且鲜为人知的研究对象不外乎是一件好事。在奇玛的画作中，评价最高的是宁静又富有故事性的《基督受洗》，曾经保存在相对不太出名的布拉戈拉的圣乔瓦尼教堂，远离喧闹的旅游线路，这对画作的保存有很大帮助。后来，我把奇玛写进了我的第一本书中。

下一站是佛罗伦萨，我们怀着敬畏之心，遵循了常规的参观路线。我感受到了佛罗伦萨在历史中的冷酷，还有现在的怨恨——这个感觉一直围绕着我，以至于到现在，我在家中也能感受到。然后，我们继续前往米兰，这是一个与众不同的地方，它散发出一种维多利亚时代的宏伟气息——大型建筑物中间穿插着宽阔的街道。建筑有着宏伟的柱子、壁柱、柱顶、柱基、柱头、基座、飞檐托块、三角楣、带栏杆的阳台、中楣和带有齿状和三角结构的飞檐——这些都是我一直在努力学习的冗长建筑术语。有轨电车的金属声对我来说很陌生。它们被分成三节，沉重地、叮当作响地驶过，说不准会突然来一个急转弯。我不知道怎么买票，而且作为学生，为了节省预算，我选择步行。

当夜幕降临，偌大的城市仿佛回到了19世纪，那种斑驳不清的、厚

19世纪的城堡:斯福尔扎城堡,米兰

重的、洞穴般的景象,就像阿里纳里兄弟拍摄的意大利夜间建筑的黑白照片。在考陶尔德艺术学院时,我们围坐在一张大桌子旁,从一盒盒排列密集的文件中选出照片,以此演示我们的研讨会论文。当关上房门,艺术史在多数情况下仍然是黑与白的角逐。所以有一种说法,真正优秀的黑白照片往往具备高精度的细节和天鹅绒般的色调,甚至优于彩色幻灯片,但它们的准确性经常遭到质疑,特别是当胶片被投影机烤成粉色和紫色之后,还会出现褪色的现象。在某种程度上,这种说法是正确的,但在演示中使用黑白照片还是彩色幻灯片,主要取决于学者个人所擅长的研究方法与手段。比如我就喜欢带有一点色彩的幻灯片,所以我在意大利购买了便宜的彩色明信片作为个人收藏。无论如何,和威尼斯相比,米兰仍然是一座黑与白的城市。

第一章 《最后的晚餐》与最初的尝试 • 23

破损的树荫：修复前的斯福尔扎城堡的天轴厅

巨大的斯福尔扎城堡看上去像一座奇特的19世纪建筑，高大厚重的粗砂围墙的顶端是一个个城垛，围墙中还间隔着几座用于防御的塔楼。后来我明白了为什么它第一眼看去会像一座19世纪的建筑，那是因为它给人留下的第一印象多是19世纪经修复和改建后的模样，就像温莎的城堡一样，我年幼的时候住在城堡高地边缘的小镇时，这个问题就一直困扰着我。米兰会给人留下深刻的印象，但它不会让人第一眼就喜欢上，它不像威尼斯、佛罗伦萨或意大利的其他古城那般，在历史的变迁中变得风景如画。

当然，我们也去看了达·芬奇的作品。在参观完城堡一楼那些作为建筑与雕塑博物馆的大型房间后，我们进入位于方塔北角的天轴厅（木板厅）。作为达·芬奇及其画室为卢多维科·斯福尔扎公爵在15世纪90年代后期进行的一大创作，天轴厅的装饰给我们留下了一种混乱的印象。天花板拱顶已经损坏，经过连续的修复，最初枝丫交错、金绳缠绕的华丽景象已不复存在，变得像是冷掉的杂菜汤，但是在一片混乱中，我们依然能看出达·芬奇别出心裁的构思，如天花板的拱顶模拟了植物的真实效果，枝叶繁茂，而且比常规的拱顶装饰显得要更高一些[1]。

当时我对于眼前的场景并没有太多概念。我在考陶尔德艺术学院学习的意大利艺术史课程主要关注16世纪，这就意味着我只了解了达·芬奇职业生涯的一半。而达·芬奇为卢多维科所做的工作均处于前一世纪。这也给了我一个不去深入研究的借口。达·芬奇的世界看上去庞大复杂，很难

---

1 几十年后，在2016年，我爬上修复师的脚手架，更清楚地看到了拱顶上残留的原始颜料碎片，它们已经非常零碎了。房间有一个靠近地板的角落，没有被墙壁上排列的木板栅栏所遮掩，一些粗糙的、线图般的树根从岩石层中蜿蜒而出。这又是一个出类拔萃的理念，但我不能完全把树干下部从树根长出来的部分和拱顶上的树木联系起来。最近木板被移开了，其他的线图显露出来，能够帮助我们将拱顶的树枝与底部的草图联系起来了。所以达·芬奇似乎曾想把人们置于地面之下，虽然没有实质性依据，但我大胆推测，公爵可能不会同意处在一个颜料装饰的"坑"里。

对付，要么全心全意地投入研究，要么什么都别做。我对这位艺术家的线性透视学也报以同样的观点，它是我后来非常感兴趣的另一个话题。

至此，我已经目睹达·芬奇的两幅作品，均收藏于伦敦英国国家美术馆。这里是人群络绎不绝、令人深感满足的朝圣地——马萨乔、乌切罗、皮耶罗·德拉·弗兰切斯卡、波提切利、委罗基奥、拉斐尔、米开朗琪罗、曼坦尼亚、贝利尼、乔尔乔内、提香、丁托列托、委罗尼塞……仅文艺复兴时期的大师作品就数不胜数。达·芬奇的《岩间圣母》也藏在这里，无论是在此前的文艺复兴作品中，还是在后来深受达·芬奇的新方法影响的画作中，它都显得非同寻常。《岩间圣母》的奇特之处，在于那些处在深重阴影和奇特洞窟中的人物间无声的精神交流。

另一幅保存在这的作品是"伯灵顿宫草图"《圣母子与圣安妮和施洗约翰》底稿，一幅用粉笔绘制的由八张大型涂浆纸组成的原尺寸素描稿。达·芬奇似乎没有打算将它完成，但这幅作品还是一度拯救了这个国家。1962年，为减少日益增长的财务赤字，位于伯灵顿宫的皇家艺术学院备受争议地出售了其在18世纪末收藏的这件珍品。抗议者们发起了一场公开的募捐活动，希望能够筹集80万英镑，这在当时算得上一笔巨额资金。据说一家美国画廊愿意支付250万英镑来收购此画——比当时任何画作的成交价高出了一倍多。我记得我的叔叔杰克也曾给过我一件廉价的复制品，是当时《泰晤士报》为了筹集资金而贩卖的。这个活动的公众支持率很高，麦克米伦政府最终以募集到35万英镑结束了这场活动。至此，达·芬奇已经被戴上了富有魔力的光环。画面中温柔的母亲与动人的孩童之间的微妙交流，在莱奥纳多独一无二的线性风格下，有时强烈而明确，有时却几不可察，对于这一点，我钦佩不已。

如果说我在这个阶段对《最后的晚餐》有所了解的话，那都是来自肯尼斯·克拉克在1939年出版的美妙流畅的专著（1987年我出版了一个新的版本）。我仍能想起克拉克对于壁画保存状况的描述——在这一片"悲

温柔的母亲与动人的孩子：圣母子与圣安妮和施洗约翰（伯灵顿宫草图），达·芬奇，约1499年，炭笔（晕染？），白粉笔点染高光，纸本裱于画布，141.5厘米×104.6厘米

多纳托·布拉曼特为米兰圣玛利亚感恩教堂设计的几何图形

惨的废墟"中，一代代修复者的痕迹在画作上留下了"幽灵般的污渍"，夺走了达·芬奇难以捉摸的、具有魔法般的笔触。而在今日，我们就能在这幅壁画上看到克拉克传神的描述。

为创作《最后的晚餐》，达·芬奇在智慧、想象力与技术层面上，可能比《蒙娜·丽莎》投入了更多，尽管后者已成了达·芬奇的一种图像宣言。从1503年完成到1519年达·芬奇离世，《蒙娜·丽莎》一直在达·芬奇的手里。然而，为一位贵妇创作肖像画是无法完全展现达·芬奇以及同时代画家对艺术的崇高追求的。这些艺术追求涉及宗教主题的描绘，比如祭坛上被圣徒们围绕的圣母与圣婴。1478年，年仅26岁的达·芬奇已经收到为佛罗伦萨政府所在的宫殿绘制一幅普通的画作的委托，但不知出于何种原因，达·芬奇并没有接受。他所承接的委托中，甚至有很多大型的历史画，像《最后的晚餐》一样具有高度的叙事性，主要人

第二次世界大战之前的《最后的晚餐》

物的动态、手势以及神情都值得细细品味。达·芬奇宣称，一位优秀的画家可以像作家一样"讲述伟大的故事"。

　　《圣经》里关于"最后的晚餐"的故事无疑是至关重要的——在基督被犹大出卖和被逮捕的前一天晚上，基督和门徒们在楼上的房间里会餐。这是基督设立的圣餐礼，众人分享的面包和葡萄酒是其身体及血液的象征。就是在那晚，基督在餐会上宣布在座的人中有人背叛了他。在莱奥纳多的画面中，面包和酒在桌子上的位置非常显眼，其中有两位门徒微微起身，挨个询问基督"是我吗"，另一个也问"或者是我"？正如《圣马可福音》记载的，达·芬奇把他极具张力的戏剧性场景置于一个"上层空间"，创造了一个带有强大感染力的背景空间。对于达·芬奇而言，空间、动态和情感的渲染是十分关键的，这些绘画理念也是我最初研究他时被吸引的重要部分。

　　第一次去米兰看《最后的晚餐》，对我来说，既是一种责任，也是一个对自己的承诺。我们站着喝浓缩咖啡（坐着喝更贵），然后沿着喧闹的玛真达大街，穿过达·芬奇的宫廷同事多纳托·布拉曼特参与设计的圣玛利亚感恩教堂的东端，走到了教堂的餐厅。其穹顶结构的体量和设计，无疑给人留下了深刻的印象。穹顶、十字交叉处和半圆形的后殿，被设计成一系列外观上带有装饰图案的几何体，内部则成功地组成欧几里得半球、圆和正方形组成的和谐序列。我研究过布拉曼特，因为他为罗马圣彼得大教堂所做的伟大工程最终是在16世纪完成的。虽然当时我无法准确地表述其成就，但是被这种设计所深深吸引，因为其中运用的原理和我在高中选择学习生物学、在剑桥选择学习自然科学的初衷相关。我在科学领域展现的能力主要在于对自然界中的视觉结构——自然当中的几何学——非常敏感，如贝壳和松果的造型。而我在圣玛利亚感恩教堂所看到的，正是人类借助最基本的元素所设计的最具创造力的结构。

　　我们组成了一个小型参观团，一起购买餐厅的门票。位于一张很大的木柜台后的女人以略带怀疑的目光，仔细地检查了我们的学生票购买凭证。我们支付的票款应该是正确的，但和往常一样，我心里会有一种隐隐的怀疑，总觉得自己被骗了。递出来的门票非常引人注目，上面的纹样带有爱德华七世时期的纸币风格，还带有官方印章。意大利人总喜欢在这些东西上盖章。

　　参观《最后的晚餐》更像是一场文化活动，而不是关于达·芬奇的"深度游"。虽说亲身体验一个超越时间与空间的图像本身是神圣的，但实际上这幅画并没有那么让人激动。我知道，在修士们用餐的长方形大厅里体验达·芬奇所创造的"上层空间"是一件很特别的事情，而且在历史中，有时修士们还会陪同卢多维科公爵一起用餐。然而，要超越人们对这幅绘画史诗般的既定认知却是十分困难的，更别提是在作品有所残缺的情况下了。画作的表面粗糙得像开裂的鳄鱼皮，由黑色的斑点和褪色的碎片拼凑而成，中间裸露出大片光秃秃的灰泥。餐厅的一侧放着几张黑黑的高背长椅，用来让疲惫的游客歇脚，这样一种令人沮丧的环境，丝毫提不起游客的注意力。所以当我们离开时，我总觉得缺失了什么，好像本来应该可以更好地欣赏达·芬奇杰作的残片。

第二年夏天，我顺利拿到了学位，并进入布兰特的实习机构。安东尼·布兰特爵士曾任考陶尔德艺术学院院长，并且担任过不列颠和英联邦的多数艺术史学术机构的顾问。他高而纤瘦，富有贵族气质，显得漫不经心，而且毫不夸张地说，他长着一张异乎寻常的长脸，上嘴唇僵直。他简直是高傲的化身，所以我觉得他应该对我一无所知。

当布兰特把我叫到位于波特曼广场的由罗伯特·亚当设计建造的机构大楼时，我很快就发现，他的内心装满了事无巨细的有效信息，但是在表面上却滴水不漏——这与他的情报员身份有关，尽管他并没有在公共场合被当即揭穿。[2]

学生们纷纷议论布兰特与那些已经暴露身份的情报人员有所牵连，最著名的是1951年到俄罗斯的剑桥大学的唐纳德·麦克林与盖伊·伯吉斯。据说战后，布兰特和伯吉斯"暗藏"在学院当中。这在20世纪60年代，对学生们产生了极大的吸引力。有人向我指出，战前，布朗特的艺术史研究是共产主义的倾向；战后，他转向更为传统的艺术史研究，以研究法国画家尼古拉斯·普桑而闻名。他提出普桑是一位面具艺术家，这一点再恰当不过了。无论在智力还是性格上，布兰特都会隐隐让人生畏。

我在院长办公室面试的结果是"推荐申请"加拿大新斯科舍省达尔

---

[2] 应该受到谴责的是，安全部门与布兰特达成的协议确切地说，没有将他从考陶尔德艺术学院撤职，而且更讽刺的是，他还在英国皇家收藏的"女王画作鉴定师"部门任职。关于他继续为王室服务的这一事件，在艾伦·本奈特的短篇戏剧《归属问题》中得到了充分体现。

豪西大学为期一年的讲师职位。这正是我要去的地方。主要任务是向四名学生讲授两门艺术史课程——一门是从埃及到巴洛克时期，另一门是从巴洛克时期到当代。也就是要在一年内上完两年的课程！这四名学生参加了该大学和新斯科舍艺术学院合办的一个联合培养项目，但学校并没有为他们安排任何授课内容。

虽然我拥有自然科学学位，也有一点艺术史的抱负，并研修过专业的研究生课程，但我仍然没有信心完全掌握教学大纲里所涵盖的广泛知识。在两个学期中，我似乎患上了一种急迫"补充基础材料"的心理疾病，逼迫自己的知识量赶在四个对知识如饥似渴的学生前面，因为这是一个知识量高度压缩的课程。第二年初夏，我收到一个简信：布兰特建议我申请格拉斯哥大学的讲师职位，我没有经过面试就再次得到了任命。所以在24岁时，我便获得了一个终身职位，虽然没有迹象表明为什么会选择我（而且这似乎超越了以往的腐朽体制）。

正是在上任该教学岗位的暑假，达·芬奇走进了我的生活。英国广播公司的一位实习电视制片人和他的专职助理与我取得了联系，当时他们正在为毕业节目做准备，主题是达·芬奇对水的动力研究。很惭愧地说，我已经记不清他们的名字了，也忘记了他们为什么会选择这个不寻常的题目。他们显然已经找了好几位能够提供意见的专家，而且这些专家可能是由瓦尔堡研究所当时的领头人恩斯特·贡布里希爵士和考陶尔德艺术学院的约翰·谢尔曼牵头的。谢尔曼腼腆而严谨，一丝不苟，有条不紊，留着修剪整齐的小胡子，当他在发表意见的时候，会把胡子吹起来。他是我在考陶尔德艺术学院学习时的主要导师。尽管情感上有些疏远，但他是一位很有启发性的老师。我想没有一个威严的研究专家愿意在没有结果的项目上花费精力。尽管如此，当制作人找到我的时候，我还是表示愿意帮忙，只是不知该如何去做。与此同时，他们在伦敦大学聘请了一位具有真才实学的水利学专家，他巧妙地设计了一个实验，

像发卷的水流:坐着的男人(圣约瑟?)与水的动态研究,达·芬奇,约1510年,纸本,墨水笔,15.4厘米×21.7厘米

再现了达·芬奇精彩绝伦的水利紊流现象。在我看来,贡布里希的贡献在于向我们慷慨地分享了一篇他当时尚未发表的论文,题目是《水与空气中的运动形式》,后来这篇论文发表于洛杉矶加利福尼亚大学举办的"达·芬奇的遗产"国际研讨会上,并收录于贡布里希的一本出色的论文集《阿佩莱斯的遗产》。在阅读这篇文章时,我感觉到自己终于找到了归属。

贡布里希决定关注达·芬奇在"水和空气的各种运动中的几何形态"研究。达·芬奇的素描,尤其是温莎城堡收藏的手稿,非常有名,但是还有待进一步解读。尽管带有一种明显的绘画性,尤其是克拉克把它们比作"可视的卷曲线条",类似于"中国画中的云气",但达·芬奇的这些手稿多被当作观察自然的直接记录，就像神奇的快照一样。贡布里希并没有停留在表面，他有着自己的立场：

> 激励着我着手研究这些令人惊讶的素描的是所见与所知的关系或者更确切地说是思维与知觉的关系，我的《艺术与错觉》就专门论述了这个问题。对于这个问题的研究者来说，不会有比莱奥纳多更重要的见证人。我们有些人对理论与观察的相互作用感兴趣并相信对自然的正确再现既依赖敏锐的观察也依赖理智的理解……

在我学习科学的过程中，我意识到我们往往会看到期望看到的东西，而不是眼前真实存在的事物。这是我在温莎文法学院学到的最令人难忘的东西。当时，我的老师是著名的丹尼斯·克拉克。我为准备参加 A 级生物考试而解剖了一系列不幸的动物。下一个就是老鼠。当我们剖开老鼠的腹部时，克拉克让我们去找老鼠的胆囊。过了相当长的一段时间，他说："如果找到的话请举手。"我完全把自己想象成一个专业的解剖人员，跟几个男孩一起热情地举起了手。"这很有趣，"克拉克说，"但老鼠没有胆囊。"

贡布里希的阐述比布兰特的课程更具哲学性。关于我们如何获得视觉知识这一点，贡布里希与他的朋友及追随者卡尔·波普尔提出的科学理论相辅相成，后者是迫于希特勒的暴政而从奥地利移民的哲学大师。正如贡布里希在关于运动的论文中特别提到的波普尔的观点："人们越来越认识到，科学的进步不是通过观看、整合随机观察的结果，而是通过切实的思考、对理论的检验来实现的。"

当时，我并没有完全注意到这两位伦敦的学科领头人之间的巨大差别：布兰特是一位贵族情报员，而贡布里希则是从维也纳流亡而来的犹太人。前者领导的学院坐落在优雅的罗伯特·亚当大楼，萦绕着英国艺术史的传统氛围——优雅、高贵、拥有特权，这种环境能够轻而易举地培养人的鉴赏能力与卓越的敏感度。而瓦尔堡学院则与之形成巨大反差，它是伦敦大学内一栋普通的教学楼，功能受限，平平无奇，而且难以摆脱书卷气，更多地通过日耳曼传统而不是社会阶层来产生震慑力。

那时我并不真正了解恩斯特·贡布里希。我曾听过他在剑桥大学所作的关于达·芬奇的听众众多的讲座，当时他是斯莱德美术讲座教授。不仅如此，我还参加了贡布里希在唐宁学院的一个小型演讲，那时我还在专心研究生物学。因为我对罗杰·弗莱和克莱夫·贝尔的形式主义写作颇有兴趣，讲座结束后便向贡布里希询问，在他看来这种写作方式是否会影响我们对于"有意味的形式"的甄别。"啊，"他带着维也纳口音，口齿不清地说，"如果一位画家被要求画一幅圣母像，我想这就是他想要画的。"他一点都不包容傻瓜。

后来作为考陶尔德艺术学院研究生课程的一部分，我参加了三四次贡布里希关于16世纪北方艺术家的研讨会。在关于阿尔布雷希特·丢勒的课上，贡布里希向我们四个人提问，文艺复兴时期艺术家创作的核心动力是什么？我们都给出了"自以为是"的答案。幸运的是，我忘记自己说的话了，但贡布里希的回答是"模仿自然"。他的想法可能是对的，而且与我在学校学到的理念高度一致，即我们应该在第一时间选择最简单的那个答案，只有当第一个答案无效或需要大量论证时，才会展开更复杂的解释。西德尼·扫斯先生（外号"乐天派"）是学校自然俱乐部的历史老师，他一直坚持认为我们观察到的鸟就是最常见的一类。只有当这个理论不成立的时候，我们才能把自己希望添加的稀有鸟类填入学生的列表中。在智力探索的所有领域，这种谨慎的态度是一种非常明智的选择。

在关于达·芬奇的水与空气的运动手稿论文中，贡布里希把这些手稿置于达·芬奇的知识系统，以及那些关于流体的杂乱而费解的记录当中进行讨论。贡布里希关于达·芬奇研究的知识储备是庞大的，至少体现在1939年他为让·保罗·理查的两卷本《达·芬奇的文学性创作》编写的出色索引上。作为整理者，他用E.H.G.的姓名缩写显得非常谦卑。贡布里希揭示出：这些有关水的研究稿是建立在水流运动——达·芬奇将其称作水的"推动力"——的理论基础上的，而且是通过不断对比观察与实验结果得出的。

在上面提到的那幅手稿中，在旋绕的水流旁边，达·芬奇注意到水的运动与人类头发的卷曲十分类似。头发的重量与水的推动力相对应，且头发和水都有着自然卷曲成圆弧状的倾向。在这两种情况下得到的都是螺旋结构。我逐渐认识到，这些潜在的法则是达·芬奇理解自然的核心。他流畅的素描表现，以及对于自然纹理以及进程的直觉紧密交融，展现出一种潜在的秩序，也正是这种直觉，将我引入自然科学领域。后来我把这种直觉归功于所谓的"结构性直觉力"。

那年夏天，通往达·芬奇研究的门被打开了，但是在众多门中，我自己应该选择哪一扇呢？当时我主要关注的是新古典主义和浪漫主义时期的法国艺术，而且零星发表了一些作品。我该从哪里开始研究达·芬奇呢？鉴于我曾经是一名生物学研究者，温莎城堡收藏的诸多系列解剖素描似乎是不错的选择。在一个起风的晚上，我蜷缩在格拉斯哥一间公寓内的高大客厅里，烤着煤气暖炉，系统地翻阅了克拉克整理的所有温莎藏稿的珍贵目录，在第二版中，卡罗·佩德莱蒂极大地丰富了这个目录。我读过研究达·芬奇解剖学的学生写的东西，他们倾向于把注意力集中在达·芬奇正确的地方，或者几乎正确的地方。他们在寻找一个他们认同的、现代的达·芬奇。而这种强加在现实中的傲慢自大，似乎不是理解达·芬奇的正确道路。

我对达·芬奇描绘的一系列人类头骨尤为感兴趣。它们绘制于1489年，高度精准，极其细致。其中一些展示了头骨的外轮廓，另一些则有对其内部结构的文字记述。达·芬奇一定是对放在面前工作台上的头骨

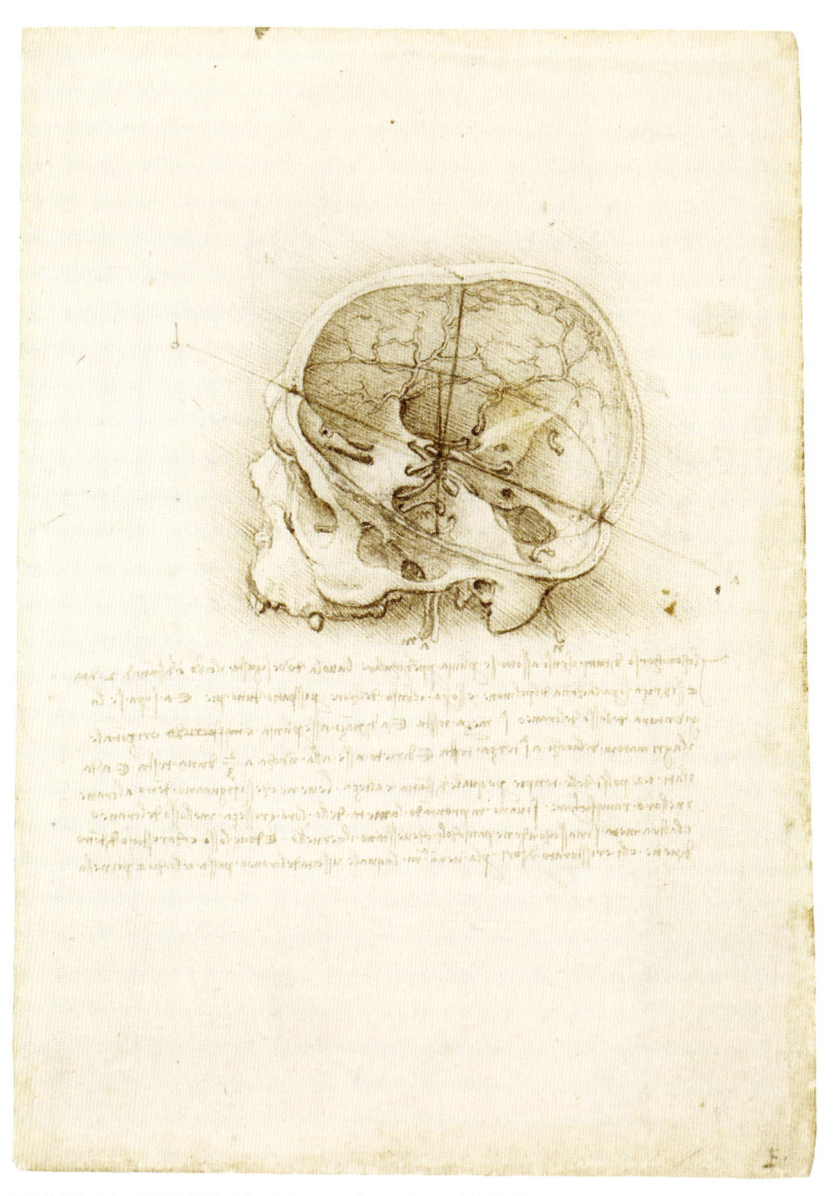

寻找头骨的中心：头骨分解图，达·芬奇，1489年，纸本，墨水笔覆于黑色粉笔，19厘米×13.7厘米

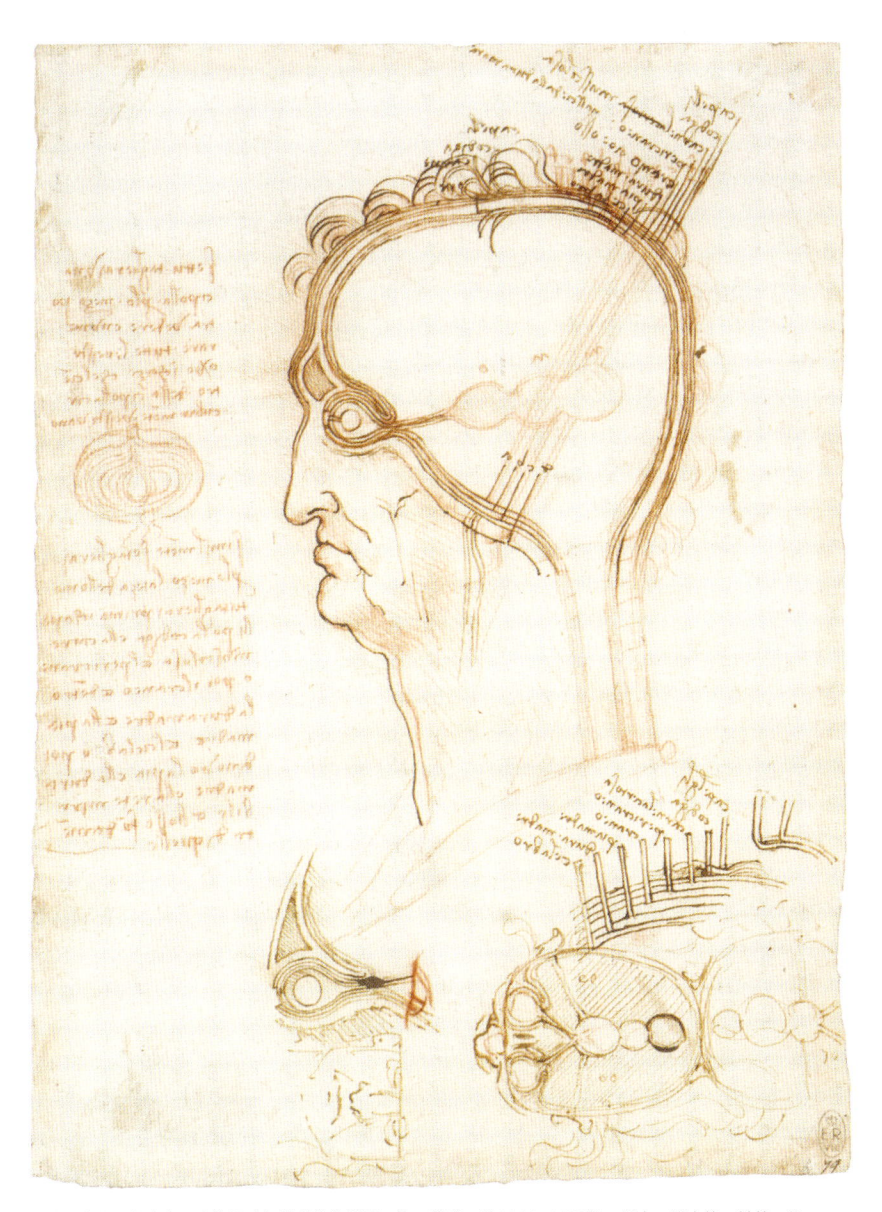

眼睛作为心灵的窗户：人体颅腔与洋葱的分解图，达·芬奇，约1490~1493年，纸本，墨水笔、粉笔、墨水，20.3厘米×15.2厘米

《最后的晚餐》里灵魂的概念

做了切片，横向或纵向地锯开，以此呈现颅腔的内部结构和中空的鼻窦部分。他像细查罗马神殿一样分析了头骨的圆顶，不仅研究了头骨的组成结构，还研究了头骨的几何比例。第一次，我感到自己走进了达·芬奇，开启了一场跨越500年时间鸿沟的对话。

在我的观察和阅读过程中，得到的一大惊喜便是这些解剖学观察的杰作均与达·芬奇那些最翔实的解剖示意和素描图解有着密切关联。它们展现出大脑内的空腔或者脑室，人们相信在这个地方会发生丰富的精神活动。达·芬奇以一种非常传统的排列方式将它们描绘出来，就像一系列体内的烧瓶一样。这并不是一个疯狂的想法，因为在高倍放大镜和选择性染色技术问世前，脑灰质没有得到一点重视。

我开始明白，达·芬奇展现的是源自五感的印象是如何汇集到第一脑室这一"印象接收器"的。在第二个脑室，印象与我们继承自祖先的社群意识有关，而且第二个脑室也是主要的精神功能区：智力、想象力、自愿与非自愿的精神运动，都被停驻在这里的灵魂所控制。最后，这些结果都会被储存在记忆当中，也就是第三个"烧瓶"内。虽然这种想法在生理学上是错误的，但大脑活动会被具有特定功能的不同区域所控制，确有道理。

那么，上述种种与达·芬奇的艺术创作有什么关系呢？我无意中发现，感官输入和精神输出系统是创作《最后的晚餐》背后的驱动力。基督关于背叛者的骇人宣告，强行闯入了每一个门徒的"常识"之中。然后，它立即被相邻的智力捕捉到，从而借助神经系统，将突发的感觉输出到表达器官：眼睛、嘴巴、手，乃至整个身体。整个有机体所传达的，只有达·芬奇所说的"灵魂的构想"，即"思想（或灵魂）的意图"。在此之前，没有一位艺术家像达·芬奇那样深究过这些现象，并不断地思考表象背后的驱动力究竟是什么。毫不夸张地说，达·芬奇为"艺术的科学"和"科学的艺术"间的运动，奠定了心理学基础。

由于每一个头脑和神创的灵魂都是不同的，门徒们的表现一定各不相同。当基督被逮捕时，画面左边的圣彼得在沮丧的情绪的驱使下表现得特别激动，在士兵抓捕基督时，试图用手中的刀割下他的耳朵；而旁边年轻而深受爱戴的圣约翰，则正从困倦的状态中苏醒过来，带有一种柔和的睡意；犹大则突然向后退，身体因心虚而紧绷着；在平静的基督的右侧，圣多玛正举起手指，检查基督复活后的伤口；而圣腓力双手抱胸，问道："主啊，是我吗"；圣雅各惊恐地张开双臂，眼睛盯着带有预言性的面包和酒。

以约翰·谢尔曼为例，他坚持认为只要有条件，我们就应该反复研究原作，所以我准备去温莎的皇家图书馆观看达·芬奇的解剖学手稿。这么多年来，我认识到，只有观看实物才能揭示一幅素描的历史痕迹——画家当时做的一系列标记，包括达·芬奇用无墨的笔尖在纸面刻出的指示线等。

图书管理员小罗宾·麦克沃思爵士在入口处对我进行了大约20分钟的严格安检，他需要判断我是否符合进入这座当时非常保守的室内圣地的标准。据当地人说，他人生的主要使命，就是促进键盘类乐器调弦系统的优化。我从小在温莎市长大，又认识几个品行端正的人，这些好像对我进入这里帮助很大。在接下来的几天里，我目睹了达·芬奇真迹的巨大张力和细微表现，这成了我毕生难忘的真实经历。这种精神震撼从未消散，它进入对于现实的体验当中，从而把我和达·芬奇的关系推向了新的层面。

其直接表现就是我写出一篇关于达·芬奇早期头骨研究的论文，名为《灵魂的构想》，收录在《瓦尔堡与考陶尔德研究院院刊》。这篇文章的录用通知来自贡布里希本人，文章的论点与贡布里希在"他的著作"中的论点很相似，让他十分高兴。如果这意味着他自己即将完成一本关于达·芬奇的书，那么对于一个从事达·芬奇研究的年轻学者来说，可能会是一种震慑。他似乎是指他的那本《艺术与错觉》。而这篇文章似乎经历了很长的时间，才在1971年得以发表。

对于头骨和大脑的研究是达·芬奇解剖学工作的开端。而当我研究他的画作时，也意识到他在大约20年后进行的科学研究，性质与此前截然不同。1510年左右，达·芬奇开始对控制身体运动的骨骼和肌肉进行十分专注的实验。他无情地审视着人体这台奇妙的机器，检查其中复杂的骨骼、肌肉和其他有机组成部分，秉承着与我学习的生物学相近的态度。达·芬奇的最新研究都是由他的信念所驱动达成的，他相信自然（或上帝）不会做任何徒劳无功的事，这就意味着再微小的结构，也一定承担着特定的功能。理想情况下，各个部分在物理上的作用，应该通过动态和静态下的数学分析进行解释。达·芬奇在一项解剖学的研究中强调："要让任何一个不是数学家的人读懂我的原理。"所以在上一篇文章发表两年后，我在《瓦尔堡与考陶尔德研究院院刊》上，发表了第二篇文章《达·芬奇晚期人体研究中的解剖与神性》。

之后，我转向了对"心灵的窗户"——眼睛——的关注，它为脑室提供最主要的感觉输入。在进行头骨研究时,达·芬奇相信眼睛是以一种直截了当的方式进行运作的,其内部会从外界的客体中接收到锥形或金字塔形的射线。这种带有一定角度的射线会像几何分割线一样,计算不同距离物体的宽度,所以远处的物体看起来会比近处的物体小。例如,《最后的晚餐》中天花板的方格就会顺着观察者视线的延伸而逐渐缩小。不仅如此,近处方格单元前侧的宽度要明显大于后侧,而且越靠近后方,方形单元的宽度就越窄,直到消失在中央的"灭点"。

这个简洁的理论并没有能够持续,达·芬奇逐渐意识到观看所涉及的光学原理要远远复杂于视觉金字塔。以至于在 1507 年左右,达·芬奇写道:"眼睛是看不到任何物体边界的。"他的观点越来越偏向于《蒙娜·丽莎》和后来其他画作中所展现出来的视觉诡计。在创作《最后的晚餐》时,几何学却以一种相对直接的方式,引导着视觉观看。于是在 1977 年,我发表了第三篇文章《达·芬奇与视觉金字塔》,在文中探讨了这种不断变化的透视。

正是凭借这三篇偶然之作的力量,J.M. 登特出版社的马尔科姆·杰拉特希望我能够写一本关于达·芬奇的专著。他曾在剑桥大学里听过贡布里希探讨达·芬奇,所以我想他一定抱有让这位恩斯特爵士写这本书的雄心。不管怎样,他最后找到了我。由于对出版书籍一无所知,我去寻求查尔斯·艾弗里的建议,他已经撰写了一本关于意大利文艺复兴雕塑艺术的书,还雇有一位艺术经纪人。查尔斯在维多利亚与艾尔伯特博物馆工作,他向 A.D. 彼得斯的迈克尔·西森斯引荐了我,不过西森斯委婉地告诉我,他暂时不打算签约任何新的作家,但以防万一,他还是建议我可以在适当的时候发送电子稿过去。就这样,我的稿件被转交给了刚刚加入公司的优秀的卡罗琳·道内。从一开始到现在,她都一直给我积极的反馈。

专注于达·芬奇在艺术科学方面的研究是一回事,但追踪他所做的每件事却是另外一回事。不过这正是我想要做的，正如贡布里希所坚信的，虽然达·芬奇涉猎的领域看似多元化，却存在着一个不变的内核。这就注定要是一场巨大的战役。多亏了格拉斯哥大学的一年假期，以及苏格兰大学卡耐基基金会和英国科学院的资助，一切才有了可能。在这个过程中，我竭尽所能，查阅了与达·芬奇所有已经出版的素描与手稿。

其中，米兰似乎成了关键之地。我的目标是让自己尽可能地融入达·芬奇在伦巴第的环境，它的现在和过去也因此交汇在一起：虽然我对这座城市的初印象并没有淡化，却愈发爱上了这里。它历史悠久，却没有以过去为生，而是继续发展自身的事业，以至于那些带着公文包的外国人，常被当作有目的访客，而不是闯入这里的游客。与此同时，它还拥有世界上最时尚的女性。为了节约项目资金，我住在市中心门塔纳广场的一家廉价的酒店中（请不要和现在随处可见的门塔纳酒店混淆）。这就是意大利人可能会委婉称之为"suggestivo"（能唤起回忆的）而不是国际化的东西。

尽管我很努力地自学但丁时代和文艺复兴时期的意大利语，但我的日常用语的交流水平（时至今日）依然令人羞愧，不过这反而激发了我对翻译的兴趣。抵达米兰的第一天晚上，我正在昏暗的广场上散步，惊讶地发现一位妇人在跟我讲话，但我只听懂了一个词"regola"，从达·芬奇那里，我知道这个词的意思是"规则"。所以我是不是违反了什么规定？我说我听不懂，然后就奔向了酒店。第二天晚上她依然在那里，而且显然是要完成和我的对话。她要干什么？然后我明白了"regola"其实是"regalo"（礼物）。为什么她会想从我这得到礼物？她或许是名妓女？她与我母亲的年纪、体型相仿。我不愿深究，但它确实说明了一个事实：即使在当下，英国和意大利之间还是存在着巨大的文化差异，更不用说半个世纪前的米兰了。

我说着笨拙的意大利语，来到了盎博罗削图书馆，那里是《大西洋

餐厅中的空间孤岛

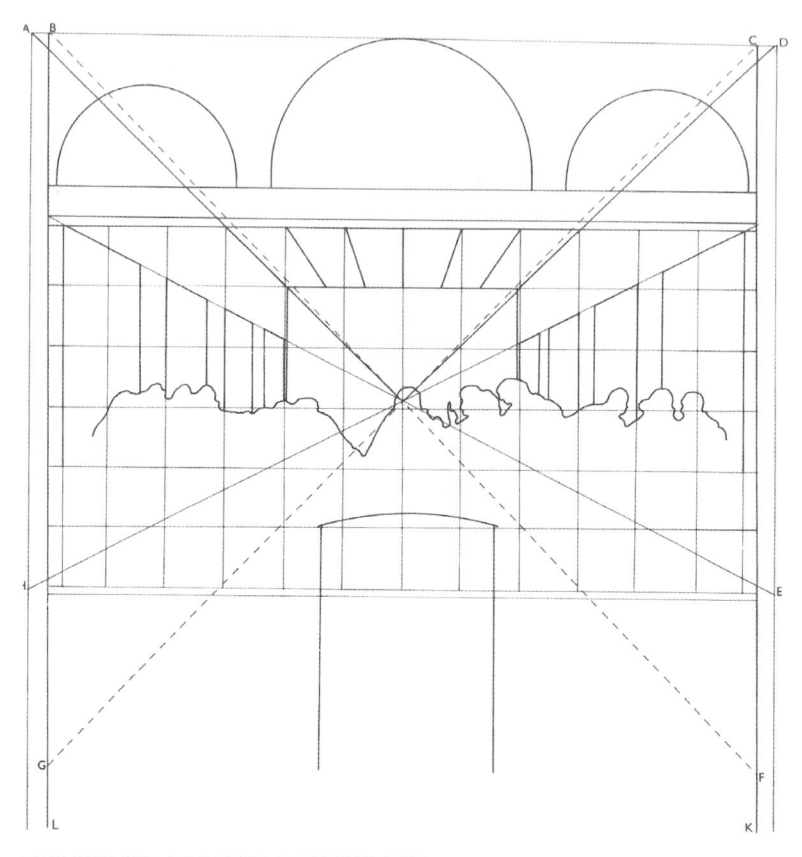

音乐性的几何分割：1981年肯普对《最后的晚餐》的解读

古抄本》的藏地（形容抄本有着"大西洋"般的厚重体量。在那一时期同样用来命名地图集），这是一本收集了大量达·芬奇的零散文献与手稿的汇编。同时，该图书馆也收藏了我十分感兴趣的卢卡·帕乔利关于《神圣比例》的原始抄本。它是一本关于五种常规固体（或"柏拉图固体"）及其变体的书，达·芬奇在1498年为他的这位数学家朋友在皮纸上绘制了精彩的插图。或者是我的意大利语表述不清，或者是管理员根本不愿意听，那些陈旧阅览室中像是黑乌鸦的管理员们执意让我阅览卢卡专著的摹本，但我已经从瓦尔堡图书馆中对此有所了解。或许是我认真研究了两天摹本的行为打动了管理员，他们终于允许我去查阅原稿的羊皮纸页，看到了几何图形是如何用尺子和圆规绘制出来的。因而我也最终发表了一篇文章。

米兰的斯塔托档案馆与佛罗伦萨的非常不同。我的第一次档案馆体验是在乌菲齐美术馆上方的大厅当中，当时的佛罗伦萨国家档案馆就设在那里。在等待阅览波提切利相关材料的三天后，我收到了一大摞由各种律师手写的潦草文件。虽然我几乎什么也没看懂，但我并没有放弃在档案馆里寻找资料。米兰档案馆的其中一部分是特里福齐亚纳图书馆，那些数量可观的抄本收藏是达·芬奇的赞助人之一吉安·贾科莫·特里武尔齐奥留给这座城市的巨大宝藏。而立刻吸引我眼球的便是达·芬奇手稿。在庞杂的材料中，存有达·芬奇的拉丁词汇表和一系列技术术语。尽管从各处的材料中都可以看出，达·芬奇为学习拉丁语付出了诸多努力，但他似乎从来没能熟练地掌握拉丁语，所以只有在必要的时候，他才会使用拉丁语进行阅读——对于这种阻碍，我深有感触。

1981年，从这项研究中诞生了《莱奥纳多·达·芬奇：自然与人的惊世杰作》，这本书是我先用半易读的微型体手写，然后用便携式打字机打出来的。副标题来自达·芬奇雄心勃勃的宣言："凭借奇妙无穷、多种多样的创造，人类似乎想要展现自己就是世界上的第二自然"。也是在这一年，我被任命为圣安德鲁斯大学的艺术教授。我曾立志要在40岁前成为教授，而我最终也做到了。在我成为教授后，出版的这本书也荣获了米切尔年度艺术史最佳处女作奖，我猜想那一年的竞争应该不是很激烈。对我而言，更受鼓舞的是贡布里希在《泰晤士文学副刊》中发表了一篇暖心述评。

除了从人物和叙事的角度阐释了《最后的晚餐》所蕴藏的"灵魂的构想"，我在《莱奥纳多·达·芬奇：自然与人的惊世杰作》这本书里还对透视空间和其他潜在的几何构成进行了画面分析。达·芬奇的基础工作已经十分明确：他熟练地运用天花板的透视关系营造出一个具有极强纵深感的"上层空间"。同时，他又把天花板分割成一个"空间孤岛"，使其与壁画融为一体，餐厅的整体空间看起来也不至于太过死板。这就是人们在走进餐厅时，依然能够感受到强烈视觉冲击的原因。虽然从表面上看，这幅画的视角（与空间透视中的灭点等高）高于我们头顶，但很快我们就适应了这个矛盾。在光学中，错觉性的透视性越是被锁定在我们所处空间的边界上，就越容易受到非绝佳视角的影响。

墙面图像的整体空间维度，也会在一定程度上受到几何比例的影响，正如我在一篇偏向技术性的文章中描述的那样，它可能会让那些不多关注的人愣住：

> 这幅画基本间距等于天花板上透视线交汇处的一个方格的宽度。这种基本间距或"单位"在横向上出现了12次，在纵向上出现了6次……由此产生的经纬度网格可以用来确定画面中主要物象直边的位置，包括天花板和后墙交界处的位置、桌子顶部和底部的位置，以及前方两块挂毯前侧边沿的位置。我们发现达·芬奇根据1∶½、1∶⅓、1∶¼的比例，或改用整数比为12∶6∶4∶3的比例，刻意缩减了挂毯的尺寸。用音乐术语来说，3∶4是四度音程，4∶6是五度音程，6∶12是八度音程。

实际上，如果按照"实际"的透视尺寸来重现每个挂毯的宽度，那么每个毯子的宽度就会依次增加，一直延伸到房间的深处。

我始终坚信，在一般情况下，刻意在文艺复兴时期的绘画中寻求几何构成并不合适。因为它们并不能揭示画家作画时的真实意图，只是分析者主观性地画出的线条而已。尽管如此，我还是收到了大量陌生人的来信，用丰富的图式来揭示达·芬奇乃至其他艺术家作品中那些所谓的"秘密"几何图形。尤其是《蒙娜·丽莎》，为那些喜欢黄金分割、五角形等图形比例的爱好者们提供了一个可以探索的素材。他们在缩小尺寸的复制品中添加线条，只要画得够多，就很难不触及像眼睛、耳朵、肘部这些"意味深长"的部位。如今，随着数字图像处理技术的发展，互联网为我们带来了许多这样的"启示"。

我们现在能够获取大量文艺复兴时期绘画创作之初的样貌——不仅是画作表面的线条痕迹，凭借 X 射线和红外线扫描技术，我们还可以清楚地了解画作表面之下的各种草稿和修改痕迹，但并没有在其中发现任何明显的几何性的设计，也没有同时期的作者对此做出过讨论。那么，几何学说的证据在哪里呢？"啊，"有人告诉我，"这一切都是秘密！"它涉及某种神秘的交流，在大约 500 年后，一个自作聪明的家伙就能将其破译。如果这种说法都能成立，那么我甚至可以说达·芬奇是个女人。

我曾认为，《莱奥纳多·达·芬奇：自然与人的惊世杰作》将近 500 页的专著是我 15 年不懈努力的结晶，同时也自然地走向了一个节点。我还有别的工作，我已经深入研究了达·芬奇的透视学和色彩应用的科学，还在考虑写一本关于 15 世纪和 16 世纪乌尔比诺及其周边地区艺术的书。我当时还没有意识到，这本书为我与达·芬奇的对话以及对达·芬奇的研究工作搭建了一个永久的框架，其中也包括《最后的晚餐》及其保护工作。

第二章 "还原"《最后的晚餐》

关于《最后的晚餐》,人们争论得最多、最持久的一个问题是我们究竟在看什么?它是达·芬奇的"真迹"吗?这个问题,从我踏进绘有这幅壁画的餐厅的一刻起,就一直困扰着我。

《最后的晚餐》损毁严重,而且保存情况在早期就已经开始恶化,首要原因和达·芬奇采用了一种实验性的技术有关,这种技术与传统壁画技术截然不同。传统壁画往往会在未干的湿石膏上快速绘制草图,而达·芬奇则更像是将整面墙作为木板来进行创作。他先在墙体表面涂上一层白色底料,再用蛋液作为黏合剂进行固色。虽然这种作画方式能够带来更为多彩的颜料效果,但是也降低了工作的效率。也正是达·芬奇的作画进度,更确切地说,是1497年前后断断续续的进度考验了公爵的耐心。公爵一直在赞助米兰圣玛利亚感恩教堂的建筑与雕塑工作,其中也包括布拉曼特建造的穹顶和十字翼廊,但达·芬奇不够幸运——米兰地下水位偏高,加之墙壁后方的封闭空间的空气湿度不断增加,所以在早期,壁画的黏合处受损十分严重。我们可以想象,如果在没有防潮层的墙面上,使用光泽涂料会发生什么。我的老房子就曾有过这样的困扰,所以会采用能够让墙面"呼吸"的涂料。

几个世纪以来,为了修复达·芬奇这一受损严重的杰作,人们尝试过各种方法。早期的修复者们将重心放在填充受损区域和大面积重绘来保护剩下部分。我曾在一些书籍的黑白照片和一些低质量的彩色图片中，见过墙上画面的情况。根据壁画的状态判断，修复的时间应该是在毛罗·佩利奇奥所做的修复之后，即第二次世界大战期间前后。壁画表面就像疤痕遍布的幽灵一样，丝毫没能给人一种震撼的感觉。

佩利奇奥具有丰富的修复经验，在修复《最后的晚餐》之前，他已修复过乔托、曼坦尼亚和佩鲁吉诺的壁画。与同时代以及之前的多数修复师一样，他最初是一名画家——这种身份自然会让他在修复原作时，把自己视作画家的合作者。所以他们如何能意识到壁画随着时代的更迭而发生的各种显著变化呢？因而当佩利奇奥修复壁画时，工作重心发生了变化。修复者们开始渴望（至少在理论上）去除之前普遍存在的大量修复痕迹，为了使原作重现光芒，不惜一切代价。

在佩利奇奥的两次工作之间，由于1943年8月中旬英美空军发动了大规模的火力攻击和轰炸，《最后的晚餐》所在的餐厅几乎被毁。当年的8月15日，一枚炸弹在距离餐厅不到30码（约27米）的地方爆炸，餐厅的屋顶和侧墙变成了瓦砾堆积的断壁残垣。承载着达·芬奇画作的脆弱墙体甚至只能用沙袋和支架保护起来。神奇的是，这一墙面以及对面另一端绘有蒙托法诺巨幅壁画《基督受难》的墙体依然屹立不倒。在1500年之前，卢多维科公爵及其家人的肖像还被添加在蒙托法诺的这幅壁画上，其作者很可能是达·芬奇以外的另一位艺术家，但这些肖像早已剥落。当时，爆炸引发的震动让《最后的晚餐》的表面残存的颜料碎片进一步脱落，但好在损伤并不像一开始想象的那么严重。

我第一次参观《最后的晚餐》时，所见到的是佩利奇奥修复后的样子——许多孤立的颜料碎片残存在虫胶的海洋里，一些旧的覆盖层被"移"走了，新的填充物弥补了大量空白。在佩利奇奥完成这一耗尽心力的任务十几年后，无论是暗指还是明说，都曾表示过修复效果极度不协调：色彩阴郁，死气沉沉。如果想要感受到画面残存的神奇之处，估计得需

上图：1951~1954年，修复后的《最后的晚餐》重新开放

下图：被轰炸后的餐厅残垣

要克拉克那样的洞察力。

佩利奇奥修复后不到25年,《最后的晚餐》便经历了更加激进的干预。残余涂层之间产生的张力,导致壁画表面发生了更为严重的损坏——最后一层的细灰泥、白色底料,达·芬奇亲自调配的颜料、胶水、蜡,以及早期修复中填补的部分都开始逐渐脱落。这种张力让剩下的表层变得"蜷曲",即颜料的边缘变卷,成为下凹的鳞片状。事实上,我并没有一手材料来证实这个说法,但我更倾向于我的这种说法。最后经讨论决定,鉴于佩利奇奥在修复的时候,并没有光学、物理学和化学技术作为支撑,我们决定展开一场更为全面的修复工作。

这次的工作主要有两个目标:一是拯救达·芬奇原作部分,确保其能长久保存,二是去除早期修补的痕迹。负责修复工作的是皮宁·布拉姆比拉·巴西隆博士,一位沉着优雅、不断精进又耐心稳重的女士。她和她年轻的团队,从1977年到1999年一直都在辛勤工作。

后来,直到在米兰参加"莱奥纳多与理性时代"的研讨会期间,我才第一次登上了脚手架,感受到历史带来的心酸的斑驳痕迹。相关的会议论文集于1982年出版。在研讨会上,我用英语发表的那场演讲是关于1507年后达·芬奇思想中确定性的流失。当我得知这次演讲会被即时翻译时,我连夜把讲稿中引用的达·芬奇留下的文本又换成了意大利原文,这是一种全新的体验。不过,把现代译文翻译成古意大利语的想法是荒唐可笑的。

会议的演讲者都被邀请参观修复工作。我们忽视"禁止攀爬"的警示,爬上了修复者工作的脚手架,那是一个用螺栓固定的金属杆组建成的、摇摇晃晃的简易平台,脚下的木板吱吱作响。当我站上脚手架时,我不禁意识到,当达·芬奇在佛罗伦萨议事厅绘制"战斗"场面时,他居然发明了比我们脚下这个更先进的脚手架。皮宁·布拉姆比拉·巴西隆向我们致意,讲了几句有些圆滑的话。我猜她已经见过太多多余的观光者。

她年轻的助手穿着医用白大褂，弯着腰，手持我曾用来解剖动物的手术刀在摘取色块碎片，努力不被我们所干扰。近距离看到壁画的表面比远距离观看更令人伤感。

修复工作从右边状况最差的部分开始。表面的颜料块明显变成了马赛克的样子，而且经常会见到底层涂料的白色边缘。壁画上暴露的石灰层面积比我之前根据复制品预测的还要广泛。所以当我走在高低不平的脚手架上，检查被清理过的相对较小的区域，以及中间和左边尚未被处理的表面时，越发感到沮丧。与此同时，在靠近壁画的地方，我看到的全都是腐烂的痕迹。在这种情况下，不可能判断整幅壁画是否还能保持某种连贯性。我的第一次近距离观察，只能在考古学意义上更好地了解颜料和底层涂料的破损情况，当我发觉已经得不到更多信息时，便离开了。那时的我情绪低落到极点，没有和别人说一句话。

差不多十年后，我第二次登上了修复现场的脚手架，那种像是观看处刑的感觉减弱了。这次到访米兰仍是为了参加一场研讨会，主题围绕"达·芬奇在米兰的工作室及其追随者们"。我演讲的主题来自我对两个版本的《纺车边的圣母》（见第四章）的研究。这一次，我登上了达·芬奇肯定会赞赏的新型液压升降平台，而且能够更有效地参与眼前的工作当中。脱落的壁画表面造成的视觉冲击已经减弱，也更容易感受到达·芬奇原作的表面层次有多么复杂。虽然大片区域的图像或多或少存在缺失，但至少能保留一块原始的色块，这在门徒的头部部分体现得尤为明显：尽管处于非常破碎的状态，但来自底层的肉色得以大面积保留，只是眼睛和嘴巴这些色彩较暗的部分早已不存。而高光的部分，如额头和鼻子，保存得稍好一些。在我们所看到的图像中，一部分来自壁画的底层，一部分来自壁画的上层，它造成了进退两难的困境，对于哪一部分算是达·芬奇的原作，人们的意见开始产生分歧。

在我第二次来到修复现场的时候，修复人员正努力减少暴露在外的

清理壁画表面

灰泥碎片对画面的影响，他们开始将修复后的颜料残片与原作剩余部分融为一体。修复的初衷是尽量少地采用中性色彩进行填充，但随着修复工作的推进，填充的困难越来越大，因为在受损最严重的区域，色块之间已经丝毫没有连贯性。所以修复人员决定在缺失严重的部分填充一些较弱的颜色，从而使织物等部分有一个整体的框架。这些填充的颜色没有原作中其他色彩区域那么强烈，而且修复人员采用了一种阴影晕染的技术，而不是用较实的色块进行填涂。但有些尝试没能持续下去，如重建褶皱部分的内部结构。而且在拆除平台、漫长的修复工作落幕之前，我无法确定这样的填充工作能发挥出多大的作用。

在漫长的修复过程中，常常涌现大量相关报道，有些人认为需要修复，有些人则认为不必要，有人自说自话，有人将己见强加于人，总之有褒有贬，引起激烈的争论。在清理米开朗琪罗在西斯廷教堂天花板绘制的壁画时，就曾产生过如此广泛而激烈的争论。而冲在米兰舆论战场最前线的是罗马国家文化部部长领导的文化财产监督部门，当然，还有皮宁·布拉姆比拉·巴西隆。尽管在修复期间有不少于11名政府部长和5名主管参与，但布拉姆比拉始终掌握着主动权。最终也是她不得不对激进的修复行为承担责任。

米兰市当局推广自己的新闻故事、专题与技术性的出版物，不仅是为了抵御来自艺术界各个派系的抨击，也是为了刺激赞助商们参与。在该项目的国际推广中最突出的是卡洛·贝尔泰利，他于1978～1984年任文化财产监督部门的负责人，相关意见在推动激进修复的决定中起到了重要作用。他在1983年11月出版的《国家地理杂志》中对修复工作做了详细介绍。杂志的封面故事向读者保证"修复工作揭开了达·芬奇杰作的面纱"，上面的图片被视作"重生"。贝尔泰利这篇生动、如画般的文章长达21页，特别强调了这一事业的艺术性和科学性。她在文章中引用了布拉姆比拉的原话："你必须像艺术家一样思考。"这段文字描述了她在显微镜下进行的"艺术手术"。这一声明的基调,就像每一次负责重要公共修复工作的官员说的一样,十分肯定,不容置疑,认为到了最后,公众将会看到真正的达·芬奇。

这篇文章还附带了震撼人心的插图,包括一张印有壁画全景图的折页和被清理过的、生动的画面细节,以及令人沮丧的、尚未被清理部分的近距离特写。就像这类照片的印刷品一样,清理和未清理的表面之间的反差被放大了:脏的部分更脏,被清理过的部分过于干净。我们能够在西斯廷天顶画的修复工作中看到同样的反差,修复工作的宣传者们使用了与之近似的照片,另外一部分人则借此声称修复工作灾难性地擦去了米开朗琪罗壁画最初的痕迹。

从杂志中,我们可以看到布拉姆比拉以艺术性的、外科手术般的方式进行工作的表象。一张照片还展示出,游客们总是沮丧地在餐厅里转来转去,试图看几眼位于脚手架和修复平台上方的壁画。根据《国家地理杂志》的一贯作风,杂志的语气对工作中应用的科学技术十分赞同。整篇文章都在传达当时的官方观点。

没有人试图隐瞒这项工作的困难之处,相反,在1995年,布拉姆比拉在《艺术新闻》中做出了生动的描述:

> 有一部分的表面已经完全破损,细碎的颜料残片像鱼鳞一样从墙上脱落。我们不得不在显微镜下工作,用手术刀对每一块碎片进行六七次清理……有时一天都清理不完一块区域,因为当溶剂干燥时,会从壁画下方带出更多的污垢。所以同一个地方我经常需要清理两次,甚至三次、四次。这幅画的顶部浸润了大量的胶水。画作的中间部分则填充了蜡。此外还有六种不同的灰泥和许多亮光漆、涂料及树脂。图像上半部用的媒介中间不能用,中间用的媒介下半部分不能用,这些足以让一个人抓狂。

布拉姆比拉毫不避讳地透露了修复工作与公众舆论对她个人的冲击。

早期修复的《最后的晚餐》局部

她曾在《国家地理杂志》中坦言：

> 日子一点都不好过……工作艰苦且让人疲惫。在显微镜下弯腰工作十分吃力，几个小时之后，我的眼睛就会变得模糊。几个月来，我似乎每天都在工作。然后，我必须休息一段时间。当然也有心理上的压力，全世界都知道达·芬奇正在"注视"着我工作，有好几个夜晚，我甚至无法入睡。

而当修复工作真正完成时，人们喜忧参半的反应让布拉姆比拉遭受更多的不眠之夜。

引导舆论的是国际"艺术观察"组织，这个组织因声势浩大地反对几乎每一次重大修复工作而闻名，本身就因为某种敌意而诞生。纽约哥伦比亚大学的已故艺术史教授詹姆斯·贝克，在1991年因强烈批评锡耶纳雅各布·德拉·圭亚洽的大理石陵墓雕塑保护工作而被起诉。虽然该起诉未成功，但这次经历促使詹姆斯·贝克在1992年组建了"艺术观察"组织，参与者还有艺术家与作家迈克尔·达雷，他是现任的英国"艺术观察"领导者。两人发起的论战最为持久，研究也最为充分。在知晓高达800万英镑的修复资金是来自奥利维提的商业赞助后，"艺术观察"在网站上痛斥了这种"混杂工作"带来的"创伤性产品"，不仅没有还原原作，还添加了大量"怪异的"附属品。

"艺术观察"不停地质问，这种现代修复工作的隐含前提，到底是否是揭示真正的"原作"。就《最后的晚餐》来说，鉴于其在历史中经历的巨大变化，目前保存下来的"原作"是否符合最初的样式，这个问题其实并没有那么重要，更重要的是厘清去除早期修复材料对于图像连贯性的影响。"艺术观察"断言，壁画上具有考古学意义的碎片已经被"无情地剥离，而且造成的伤害已达到先前所有累积的总和。而这种做法只是为了使壁画残骸更加符合现代美学的样式，以此迎合当下的审美品位"。暂且忽视其中的辩论部分，我对此表示部分认同，具体体现在以下两点：

首先，每个时代的修复者都不可避免地迎合当下对于艺术作品的价值预期。比如现在，我们越来越注重原作的细节表现，并为此选择绚丽的色调来拍摄和生产复制品。而且当我们看到画面上的真实笔触时，能够拉近与艺术家的距离。我们可以在博物馆网站上看到高分辨率的图像，而且细节能放大到令人难以置信的程度，甚至无论是从脚手架上还是在工作室里，与修复者的近距离视角非常类似。因而当下修复工作的艺术品位和工作程序，会逐渐偏向外科手术般的精细观察和技术性成果的发表。

修复的过程浸透着科学，不管是在用一连串光学等物理学科技术进行画面检查时，还是在实操中处理画作的颜料层时。科学技术为修复工作带来了确定性和现代优越性——我们能够轻易地指出过去是怎样出错的，如此获取的新信息非常振奋人心。在职业生涯中，我一直在利用科学检验推进人们对于特定作品的了解，包括其诞生过程、如何才能更好地理解它们，以及它们为何会呈现出今日的样貌。然而，没有多少科学数据能明确地告诉我们该如何修复某一件作品，或者我们到底要不要介入其中。如今，我们的回答总会带有现代视野下的特定模式。

在参观展览时，我们希望看到的艺术品是陈列在均匀且恒定的清晰光源中的。这让画作可以像手术室里的病人一般被人仔细观看，让我们能够剖析画家的一笔一画，而近距离地观察画家的笔触也非常振奋人心，但我们往往会因此错过光线变化所产生的魔力。在变化的光线中，色彩的冷暖、画面的光泽和薄涂的色彩（包括颜料受损的残片）都会根据入射光的不同强度和色调，发生灵活的变化。我记得伦敦的英国国家美术馆曾举办过两次伦勃朗的展览，展出的肖像画本身已是光彩夺目，但只有"专注地细看"才能欣赏到它们的美。观众可以清楚地看到藏在肯伍德宫的大型肖像作品，但不知为什么，这些画作显得有些扁平。其实，在画作长期保存的汉普斯特德地区的宫殿房间内部，伦勃朗的这幅杰作是被陈列在窗边的，画作会随着窗外自然光的强度及色调的变化，呈现出惊人的效果：当太阳隐没在云层后时，伦勃朗笔下的各种色彩便开始了一场魔术表演，让人觉得这位厌世的老大师似乎又和我们一起呼吸着同样的空气。

其次，就是"艺术观察"提出的"去除后期修饰"的问题。我曾向皮耶特罗·马拉尼写了一封公开信，他是那一辈当中意大利最伟大的达·芬奇研究者。从1993年起，他就担任了修复工作中的历史学指导。1995年，他非常谦和地在他负责编辑的米兰期刊《达·芬奇选集》上公开发表了信的内容。我在文中指出，我们现在对原作真实性的认知，更倾向去除所有后人在修复中添加的内容，但对于还在发挥作用的、描绘了一群坐在桌后的男人的宗教壁画而言，又存在不同的标准。在与皮耶特罗面对面的交谈中，我提出过一个假设：若一幅画的三分之一已经损坏，我们根据残存的部分对其进行填充；随着时间的推移，又有三分之一的画面出现损坏，然后再次得到修复、整合；最后，原作剩下的三分之一也出现损坏并得到修复，在这种情况下，如果我们再决定移除所有的后期修复，那么将没有任何东西保留下来。当然，这个假设是比较极端的，但它的确凸显出一个问题，即我们应该在多大程度上移除后来添加的一些具有权威性的、有助于画面整体性构建的内容呢？毕竟，达·芬奇在用绘画建构叙事，而不是向我们展示一系列的图像细节。

而在修复像《最后的晚餐》这样破损严重的作品的过程中，秉承上述理念绝非易事。我们得到报告，正在进行的修复工作会进一步破坏达·芬奇壁画残片的黏合力。即使不考虑这些因素，我在20世纪60年代中期看到的《最后的晚餐》依然状况不佳：从总体上看，画作中的图像好像是连贯的，但暗淡的斑点和不协调的颜色还是略显突兀。对于画作是否需要进行修复的判断，我有一个双重标准：第一是当构图的完整性受到了威胁；第二则是表面破损已经极其严重。当然，判断画面的破损程度是非常主观的，但它确实提高了修复的门槛。而现在，已经有充分的证

低饱和度色彩的填充：修复后的《最后的晚餐》中的基督

据表明《最后的晚餐》符合以上两个判断依据。但即使这样，如何处理现存的画面依然让人忧虑。每个时代的修复者都声称他们做到了最好，但当前的设想也很有可能被取代。许多年来，虽然我一直不相信我们所做的都是错的，但要说是正确的，也显得越来越缺乏信心。

布拉姆比拉对《最后的晚餐》的修复工作在细节上取得了惊人的收获，满足了我们对于精细审视的需求，包括两侧墙面挂毯上多彩的繁花；固定挂毯的小钩子和金属环；如同夏尔丹画作般出色的、富有光泽的锡制餐具；如同苏巴兰画作般鲜活的柠檬；带有洗涤熨烫后的矩形折痕、可爱蓝色刺绣的亚麻桌布；分散却有着精确分布韵律的蓝色、红色衣料；门徒迫切交流的瞬间情态；看似平平无奇又非同寻常的、难以捉摸的达·芬奇笔下的风景。马拉尼和布拉姆比拉曾在1999年出版的大型盒装书中生动地展示了上述细节以及其他有趣的内容。

但是修复后的《最后的晚餐》整体性怎么样呢？第一眼看去，晕染的阴影和低饱和度的填充为壁画带来了一种被色粉涂抹过的感觉。当然，这是和以前对比后产生的效果。在许多地方，比如基督的衣褶处，达·芬奇留下的颜料块似乎漂浮在雾海之中，缺乏秩序感和约束力。即使对一个近距离观察过填充部分的人来说，这种微弱的连贯性也会令人不安。而出版物中的照片，尤其是那些在聚光灯下拍摄的照片，就像清理后的西斯廷天顶画一样，并不能缓解这种不协调。然而，随着那些旧记忆和期待感被一次次地刷新，我和其他许多观者一样，早已习惯了《最后的晚餐》如今的模样。我们不但已经与它和解，而且会很高兴看到它。观看是可以被不断重塑的。

我想用一个古老的笑话来总结一下上述分析。一位在爱尔兰迷路的旅行者停下车，摇下车窗，向一位看起来像当地人的行人询问："你能告诉我怎么去都柏林吗？""啊！"那个人经深思熟虑后，回答说，"我不会从这里出发。"我想，没有人会在达·芬奇那些伟大的创作中首选一幅饱经500年风雨的作品残片进行修复。总的来说，我认为布拉姆比拉所追求的方向，在我们所剩无几的方案中，已经是最容易接受的一个了。我希望是这样，毕竟除了填充的部分，画面的情况是无法逆转的。

在关于壁画清理的激烈辩论中，最大的问题是，参与者就像两个聋人在对话。专业的文物修复者坚持自己的路线，并且强调自身符合国际通用标准。他们（尤其在英国和美国）倾向于尽量避免在公共媒体上与反对者针锋相对。而对于批评家们来说，他们更倾向在媒体和互联网上以简单武断、跳过实际证据的方法去"揭露真相"。而越喜欢争论的人，越会去引用那些精心挑选的"证据"。当谈到详细的证据时，通常会出现"修复前与修复后"的对比照片。而就像我上面所展现的，这些照片是非常不可靠的。除非照片是用相同的灯光和相同的相机设置相同的参数拍摄的，否则这种对比并不具有参考价值。利用数字化技术，将照片改变成任何一方希望的样子并不是一件难事。作为曾与科技型修复者合作过的专家，考虑到目前的科技水平，虽然我认为他们的大部分工作都经得起技术审查，但我仍然在担心我们现在的标准仅仅适用于此时此地。我的建议是，少做一些表面上的美化，而更多地强调补救性的保护。

E.H.贡布里希曾表达过他对"利用科技进行清理"的担忧：第一次是在1950年，接着是在1960年出版的《艺术与错觉》，以及后来的一些文章和信件中。他曾提醒说：

> 即使是图像修复者，也必然会受到"自身对于相关作品原貌的固有印象"所带来的影响。他也会受到自己的价值标准、无意识的偏见和有意识的信念的影响。而艺术史学家们有权质疑的，正是这样的图像，而且可能会有所发现。

贡布里希向我们描述了他脑海中的艺术家的形象，他们会料到自己的创作必将进入未来的迷雾，并且充分意识它们会在时光中得到升华，同时也会遭受损害。艺术家们就和我们一样，都知道最好要接受这个事实，即物理条件和观看方式之间存在并将永远存在着对话。我们擅长从视觉上处理画面表面的污垢，就像我们可以过滤掉一个著名演奏家早期录音带中的噪音一样——尽管现在利用数字化技术重置这种早期录音已是一种常态。不过，修复后的画面表现往往会显得过于冷静，似乎丧失了某些东西，又或者，这只是一种虚伪的浪漫主义，沉迷于过去刺耳的声音。污垢和噪音在到达一定程度后会让人难以忍受，并且妨碍了艺术家被人们看到或听到。我认为，人们对这些的忍受程度应该比现在普遍认为的还高。

在对作品的清洗过程中，产生争论的原因在于各方对"原作"的概念有着不同的认知。我们对"原作"的定义很直接："原作"就是艺术家最后一次将手从作品中抽离时，作品所保持的样子。但即使如此，也存在很多复杂的情况。文艺复兴时期的绘画，如祭坛画，通常诞生于艺术家的工作室，然后再被运到指定的地点。当艺术家们的杰作进入一个昏暗的小教堂时，他们一定会叹息。而如果这幅作品是在原址绘制的，就像《最后的晚餐》那样，那么艺术家一定会把现场的环境因素考虑在内。所以当餐厅里挤满了嚼着饭菜的修道士时，他们看到的基督的最后晚餐，会与艺术家进来偷看一眼时的图像有所不同。而一位受过些许教育的修道士看到的图像，也肯定与神学造诣深厚的修道院院长不同。每个人都有属于自己的《最后的晚餐》，就像鲁本斯和伦勃朗在一个世纪后，借助达·芬奇的构想进行各自的创作一样。

餐厅的中央大门边沿恰好卡在了画面中的桌布底部，它不仅遮盖了达·芬奇的部分画面，还从根本上影响了人们从新的入口步入餐厅时的观看体验。几个世纪过去了，餐厅的功能早已改变，壁画的样貌发生着变迁。随着餐厅的"博物馆化"，这幅壁画也慢慢成了一件"艺术品"，而不是一件与其所在环境融为一体的功能性叙事绘画。多年来，放置在餐厅画架上的那些复制品，把这幅壁画打造成了一幅学院派的作品，供那些渴望在顶尖领域创作和欣赏"历史绘画"的人研究学习。除此之外，因为它被打上了"达·芬奇"的标签，所以承受着由此带来的所有压力。

虽然《最后的晚餐》在绘画颜料上的损失不多，但是它的外观已经发生了根本性的改变。一部分颜料很稳定，其他的则不是，所以随着时间的推移，这些颜料会以不同的方式变质。比如白铅就相当稳定；源自大地或矿物的颜料，如赭石，通常也不易发生变化；但从蓝色半宝石中提取的明亮而昂贵的天青（或群青），就容易产生显著的变化。就像许多动物和植物染料一样，棕色会变得更加透明，深红容易褪色，铜绿则会趋向于棕色（早期风景画中的一个典型表现）。此外，作为黏合剂的蛋液以及绘画中使用的各种油脂，也会随着时间的推移发生变化，而且这些变化不仅发生在颜料本身，还会影响承载画面的壁面。当覆盖上去的颜料变得愈发透明，底层的颜色就会发生彻底的改变。随着色彩和色调逐渐失衡，原作本身就会选择性地发生无法逆转的变化。因此，即便作品的其他因素没有恶化，这些变化最后也会发生在《最后的晚餐》当中。在修复过程中，留下薄薄一层旧的亮光漆的做法越来越普遍，它将有助于缓解颜料块选择性地发生变化时所产生的不协调。我们如何去改善这些时间的痕迹，取决于我们心目中的原作是什么样子。尽管我们所见到的原作，早已不是原作本身。

如果我们开启一场头脑风暴（或设想一种高级的数字重建技术），将《最后的晚餐》复原至1500年时的样貌，那么我们或许可以看到原作，但即使这样，我们依然没有办法以原作的视角来观看，因为我们是半个世纪之后的观者。我们对艺术史已经有多个层面的理解，也已经掌握了一些有关达·芬奇的信息，尤其知道他是一位全能型的天才。所以我们总会知道一些东西，比如关于《蒙娜·丽莎》的真假难辨的信息，比如这里的《最后的晚餐》，又比如我们所背负的其他认识，这些都潜移默化地影响着我们的观看。

就像在聆听达·芬奇时代的音乐一样，一位文艺复兴音乐的狂热爱好者在欣赏乔斯奎因·德普雷兹（与达·芬奇在米兰结识）原作的现场演奏时，也会受到500多年的音乐史变迁所带来的影响。当我们像上面那样在现场聆听时，好像能够产生一些共鸣；但在欣赏几十年前的演奏时，这种感觉便弱化了。因为我们无法听到原曲在1500年时的样子。我们现在的耳朵与当时不同。所以《最后的晚餐》的现代观者与达·芬奇同时代的观者也有着不同的眼睛。而艺术史学家的其中一项工作，或许是最关键的工作，就是建立起一个标准，以此丰富我们的观看视角，最终能够走进作品所处的时代，但最终，让观者拥有当时的时代之眼是不可能的，好在我们可以从中获得诸多益处和乐趣。

《最后的晚餐》在21世纪早期是什么样的？在经历了线上票务、信息科学、商品的国际文化进程后，我们目睹的是达·芬奇与布拉姆比拉，以及背后的许多工作者共同完成的一幅作品。所以我们站在了一个世界文化的巨人面前。我曾在壁画所在的餐厅和对面的咖啡厅接受电视节目的采访，而且通常我可以免费进入，因为我已是达·芬奇研究行业中的一员，但这一尴尬的记忆却不肯离去，在餐厅里接受访问是一次怪异而做作的经历。我真的参加了吗？

换个新的视角来看，会发现克拉克的"幽灵般的污点"时而凸显，时而暗淡，但我们可以从这些迷人的细节中获得乐趣，而且我们所看到的画面和经过早期修复后的沉闷画面有所不同，但不管哪一个，都不是达·芬奇的。我们只是按照自己的方式在完成它，也许还会遭到后代的怒骂。

第三章　望向丽莎

能见到"摆脱禁锢"的丽莎是一种莫大的荣幸。而我幸运地得到了两次与她会面的机会——一次是1994年的个人拜访,另一次则是于2010年与一群达·芬奇国际研究者们同行。

1994年的个人拜访,是在卢浮宫著名的卡勒沙龙。那次,绘于木板上的《蒙娜·丽莎》正在进行年度检查。负责这一重要工作的是皮埃尔·罗森伯格,他是博物馆馆长与负责人以及法国荣誉军团军官、国家功绩骑士勋章、学术棕榈勋章荣誉勋位、艺术及文学勋章荣誉勋位、意大利共和国功绩勋章大军官勋位和德意志联邦共和国功绩勋章荣誉勋位获得者。他一丝不苟,彬彬有礼,泰然自若,脖子戴着其标志性的红围巾,一直延伸到了大腿。米兰的著名达·芬奇研究者皮埃特罗·马拉尼也在场,还有一位摄影师与他同行,为他正在撰写的专著拍摄现场照片。

为了观摩作品,首先要将其从特制的带有警报和空调系统的钢化玻璃罩当中取出。工作人员将画作带有框架的一面朝下放在桌子上,然后轻轻地拆下木板,再将画作抬离玻璃面。接着,负责搬运的工作人员小心翼翼地将画作抬到画架上,并将其牢牢地固定在相应位置上。

观看《蒙娜·丽莎》是一种奇异、不真实、令人困惑甚至有点担心的体验:这是真实发生的事吗?我该怎么做?是带着敬畏之心后退,还是上前仔细观察?抑或是拿出我平时随身携带的放大镜,热情洋溢地与同行的人交流,想办法确保我能够尽可能多地记住这个"难忘"的时刻,并且尽量不表现得像个傻瓜,看起来更酷一点?当然,也会担忧此前的

从肖像到"世界性图像":蒙娜·丽莎,达·芬奇,约1503~1519年,白杨木板油画,77厘米×53厘米

强烈期待，会不会在面对原作时变成失望。

可以说，往常我们在卢浮宫里所看到的《蒙娜·丽莎》，无论是在过去还是现在，都不是真正的它。1911年，一名叫作文森佐·佩鲁贾的意大利籍临时工盗窃了《蒙娜·丽莎》，之后这幅最具偶像性的名作又经受了一系列破坏，为了杜绝任何近距离接触的可能性，这幅画被放进了防弹玻璃内。大多数观众甚至怀疑它是一件复制品。当亲眼看到这幅画被从保护罩里拿出来后，我可以证明，它确实是一件真迹，但对于那些希望相信自己看到的是原作的、不计其数的观众来说，除去伦理层面的意义，两者几乎没什么不同。

还有一个关于人群的问题。迫于习惯的压力，当观众们跟随系列路标来到《蒙娜·丽莎》的展位后，寻找一个黄金位置便成了最大挑战。如果还想在人群当中在那儿停留一段时间的话，需要更加强大的耐心和足够的定力。所以在此过程中，身体和心理上的种种不适，一定会干扰我们的观看体验。

不过，这些视觉上的阻碍还只是问题的一部分。我们对任何艺术作品都会抱着某种期待，如果没有，那么我们就不会站在它们面前。而对于《蒙娜·丽莎》来说，人们的期望真的太多了，甚至非常强烈。这样巨大的压力来自它是世界上最著名的绘画，甚至可能是世界上最为人熟知的视觉形象。如果我们无法从中获得很多东西（考虑到观看的条件，这是很合理的），会感到遗憾吗？我们是否会觉得它被高估了，或者像大多数情况那样，只是失望地表示它的尺寸比我们预想的小得多？[1] 我们的幻想是否会因此而破灭，觉得《蒙娜·丽莎》闻名于世只是因为自身的名气？甚至或许我们还会把自己想象成一个偶像的破坏者，扬言《蒙娜·丽莎》不值得再去看一眼。

1　《蒙娜·丽莎》的尺寸约为77厘米×53厘米，对于文艺复兴时期的肖像画来说并不小。

不管我们的反应是什么,当下流行的各种表现形式都在很大程度上拉开了我们和图像间的距离:广告、戏仿、卡通形象、纪念马克杯、冰箱贴、T恤、比基尼泳裤、颠覆的色情形象,还有数不清的各种各样的印刷及电子复制品。就我收集的礼物来说,我算了一下,有一堆各式各样的《蒙娜·丽莎》的衍生品。我的私人助理贾德,最近送了一双《蒙娜·丽莎》的袜子给我,似乎很适合开启这个话题。

围绕这一画作的故事和传说也在所难免,即使我们会对这些逸事半信半疑。我们应该都听说过一种说法:画中坐着的人可能是身着女装的达·芬奇,又或是他调皮而俊美的学生萨莱穿上了异性装扮。我们或许还知道一个谣传,说画中的女子是一位高级妓女。围绕这位女子,有很多假想对象存在。即使我们相信这真是贵妇人丽莎的肖像,她是弗朗西斯科·德·乔孔多的妻子,我们也不能完全抹去传说中那些似是而非的身影。面对图像,无论是亲眼看到还是间接接触,都是一种多层次的文化体验,很难在本来的语境中感受这幅画。

在追随达·芬奇的绝大部分职业生涯中,我觉得自己在博物馆观看这幅杰作时的体验和其他人没什么不同。而我在卢浮宫接触画作的记忆也没有什么特别之处。我想在写作中保持清晰的立场,因为现在存在着大量相关文本,还有很多武断的相互矛盾的阐释。我也肯定在讲座中说过一些陈词滥调,比如这是第一幅"心理"肖像画,又比如达·芬奇著名的"晕染法"(人物面纱部分的柔和表现),还有人物背后受尼德兰肖像画启发的创新性的风景描绘。

我当然无法超越肯尼斯·克拉克书中那些优美的表述,这本出版于1939年的专著也是建立在别处观看原作的独特经历之上的:

任何有幸看到《蒙娜·丽莎》从柽梧它的深井中取出的人,都无法忘记那种画作重见光明时所发生的奇妙转变。画作在你面前缓缓升起,比你想象中的更大、更雄伟,仿佛从深海中浮现,沐浴在温暖的阳光下,回到了16世纪瓦萨里（在《艺苑名人传》中）所崇尚的安逸生活，它拂上了蒙娜·丽莎的脸颊与嘴唇，我们终于能够理解为什么瓦萨里会将其视作自然主义的杰作，因为他想到了人物塑造上那些令人叹为观止的微妙变化。色调与色调、平面与平面之间的交融严丝合缝，没有显现出一丝一毫的纹理，这是其他画家都无法企及的。画作表面精致得像初生的鸡蛋一样，充满生机，因为这就是佩特所说的"从一个又一个新生的细胞中凝练出的美"——它比任何名言都更能传达达·芬奇的真正意图。

"潜入深海"的形容来自沃尔特·佩特那首关于《蒙娜·丽莎》的著名的高调而又具有震慑性的赞美诗，于1869年首次发表于《每周评论》上。[2]

当我在撰写1981年出版的那本专著时，不得不持续关注着这幅《蒙娜·丽莎》。我选择结合地球地质学和人体解剖学，以微观史的视角来走近它。我从达·芬奇《莱斯特抄本》中两个关键性表述的其中一个入手，因为它与《蒙娜·丽莎》的创作同期。以下是我引用的文字：

> 大地似乎在不断地生长，土壤是其肉体；骨头则累积成山的岩石；它的软骨是凝灰岩；它的血汇成了水源。而心脏里的血泊，就是海洋。它的呼吸通过脉搏中血液流速的增加而实现，所以地球上海潮的涨落与之同步……地球上水系的分支和动物血液的分支是联系在一起的，生生不息，循环往复，冲蚀着它们所流经的地方，无论在地球内部还是外部。

如上所见，除了从长文中截取一段翻译的文本，我在这一时期所作的工作可能并没有那么好。

---

[2] 我注意到佩特没有出现在我的《莱奥纳多·达·芬奇：自然与人类的杰作》专著的索引中。当时我对佩特近乎极端的美化手法持保留态度，认为他的自我意识式的美学表达过盛，而我对其诗歌的看法也不如现在开放。他关于"她（丽莎）比她所坐的岩石还要古老"的想象，作为一个充满诗意的悖论是非常巧妙的，但并不是一种历史性的解释。而现在，我认为佩特的这一地质性隐喻是一种很有价值的个人见解，与历史学家的追求不谋而合。

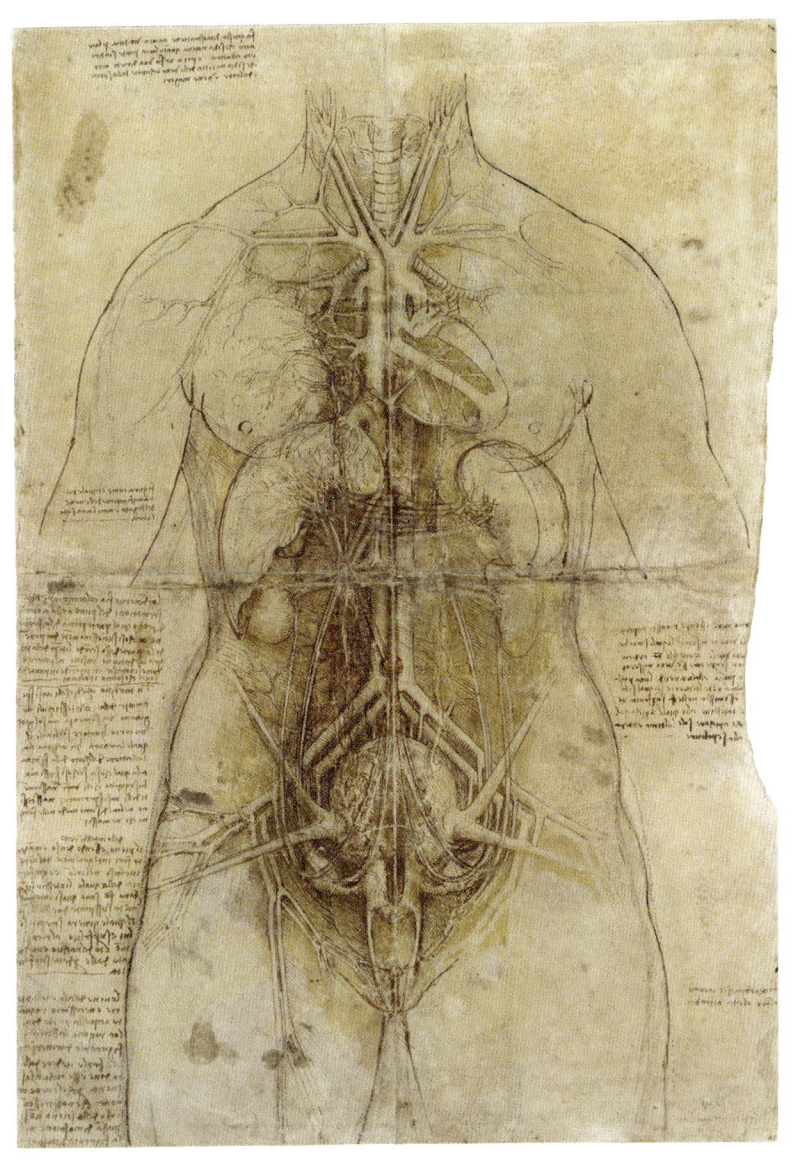

"伟大的女士"的运行系统:一位女士的血管、呼吸和泌尿系统示意图,达·芬奇,约1510年,纸本,墨水笔、粉笔渲染,47.6厘米×33.2厘米

我在解剖学上的观点主要依托的图像是达·芬奇的"伟大的女士"。这是一幅身体内部运行系统的示意图,我在最早研究达·芬奇解剖学的时候就做过细致的观察。这幅惊人的画作将达·芬奇的解剖学绘图技术推向了新的高度,甚至达到了这一时期的顶峰,它展示的是达·芬奇在1507～1508年间对于"百岁老人"解剖学研究的成果,只不过图解中的人体来自一位女性,而非男性。此外,达·芬奇的展示方式也与常规的解剖图大不相同,因为他总结出了理想化的身体系统及运行方式,并且尤为关注"分支与流体动力学"的几何规律。这幅图像可以被视作对于"深受解剖学与流体规律影响的解剖功能"的图示,并且带有强烈的传统思想。达·芬奇将这些作品称作"演示"。

我越来越倾向于将这幅"伟大的女士"视作《蒙娜·丽莎》的"预备草图",它不是字面或通常意义上的作品草图,而是在更深层意义上,部分奠定了画作的视觉与观念基础。

在伟大的艺术肖像(丽莎)与壮观的"伟大的女士"解剖图之间,存在着一种深层的共性。这些近似性既有形式上的,也有哲学上的。在图像设计上,它们有着相似的轮廓描绘手法,因为这一时期的轮廓是由浑厚的曲线构成的,而非达·芬奇早期女性肖像画所采用的那种精巧有力的线条……这些形式上的共性是达·芬奇对于微观生命力的感悟。通过他的描绘,两位女士展现出了涌动着的内在精神,变得(用达·芬奇的话来说)"焕发新生"。而这幅肖像的背景也进一步强化了这种统一性,它就像素描解剖图中所展现的体液流动一样,清晰地展现出地球生命的脉动。

而从丽萨身上——瀑布般的头发、扭结的透明披肩和从她领口如小溪般流淌下来的丝质细布,也很容易感受到一种表面的流动感。

后来,我试着在《蒙娜·丽莎》中的风景和《莱斯特抄本》中达·芬奇对地质变化的描述之间,找到一种可持续的类比关系。只是在这一阶段，我更关注的是《论绘画》中的一段表述，达·芬奇向创作者们阐述了该如何"展示阿尔卑斯山脉与山峰的形态"。他描述了山脉是如何被底部的流水侵蚀，并最终导致山体坍塌或分裂的。雪崩切断了山谷，"就好像在复仇一样，阻塞了河道并使其成为一个湖泊，缓慢流动的水在这里归于平静，直到这个由山体崩塌形成的堤坝，再次被水流冲蚀掉"。

在后来关于《蒙娜·丽莎》的写作中，我甚至没有注意到这段手写的文字，但重点是，画中人物背后的风景昭示着"地球之躯"的永恒活力，以及地球在古老的过去和现在经历着的巨大变化。背景中的两个湖泊在不同高度上形成了水堤，山体也会愈发不稳，这些持续性的变动，都与《创世纪》中"上帝所创造的永恒形态"这一通行解释截然相反。除了对《蒙娜·丽莎》在文艺复兴时期肖像画中的位置进行了更加常规的艺术—历史评估，在1981年的书中，我还提出了另一个观点，即将这位微笑的夫人与意大利诗歌，尤其是但丁的诗歌联系了起来。与解剖学不同，这并不属于我的舒适区。当我从生物学转向艺术史研究的时候，我不但对其他语种的文学一无所知，而且对英语文学的了解也相当零散。而且比起虚构的情节，我更喜欢那些真实的冒险传奇，因为编造故事在我看来就是一种"欺骗"。

我在语言方面完全没有天赋。在学校里，我确实学过拉丁语和法语，但我完全不觉得这两种语言中，会有我感兴趣的作品。拉丁文中，我读过恺撒沉闷的《高卢战记》，可能是因为男性都会被战争所吸引，虽然我现在能记住的，只有恺撒花了大量时间劝诫手下的军队。如果碰到加塔拉斯写的情诗，我可能还会打起精神做点笔记。我凭借在考试前"死记硬背"了几页译文，顺利通过了剑桥的拉丁语O级（普通级）考试。而在准备法语O级考试时，我读到了居伊·德·莫泊桑所写的一个故事，故事背景是白雪皑皑的荒地，很可能出自他的短篇小说《客栈》。我们的学习进度很慢，一周不超过一个段落，所以常常会消磨我们对某些故事情节的兴趣。法语老师克罗克先生（绰号"法国人"）称我为"那位没名字的朋友"，因为他总是不记得我。我的报复是隐约发出高频的哨声，让他难以判断声音的发出地。他显然很恼火，因为从来找不到源头。

而当我转向艺术史研究时，已经敏感地认识到自己在文化上的缺陷，所以我开始进行一场自我教育，在此期间，"企鹅经典系列丛书"拯救了我。借助此前的薄弱积累，我自行翻译了柏拉图、亚里士多德、西塞罗、奥维德、卢克莱修等人的入门著作。我对亚里士多德的《灵魂论》以及中世纪文本、波伊提乌的《哲学的慰藉》印象尤为深刻，但更加实用的是，我阅读了但丁、彼特拉克和薄伽丘的原文，并辅以平装本的其他翻译，以此更好地感受最吸引我的那段历史时期的意大利文化。我买了班坦出版社的一本双语中篇小说，书中，英文和意大利文是并列印刷的。与艺术史和文艺复兴直接相关的书籍，有企鹅出版社出版的很实用的《圣徒大全》，马基雅维利的愤世嫉俗的《王子》，提香的朋友、吵闹的阿雷蒂诺的书信选集，当然还有莱昂·巴蒂斯塔·阿尔贝蒂开创性的小书《论绘画》。

虽然我通过阅读三位伟大的桂冠诗人的作品，在意大利语学习上取得了一些成果，但我并没有意识到他们的语言是古老而难以理解的（我始终觉得现代意大利语反而很有挑战性，有时候别人还会提醒我刚用的词是古文）。对于自己读过的文本，也没能建立起一个文学性的大框架，而这在阅读但丁更短小的作品，比如《飨宴》和《新生活》时，却有所获益，但前提是并不知道它们是较为"次要"的。实际上，正是但丁在《飨宴》中对于自己作品的评论，为我对《蒙娜·丽莎》的画面解读提供了一个关键信息。我为了1981年那本书而思考这幅肖像时，听到了这位伟大诗人的回声，用他自己的话说，就是"在她那双眼和她甜美的微笑中"：

> 灵魂主要体现在两个地方——眼睛与嘴巴，因为在这两个地方，灵魂的三种特性都能得以体现，它们得到了最完整的装饰，也得到了灵魂的最大关注，只是为了进行最大程度的美化，我用"在她那双眼和她甜美的微笑中"

来表达这种快乐。还有一个美丽的比喻，就是这两个地方还被称作"女士的阳台"，她居住在"身体建筑"——也就是灵魂——当中，因为她经常在那里展现自己，就像在面纱下一样。

　　这种灵魂、眼睛、嘴唇、阳台、建筑和面纱的组合显得过于美好了，所以很容易让人错过，但它与达·芬奇"将类比视作一种真正的知识形式"完全吻合。我并不是在强调达·芬奇笔下有着迷人眼睛、微笑着的女士是将但丁文本图像化，而是达·芬奇表现一位"钟爱的女士"的方式，带有很多但丁式的意象。在整幅图像中，这位女士就坐在我们眼前，尽管她的一切似乎都展现给了我们，却仍然显得难以捉摸。这与意大利十四行诗中对理想中的挚爱的形象塑造有着深刻的一致性。而文艺复兴时期诗人们饱受折磨的爱情注定得不到回报。

　　画中人究竟是谁？关于这一困扰，我的回答朴素到令人尴尬。因为可以断言，任何声称能够识别蒙娜·丽莎身份的人都是在"信口开河"。甚至还有人指出，蒙娜·丽莎的名字第一次出现是在1550年瓦萨里所著的《艺苑名人传》的第一版中，此时距达·芬奇离世已经30年。对于本书第67页的图例说明，我原打算写的是"阳台上的女士肖像（蒙娜·丽莎）"。这种立场能够规避许多难题，并且表明叙述重点放在了肖像画的图像表现上。因为证据不足，所以以上述想法便搁置了。

　　在接下来的几年里，我从地质学和诗歌主题入手，对《蒙娜·丽莎》进行了多种角度的研究。1984年，在伦敦皇家艺术学会举办的公开演讲"莱奥纳多·达·芬奇：科学与诗性的冲动"中，我将达·芬奇笔下的女性肖像放在了文艺复兴时期诗歌这一更加广阔的语境当中，其中包括斯福尔扎宫廷主要推崇的爱情诗（其中一些其实是从达·芬奇的肖像画中得到的灵感）。不过，与达·芬奇交往最密切的那些诗人，不仅没有出现在一般的文艺复兴名人堂中，相关作品现在也鲜有人知。除此之外，这些作品中的大多数还没有得到翻译。

如果不是因为我在 2014 年 1 月 29 日收到了一封电子邮件，那些这些事情很可能就被搁置了。这封信来自佛罗伦萨的生态经济学教授朱塞佩·帕兰蒂，他在佛罗伦萨档案馆进行了数十年的个人研究。这些年的学术调查是他出版于 2006 年的第一本书《揭秘蒙娜·丽莎：莱奥纳多模特的真实身份》的基础。他指出，自己的书已经被翻译成多种语言，他的观点还被其他研究和纪录片引用（包括黛安娜·黑尔斯的《蒙娜·丽莎：被发现的人生》，即将出版）。同时，他还发现了新的材料，并且打算再版。他希望能找到一家英国出版商，更理想的是一家代理商。他也意识到自己需要在书中融入艺术史的内容，所以他试探性地建议："我们可以找到一种合作方式来做这件事……当然，如果你愿意的话。"

　　对于自己的作品，朱塞佩一直都非常谦逊，声称"这不是一本艺术史的书，我也不是这方面的专家"。实际上，我已经买了这本《揭秘蒙娜·丽莎》，因为它让画作所涉及的主要人物的现实生活变得丰富而鲜活——丽莎·德·乔孔多（原姓氏为盖拉尔迪尼）、其商人丈夫弗朗西斯科·达·芬奇的父亲皮耶罗爵士，以及其他相关的次要人物。在朱塞佩详尽的材料当中，我非常喜欢我称之为"现实气息"的东西，它与围绕图像层层累积的、虚无缥缈的逸闻故事形成了鲜明的对比。当然，他的研究必须建立在画中人确为丽莎的基础上，而我曾不愿意承认这一点。

　　在确定画中人身份的过程中，海德堡图书馆的一个偶然发现改变了这一游戏进程。2005 年，该图书馆高级馆员阿米恩·施莱希特出版了一本早期印刷图书的目录。其中包括一本西塞罗的《致友人书信集》，于 1477 年在博洛尼亚印刷。这本书曾为阿戈斯蒂诺·迪·玛蒂奥·维斯普奇所有，他来自一个著名家族的支系，并且在几十年中，阿戈斯蒂诺等人为其增加了大量的注释。

　　在这本书出版后不久，西塞罗的一封信提到了伟大的希腊画家阿佩莱斯，博洛尼亚版本把"Apelles"误印成了"Appelles"，阿戈斯蒂诺自视为一位学者，对此进行了纠正。根据这位罗马作家的记述，"阿佩莱斯完成了维纳斯的头部和胸部，堪称最精致的艺术，但维纳斯身体的另一部分却是不够成熟或不够完整的"。西塞罗的这一引用刺激阿戈斯蒂诺添加了一个旁注：

> 画家阿佩莱斯的行为，和达·芬奇在他所有的画作中所做的一样，
> 就像丽莎·德·乔孔多的头部，
> 还有玛利亚的母亲安妮。
> 我们也将看到他会在这个大议会厅里做些什么，
> 在这一创作中，达·芬奇已经与画中的旗手达成了共识。1503 年 10 月。

一些背景研究表明阿戈斯蒂诺认识达·芬奇，两人甚至有许多交集，最重要的是，这位人文主义学者为达·芬奇为议会大厅创作的《安吉亚里之战》提供了一个意大利式的说明：已经与画中的旗手达成了共识。而这位"旗手"正是共和国的行政首脑——皮耶罗·索德里尼，他曾负责与达·芬奇和米开朗琪罗打交道，而这两个人都需要娴熟的技巧来应对。

最起码，阿米恩·施莱希特的相关发现能够证明达·芬奇确实参与了丽莎·德·乔孔多肖像的绘制，最重要的是，他证明了卢浮宫肖像当中的人物就是丽莎·德·乔孔多。我曾有过与这位德国图书馆馆员合作研究的想法，但最终没有付诸实践。不管怎么说，朱塞佩的材料极大地扩展了这一时期相关的事件和人物图像。

2015 年 3 月初，我和朱塞佩在佛罗伦萨的一家酒店会面。朱塞佩出生于格雷夫，后来来到了盖拉尔迪尼家族领土的核心地区——他当时是佛罗伦萨阿尔贝吉耶罗·邦塔伦蒂研究所的经济学教授，该研究所是旅游业的全方位培训机构。正如我根据其来信想象的那样，朱塞佩是一个非常敬业、有协作精神、专业技术很强却极为谦虚的人。而这些专业技术并非他在日常工作中使用的那些。他把大量的空闲时间都花在了档案

馆里，尤其是佛罗伦萨的档案馆。那些律师笔下潦草而难以识读的材料，令人一言难尽，却都是朱塞佩的研究领域，其中涵盖了佛罗伦萨的各类组织、家庭以及个人。

语言是解读这些文本的关键，不管它们是用古意大利语写的，还是用独特的佛罗伦萨拉丁语写的。文本中存在大量的正式缩写，还有手写体，没有熟练的古文阅读能力的人往往是看不懂这些笔迹的。在这本书中就有一个例子（还不是难度最大的一个）：达·芬奇的律师父亲来到丽莎的丈夫所经营的丝绸商铺，皮耶罗爵士好像在想办法解决分歧。这类文献的读者通常都是当地一代代的历史学家和古文学家，而对于现代艺术史家来说，他们迫于所在机构和政府的压力，马不停蹄地进行着大量的出版工作，相对而言，档案整理是非常没有吸引力的。这项工作非常低效，还需要娴熟的技艺，耗费大量的精力，长时间的工作还往往会令人感到徒劳无益。然而，朱塞佩却不用为领导们工作，他只对自己和熟悉的人负责。

除了关于丽莎本人的大量文献，朱塞佩还找到了大量记录，丰富了我们对丽莎精彩的家庭生活的认知。我们知道，丽莎的一个女儿已经进入圣多明我修道院。在那里，丽莎的一个姐妹显然还去过一场有四个修女和四个外来男子参与的狂欢活动。并不是所有的年轻妇女都被家族安排在修道院里，出于商业利益的考虑，还有一部分女子会进入社交界。而丽莎使其家族和声望很高的圣奥索拉修道院建立起了特殊的关系——她的另一个女儿就是那里的修女，而且她还在准备在那里度过生命的最后时光。丽莎的丈夫弗朗西斯科的核心业务是佛罗伦萨的特产——丝绸，他是一名商业投机主义者，还会用爱尔兰进口的皮革交易马德拉的糖。弗兰西斯科似乎还涉足过奴隶贸易。从广义上讲，弗朗西斯科属于美第奇家族的阵营，尤其是当条件允许的时候，但他并没有进入这一统治家族的核心圈层。

卡萨·纳塔莱，经调查这里并不是达·芬奇的出生地

借助朱塞佩的材料，我们还发现了一些达·芬奇雄心壮志的父亲的事迹：他直接在佛罗伦萨的巴杰罗宫外设立了办公地点，作为一名出色的公证人，他以这一专业身份参与乔孔多的业务。德·乔孔多的兄弟和皮耶罗爵士与圣母领报大殿的大型商业活动有着密切联系，而达·芬奇于1500年返回佛罗伦萨时就住在那里。他应该为准备放在中殿和唱诗班交界处的宏伟祭坛创作过系列绘画，但我们找不到任何与之相关的工作记录。正是从这一系列的职业和社会的错综关系中，关于丽莎肖像画的委托出现了。从1504年皮耶罗爵士去世时的财产清单（即达·芬奇做的简单的死亡记录）上，反映出一种繁荣而精致的生活方式，这能够在小范围内，映射美第奇和斯特罗齐等主要统治家族使用室内奢侈品的情况。凭借旺盛的精力，皮耶罗爵士至少生养了17个孩子，第一个就是非婚生的达·芬奇，最后一个则是在70多岁添的一个儿子。

2014年7月，我和朱塞佩一起在安奇亚诺对所谓的达·芬奇"诞生之家"（达·芬奇可能的出生地）进行调查，它位于芬奇镇郊外2英里（约3.2千米）的丘陵上。当时，没有一个详细证据可以把达·芬奇甚至他的母亲卡特琳娜，与这里的农民之家联系起来，但聊胜于无，朱塞佩此后便投身于芬奇镇的档案馆里。

朱塞佩在芬奇镇城堡脚下的一群房屋中，孜孜不倦地追踪着复杂而残破的房产记录，他找到了达·芬奇的祖父安东尼奥的房产记录，以及皮耶罗爵士与其兄弟弗朗西斯科的房产记录。他还追溯到1452年，即达·芬奇出生那年，安奇亚诺还有一处不起眼的房产登记记录，但他并没有发现这处房产与皮耶罗爵士或卡特琳娜有丝毫联系。因为直到1482年，皮耶罗爵士或他的家族才在安奇亚诺获得了一些房产。这对现在的芬奇镇政府来说不是好消息，因为当时他们已经投入了大量的资金，用于改造原先的农家房屋，建起一个配有停车场的精致的瞻仰之地。所以我们都认为我们可能会被逐出芬奇镇，而且决定尽可能以委婉的方式宣布这个消息。与此同时，我们对安托尼奥城堡附近那所僻静的房子现在的主人也十分关心，因为达·芬奇在那里度过了童年，而且很可能，他就是在那里出生的。

我希望朱塞佩能够在2014年底之前，在芬奇镇的档案馆内找到卡特琳娜的相关记录。因为我受到一些启发后有了一个想法：卡特琳娜可能是一个被从伊斯兰国家贩卖而来的奴隶，甚至可能来自中国。这个想法基于一份奴隶记录，表明有一位叫作卡特琳娜的奴隶，归皮耶罗爵士的一个佛罗伦萨朋友所有，但并没有找到这个奴隶曾在芬奇镇生活的记录。而"卡特琳娜"对于受基督教影响的奴隶来说，也是一个普遍的名字，比如弗朗西斯科·德·乔孔多就曾贩卖过这么一位，而且在芬奇镇的档案馆里，也有大量的"卡特琳娜"。在2015年1月，朱塞佩写信告诉我，他在1451年的税务记录中发现到了一位"卡特琳娜"，15岁，无父无母，并且住在芬奇镇。

我的第六感告诉我，她很可能就是真正的卡特琳娜。朱塞佩拼凑出关于卡特琳娜的故事碎片：她有一个一无是处的母亲巴特罗梅奥（梅奥）·利皮。1451年，卡特琳娜和她两岁的弟弟帕波就已经被母亲遗弃，除此之外，我们并不知道任何有关他们母亲（或母亲们）的信息。他们由亲戚抚养长大。那么在1451年的夏天，那位来到芬奇镇的年轻律师是否无所顾忌地和这个孤苦无依的15岁女孩发生了关系？朱塞佩还发现了一系列家庭纽带，表明卡特琳娜·利皮极有可能是在达·芬奇出生后迅速结婚，成了安东尼奥·迪·皮耶罗·布蒂的妻子。布蒂绰号"快点"（暗示性情暴躁），虽然他并不富有，但他在芬奇附近的小村庄马托尼，为卡特琳娜提供了一个稳定的家庭，在那里，卡特琳娜又生育了五个孩子。

1452年4月16日星期天，主教堂精心准备了达·芬奇的洗礼，从现存的当天记录、相关材料来看，很明显，达·芬奇的出生并不是一件令人难以启齿的事。因为在托斯卡纳地区的大家族中，接纳私生子女相当常见。正如安东尼奥的纳税申报表所展现的，达·芬奇在芬奇家族中被祖父抚养。虽然追溯达·芬奇母亲的身份并不是我们理解《蒙娜·丽莎》的关键，但既然我们的书是关于"人与绘画"的，这种调查一定会使这些人物形象更加饱满。这也为一些重要的宣传活动提供了巨大的噱头。从不计其数的报道中足以看出，达·芬奇真正的母亲是谁，就是一个亮点。

通过视频通话，我们与芬奇镇的地方当局讨论了这些发现，决定在2017年6月13日于当地的莱昂纳迪亚纳图书馆举办一场为期一天的新闻发布会，同时进行公开演讲。我们委婉地公布了"诞生之家"的相关消息，并集中讨论了《泰晤士报》的头条新闻"芬奇母亲"。事实证明，我们将卡特琳娜·利皮视作达·芬奇母亲的提议，极具煽动性。亚历山德罗·维佐西是莱奥纳多·达·芬奇理想博物馆（位于城堡下方地下室的一个私人博物馆）的创始人和主管，他是卡特琳娜奴隶说的大力支持者。我们的演讲结束时，亚历山德罗·维佐西抓住讲台，声泪俱下地驳斥了我们的想法。听众们也开始吵吵嚷嚷，但至少在我看来，大多数的听众是站在我们这边的。针锋相对的档案解读，已经逐渐演化为一场冲突。

接着，还有更多的争论出现。事实表明，佛罗伦萨大学的数学和历史学家伊丽莎白·乌利维已经查阅过关于卡特琳娜的同一档案材料，并在 2009 年的《皮斯托亚历史公报》上发表了她的研究结果。很遗憾，我们当时并没有注意到这篇文章，但在大量涌现的达·芬奇研究当中，难免会存在风险。不过这期公报不仅没有得到广泛传播，也没有出现在网络上。乌利维这篇关于"达·芬奇母亲身份"的详尽研究文章认为，卡特琳娜·迪·梅奥·利皮并不是"芬奇母亲"，因为有一份税务记录证明，一位名叫多梅尼科·迪·塔迪奥·多梅尼科·泰利的人拥有"马托尼的一块土地……它继承自梅奥·迪·奥尔索·迪·朱斯托，他是卡特琳娜女士的父亲，而卡特琳娜则是多梅尼科的母亲"。乌利维推测，梅奥·迪·奥尔索·迪·朱斯托与梅奥·迪·利皮是同一个人，但是税务记录是以父姓为标准的，而且梅奥（巴特罗梅奥）是一个常用名，所以我们还是更倾向于自己的看法。

一直以来，朱塞佩和我都共同担负着这本书的责任，但我们能清楚区分各自所负责的部分。得益于他所查到的那些真实材料，我从 1503 年阿戈斯蒂诺·维斯普奇第一次提到这幅作品起，开始追踪绘画史，主要的依据是判决书。例如，我们发表了文森佐·佩鲁贾审判中的完整证词，是他从法国人手中"解放了"这幅杰作，并维持了两年（1911～1913 年）。就像往常一样，在这一时期，人们发出的声音还是生动而真实的，但是后来就很难做到这一点了。

根据我们已经得到证实的部分，故事应该是这样展开的：这幅《蒙娜·丽莎》是从 1503 年开始绘制的，其他佛罗伦萨的艺术家也曾看到过这幅画,包括著名的拉斐尔,只是这幅作品当时可能尚未完成。后来,这幅画与达·芬奇一起去了米兰,然后又去了罗马。在罗马,朱利亚诺·德·美第奇鼓励达·芬奇继续完成它。当达·芬奇在法国的时候,这幅画仍然在他手中,并且一度得到安东尼奥·德·比蒂斯的赞赏。弗朗西斯一世应该是从萨莱的继承者们手中购得了这幅画。虽然从档案文献当中,我们还可以得出一些其他的假设,但是它们往往需要特殊的辩护和有选择性的强调,所以于此不再赘述。

这种历史原则是我一直努力贯彻的,带有一定的科学性。在本书的结论部分,我们归纳了它的一些基本内容:

> 我们倡导一种叫作"奥卡姆剃刀"的方式,这是由14世纪英国哲学家首先阐明的一种原则,即推测成分最少、最契合证据链的假设,往往是更好的选择。这就是简约法则,也是在《蒙娜·丽莎》的现代研究中,尤为罕见的一种方法,但其他备选的理论都会对不确定、不可靠的证据给予选择性的信任,并且一定会否定一个更直接的主流证据。而我们的理论恰恰直截了当。世界上只存在一个《蒙娜·丽莎》,它是达·芬奇所画,而且现藏于卢浮宫。

虽然不太可能成为轰动的头条新闻,但至少我们大概知道了达·芬奇的母亲是谁。

本书的后面几章将为这件经过深思熟虑的杰作提供解读的框架。它们会基于我之前的研究,也就是把这幅肖像放在文艺复兴时期爱情诗的语境之下,从而将其视觉特征与科学(特别是解剖学、光学和地质学)联系起来,展现一幅私人的肖像订件,是如何演变成我称之为"世界性的图像"的。达·芬奇将他的视觉知识、对于人类的理解倾注于画中,用这种方式诠释了他对于画家本身的理解:

> 有时人们可能会说,把一个只会塑造人物头像或整体形象的画家称作大师,只是一种自欺欺人……因为我们知道绘画表现能够容纳大自然或人类

活动的一切产物,也就是所有能被我们眼睛观察到的事物。所以在我看来,达·芬奇或许是一个引人同情的大师,因为他只能做好一件事……但他也不是一位等闲之辈,因为他会平等地爱惜画面中的所有元素。

《蒙娜·丽莎》与文艺复兴诗人的想象之间的纠葛是双向的:一方是达·芬奇,他借助爱情文学的种种修辞,赋予笔下形象一种沟通的能力;另一方则是诗人们,他们不仅描写达·芬奇,还会借鉴他描绘那些"深受爱戴的女士们"的戏谑视角。达·芬奇与诗歌的关系令人忧虑,却又富有成效,他沉迷于他所谓的比较当中,致力于展示绘画是如何高于诗歌的,为此比较了各种各样的艺术形式。对当时的诗人来说,他们一方面要接受来自智力上的挑战,证明文本也可以像画家描绘的那样生动;另一方面还要承受来自社会的压力,因为在文艺复兴时期的宫廷里,各类艺术的从业者都在争取关注和报酬。达·芬奇不遗余力地攻击诗歌,不仅表明他在认真应对来自诗歌的挑战,还说明他对当时诗人所做的事情了如指掌。他自己的图书馆里收藏着现在所谓的文学性创作。

但丁在回想其挚爱贝雅特丽斯时便定下了全诗的基调,而他却几乎不认识她,但这位永远无法靠近的女士,其内在本质却饱含一种神圣的精神,从她的双眼中散发而出,在她微笑的嘴唇间得以倾诉。仅仅在《新生活》第十九篇中关于爱人眼睛的描述就可以传递许多:

> 从她的眼睛里,无论它如何转动,
> 都有因爱而燃烧的灵魂;
> 它们刺穿任何一个对望的眼睛,
> 然后一直往前走,直到抵达内心,
> 在她的脸上,你会看到如画般的爱,
> 所以没有人敢久久地凝视她的双眼。

但丁最吸引达·芬奇的一点是,他会借助中世纪的科学来构建自己的感官和心理体验。在《飨宴》（II，IX）中的一个评注中，但丁解释道：

在此，我们应该知道，虽然许多东西可以同时进入眼睛，但是沿着直线进入瞳孔中心的东西是真正能被看到并且在想象中留下印记的东西。这是因为视觉灵魂所掌控的神经是指向这个方向的，因此当眼睛看不见对方眼睛的时候，目光便不会产生交汇。正如一个人能够在瞳孔中接收外部形式的射线，他的视线也会以同样的方式射向对方。许多时候，沿着这条线就可以看到他用于发射的弓箭，所向无敌。

而达·芬奇关于拥有绝对力量的视觉射线的理念，正是从中世纪的光学读物中领悟到的。

除了这些富含诗意的意象，朱塞佩和我还查看了更多关于绘画的诗，包括彼特拉克两首著名的十四行诗，都是围绕西蒙内·马提尼为其心爱的劳拉所画的肖像。和以往一样，诗歌的基本精神是关乎内心的升华：我的朋友西蒙内一定来到了天堂，也是这位尊贵的女士所属的地方。正是彼特拉克的幻想，成为斯福尔扎宫廷诗人们最主要的灵感来源，他们不仅为达·芬奇试图超越的"诗意流露"定下了即时性的基调，还专门描写了这位艺术家和他的创作。[3]

这里我只选取了其中的两首诗，第一首来自当时享有盛名现在却鲜为人知的宫廷诗人尼科洛·达·科雷乔：

如果宙斯、利西普斯、皮戈特勒斯或阿佩莱斯（古希腊艺术家）
　　不得不在牛皮纸上描绘这位女士，
　　　一定会凝视她的每一个特征，

3　在这两章中，我把《蒙娜·丽莎》和诗歌紧密地联系在一起，这种联系带给我极大的满足，因为没有人尝试过类似的事情。我很高兴有机会与牛津大学的意大利文艺复兴诗歌专家、博士后玛利亚·帕夫洛娃进行合作。玛利亚翻译了朱塞佩的文本，同时还帮助翻译了一些非常晦涩难懂的诗歌。

> 凝视她赋予它们的那种优雅，
> 就像当一个人仰望太阳或数着星星时，
> 他的眼睛和创造的艺术都会受到挫败，
> 因为大自然不会赋予眼睛
> 它本身具有的力量。
> 所以，我亲爱的莱奥纳多，
> 如果你想忠于你的名字，征服并超越每一个人，
> 那么请先遮住她的脸庞，从她的头发开始描绘，
> 因为如果你一下便看到她所有美丽之处，
> 你就会画成一张肖像，而不是她本身，
> 因为那种美并不是为了迎合俗世的眼光，相信我。

当代读者可能会选择那些较为常见的诗歌主题，它们的意象往往过于美妙，好像不是为了迎合世俗的眼光，或许还有"每个画家都是在画他自己"这样的陈词滥调，而这些是达·芬奇极力避免的。

第二首诗来自达·芬奇在托斯卡纳时的同事贝尔纳多·贝里尼科尼在米兰宫廷创作的，达·芬奇曾经和他在戏剧造景上有过合作，这首诗与那幅知名的《塞西莉亚·加莱拉尼肖像》有关：

> 自然，是什么在挑衅你，又是谁会令你艳羡？
> 是芬奇，他曾画下了你的一颗星星！
> 画面中的塞西莉亚，在今日显得多么美丽，就是她，
> 在她美丽的双眼旁，太阳都会显得暗淡无光，
> 荣耀是属于你的，即使你在画里；
> 她似乎在倾听而不是诉说，
> 但思考只会让她更加生动、美丽；
> 在未来，你的光芒也将会更加显耀。
> 与其去感谢卢多维科，

第三章 望向丽莎 • 87

年轻的伪装者:"艾尔沃斯的蒙娜·丽莎",年代不详,布面油画,84.5厘米×64.5厘米

> 倒不如感谢莱奥纳多的天才之手,
> 是他让你流芳百世。
> 以至于每一个见到她的人,
> 甚至在未来看到栩栩如生的她的人,都会说,
> "那足以让我们去理解什么是自然,什么是艺术"。

这些一手材料的真实性,与过去的约50年被强加在《蒙娜·丽莎》身上的大量理论和阐释形成了鲜明的对比。这幅画中的一些"秘密"将会在稍后讨论,因为在这里,我需要首先讲述一个故事:关于所谓的"早期《蒙娜·丽莎》"的故事。

关于卢浮宫收藏的《蒙娜·丽莎》,经常会有一个奇怪的说法,就是它和人们所说的并不一样。这些说法通常是由声称拥有"真正的《蒙娜·丽莎》"的个人发布的,其中不乏能够以假乱真的复制品,比如几乎可以肯定是在17世纪为白金汉公爵复制的(他曾试图购买原版)那幅作品,后被英国皇家学院院长约舒亚·雷诺兹爵士收购,因为他坚信这幅《蒙娜·丽莎》要比卢浮宫的那幅更胜一筹。

而在众多的复制品或变体版本中,还有一个更为"执着"的伪装者,即被称为"艾尔沃斯的蒙娜·丽莎"。在20世纪60年代,这幅画几乎消失在公众视野,最近却以达·芬奇的"早期版本"重现于世,其背后似乎还有雄厚的资金和法律力量作为支持。

1913年,休·布莱克据说在英国萨默塞特郡一个不知名的乡村别墅收藏中发现了这幅"艾尔沃斯的蒙娜·丽莎"。布莱克是一位人脉广博的画家、鉴赏家和收藏家,友好的行事风格非常英式,而且被人们称赞有"好眼光",平常就住在伦敦西区的艾尔沃斯。布莱克在1914年1月的日记中写道:"我准备向国外公布我的《蒙娜·丽莎》的图像细节,在巴斯(拍卖会)拍下这幅作品是一件非常愉快的事情,它展现出瓦萨里描述中的那种色彩,而且尺寸要比卢浮宫的那幅大得多……我的继父

约翰·艾尔向我保证这一幅才是真正的原作,并且发誓要卖出惊人的价格。"我们没有理解错,布莱克确实相信了画作"并非复制品"的说法。

一年以后,这幅画被收录在艾尔的专著《关于达·芬奇的蒙娜·丽莎》(1926 年以《两个蒙娜·丽莎》之名再次出版)中。艾尔是第一个提出艾尔沃斯版超越卢浮宫版的人,而且认为这幅肖像才是瓦萨里所描述的真正对象。不得不说,艾尔的这本只有 51 页的著作带有学术研究的严谨细致,案例研究也尽可能做到了最好。

因为布莱克和他的妹妹分别在 1936 年和 1947 年相继离世,艾尔沃斯版本直到 1962 年才重新出现在公众视野,当时美国经销商和出版商亨利·普利策与瑞士财团合作购买了这幅画作。为了赞助收购工程,普利策"不得不牺牲自己所收藏的大量绘画,还有一座收藏这些绘画的房子"。1966 年,普利策出版社为他出版了一本名为《蒙娜·丽莎在哪里?》的书。很明显,答案是"不在卢浮宫"。20 世纪 70 年代,我很高兴地与普利策进行了一次简短的接触,那时伦敦的普利策画廊已不再经营。普利策曾在 1979 年去世前送给我一张这幅画的照片。在某种程度上,他收录在书中的作品照片和彩色插图,会比后来的所有者公布的数字图像更好一些。

普利策谨慎地引用了已知的关于早期绘画史的主要文献,并且尽可能利用相应的科学技术进行验证,他奇怪地断言卢浮宫的那幅《蒙娜·丽莎》"实际上是画在转移到木板的画布上的",而且就像其他"年轻的伪装者"的支持者一样,他需要借助某种方式来解释为什么《蒙娜·丽莎》要画在画布上,因为所有得到公认的达·芬奇的作品都是画在木板上的。普利策认为,由于卢浮宫的那幅品质低劣,不禁让他猜想达·芬奇是在康斯坦扎·达瓦洛斯肖像的基础上改绘的。达瓦洛斯是一位寡居的西班牙贵妇,后来成了弗朗卡维拉公爵夫人,并在伊斯基亚岛上建立起一个显赫的贵族政权。

普利策把这幅画留给了他的女儿伊丽莎白。2008 年,作品被一个总

"去理解什么是自然,什么是艺术":加西亚·加莱拉尼肖像,达·芬奇,1489~1490年,布面油画,54厘米×39厘米

部设在日内瓦的投资财团收购。[4] 自此之后，这幅作品好像就自然而然地走进公众视野，这就是为什么在那些所谓的达·芬奇的作品中，"艾尔沃斯的蒙娜·丽莎"会显得如此与众不同。

2010 年，一个名叫"蒙娜·丽莎基金会"的非营利性组织成立，总部位于苏黎世郊区的一座宽敞明亮的别墅内。该组织不仅负责这幅画的研究工作，还负责相关的公开报道。基金会的六人董事会由马尔克斯·弗雷律师领导，大卫·费尔德曼任副手。费尔德曼是一位非常成功的爱尔兰邮票拍卖商和作家，在日内瓦的生意规模也堪称世界顶尖。与此同时，他也已经涉足其他交易和拍卖领域，但基金会一直都拒绝透露董事会成员与拥有这幅画的财团之间的具体关联。

普利策的女儿似乎曾在 2005 年安排费尔德曼梳理这幅画的早期研究，以此得出一个结论。在 2011 ～ 2012 年冬天，基金会信心十足地在日本静冈、福冈和东京展示了这一图像，作为"达·芬奇与美的理想"展览的一部分。这次展览由亚历山德罗·维佐西策划，来自达·芬奇出生的小镇上的理想博物馆。2012 年 9 月 27 日，展览在日内瓦举行了一场欧洲发布会，邀请了许多媒体，盛况空前。

大卫·费尔德曼在 2012 年 1 月就这幅肖像和我取得了联系。从一开始，我就坚持认为它根本不可能出自达·芬奇之手，尤其是卢浮宫最近的科学检查中新发现的技术性证据，更是坚定了我的看法，但我们之间的通信依然礼貌地进行着，基金会慷慨地寄了一本大概 320 页的复印版

---

4 在日内瓦和苏黎世的自由港仓库中，相当多的画作都是归商人财团所有的。自由港的经营策略是，当艺术品存放在自由港时，持有者无须缴纳进口税或关税；如果艺术品在自由港出售，也无须缴纳交易税。作品因此可以在"不见光"的情况下自由地进行免税交易。经常有人因为这种仓库里的画作而联系我，在两年的时间里，我至少收到过六张被认为是达·芬奇的《抱银鼠的女子》的图片。而每张都有专家证明其真实性（这种证明通常由报酬丰厚的"专家"提供），但每一幅流传过程都不尽相同。我不断重复说，我认为这是根据达·芬奇、路易尼、拉斐尔和塞巴斯蒂亚诺·德·皮翁博的画作而创作的仿制品，但无论我的判断是对是错，交易本身就是不够合法的。

书籍给我，主要作者是费尔德曼的兄弟斯坦利。这是一本精心设计的书籍，外部镶着金边，里面不仅有华丽的插图，还有力图证明画作归属的丰富材料。而从艺术史层面上，艾尔那本1915年的小书做得更好——更加专注，学术性更强，因而更令人信服。

基金会曾邀请我去观摩这幅画，但我没有去，就像我后来向BBC解释的那样：

> 我没有"拒绝"去看它，只是决定不去看。只有当我看到证明文件、作品来源、数字图像和科学鉴定结果，并且让我相信它值得花时间、精力和金钱等，我才会去看它（只是以我的开销为标准，而不是考虑报酬），但我没有看到材料，能够说服我一定要去看它。我几乎每周都会看到很多近似达·芬奇的作品，所以我必须有所选择。如果每一个被视作"达·芬奇作品"都让我去看，会让我变得穷困潦倒。如果他愿意把这幅画带到我这里，那我也不会拒绝。

这种立场与艺术界得到极大认同的一种谬论截然不同，即人们只能通过亲眼看到原作，才能做出判断。毫无疑问，对一部作品的终极体验包括"身临其境"地感受它。然而，在这个拥有令人难以置信的高分辨率数字图像（基金会曾经慷慨地发给我过一张大小超过370MB的图像）和科学检测技术的时代，如果在这样的检查中所发现的问题，与我们对达·芬奇作品的基本理解之间存在明显差距，那么完全可以做出明确的判断。

另一个不前往基金会总部，并在他们提供的条件下参看的理由，在于这样的拜访所带来的一系列压力。因为这样的拜访活动通常会包括周到的礼节，还有奢华款待以及出行等开销补助等优待，这些都是腐败的。此外，如果相关说法没有达到主办方的预期，学者们可能还遭到谴责（诸如"他都没有怎么看"等）。并不是说这种情况一定会发生，但我曾有过一次这样的经历，所以到现在都会选择敬而远之。

在日内瓦发布会期间及之后，出于大量报道的需要且媒体不断要求，我决定发布一份新闻稿，同时发表在了我的博客上。在你读到它的时候，会发现还是相当严苛的，但我完全坚持这些观点，这份新闻稿的部分内容如下：

这本书……在外观上让人印象深刻，内容上却背离了历史。在区分核心证据、评估其来源和系统性的观点阐释上，它显得毫无章法。书中充斥着大量的假想，一个接着一个，连一位本科生都无法接受。这本书声称，没有任何科学检验的证据表明，艾尔沃斯的这幅画像并非出自达·芬奇之手，但是也没有表明这不是拉斐尔的作品。所以这种带有双重否定的无效声明是不够合理的。从这本书第253页上公布的红外线和X射线扫描图上，完全看不到达·芬奇作画之初的方法和特质。就像卢浮宫那一幅的红外图像所显现的，达·芬奇是一位狡猾的骗子，即使当他开始在木板的涂层上作画时，也依然如此。而艾尔沃斯那幅帆布油画的红外线图像单调乏味，本来就应该是一件仿制品……

我看到过许多所谓的达·芬奇的"科学证据"档案。通常情况下，文本当中都会载入大量的数据、图表和图像来"证明"其真实性，无论它们是不是真的能够有效证明达·芬奇的作者身份。

如果我们真的仔细观察"艾尔沃斯的蒙娜·丽莎"，会很明显地发现复制者显然没有理解达·芬奇那些有意味的细节和微妙的暗示。我可以列出很多，但在此只能稍加总结：

1. 从卢浮宫版本中的领口处的褶皱可以看出，丽莎的裙子由轻薄而透明到不可思议的表层布料，以及厚重而不透明的底层布料组成。复制者却并不理解这种结构，表现得很蹩脚。

2. 丽莎的左肩搭着螺旋状的头纱，达·芬奇处理得深邃而明快，活灵活现，而这幅画里的头纱只是带有僵硬高光的几处褶皱而已。

3. 在卢浮宫版本中，丽莎的头发呈现出一种如溪流般的特殊纹理，但艾尔沃斯版本中的表现却是中规中矩。

4. 丽莎右眼旁边的头纱好像浮在空中以及岩石、流水和被细致描绘的头发上方，头纱扭曲的边缘还绘有细致入微的深色边界线，但在艾尔沃斯版本中却并没有出现。

5. 艾尔沃斯版本中的织物褶皱更为硬朗、刻板，完全没有卢浮宫版本中的那种明显的层次感。

6. 艾尔沃斯版本中位于中景的那些丘陵、山脉，都是以厚重有力、不透明的手法绘制的，完全没有达·芬奇关于光学的暗示，也丝毫没有那种来自"地球之躯"的生命力。

7. 艾尔沃斯版本中左边的岛屿实在画得很差——完全成为风景中的一块污点。倒影的表现也没有逻辑，而且再无水流的迹象来呼应这种反射现象。

8. 艾尔沃斯版本中的形象，是在文艺复兴时期"深受爱戴的女士"标准形象的基础上进行了一般性美化。而这本书认为文艺复兴时期成熟女性的肖像能够准确反映其实际年龄的观点是错误的。

上述一切都表明这幅画是一件仿制品，在奥斯陆的国家博物馆里还存在一个近似的版本（包括岛屿等所有要素）。另有一件仿制品在基金会图书的第199页上出现过。所以《蒙娜·丽莎》的仿制品们好像形成了很多"家庭"，而上面的这个"三口之家"并不是最好的。

我需要补充的一点是，在艾尔沃斯的版本中，有着更为立体的侧柱，这是许多仿造者的典型做法，艾尔和基金会也都很好地利用了这一点，认为达·芬奇似乎在创作后期，把奇怪的柱状物和缩短的基座都添加在了画作的边缘。

而在当代重要的达·芬奇研究专家中，公开且明确表明支持这一作品归属的人数几乎为零。曾在日内瓦发布会上发表讲话的亚历山德罗·维佐西，还有杰出的达·芬奇研究者卡罗·佩德莱蒂都曾评价这幅画质量很高，值得做进一步研究，但对其真伪却不置可否。而作为上述观点的突出支持者（后来大都会艺术博物馆的卢克·西森也认同了这一观点），我在2014～2015年冬天的新加坡展览上成了众矢之的：

> 马丁·肯普在进入房间时特别强调："为了了解别人不知道的事情，我一定会近距离地亲自观看一幅作品"，但后来在房间里，我们却发现肯普无视了刚刚所说的，而且谢绝个人参观作品。这种逻辑背后的含义不言而喻。

我不记得自己还说过这样的话，自己绝不会在鉴赏作品时，希望能够"了解别人不知道的事情"。在数百万英镑面前，判断的准确性可能会受到影响。

碰巧的是，所有支持"更早的《蒙娜·丽莎》"的观点，都在卢浮宫绘画技术检查得出的最新数据面前土崩瓦解。来自"真正的《蒙娜·丽莎》"作品底层的证据显示，达·芬奇其实是慢慢朝着最后的构想努力的——画中人物的装束经历了相当大的改动，许多细节都被一一做了调整，比如人物的手和头发。而这张经过调整的图像，才符合艾尔沃斯版本的画面表现。所以达·芬奇根本没有理由先画一个早期版本，再画一幅与之不同的作品，然后再慢慢将它调整为先前的样子。

一件仿制品，即使在结构和背景上有一些特别的表现，也仍然是一件仿制品，大费周章也一无所获。据说，这个"伪装者"后来又回到了自由港，而达·芬奇所画的唯一的《蒙娜·丽莎》才能展示在卢浮宫当中。

让我们迎来一个愉快的结束，回到1994年《蒙娜·丽莎》出现在卢浮宫方形展厅接受检查的那一刻。

当时，当《蒙娜·丽莎》出现在我们的房间，观者所有的焦虑都一扫而空，变得专心致志。它的存在感的确让人不可思议。它的生命还在延续。画中的人对我们的反应不亚于我们对她的反应。她那嘲弄般的目光、迷人的微笑，足以穿过接连不断的裂缝、污浊的亮光漆和修补的斑点，以惊人的活力侵入我们的空间。

如果她不再被禁锢，佩特又会怎样看待她呢？她不再是"潜入深海"，而是与我们同呼吸共命运。很少有艺术家可以取得这样的成就——拉斐尔不时可以，伦勃朗在自画像领域可以，委拉斯开兹基本都可以，贝尼尼和乌东（没错，还有他）用冰冷的大理石可以做到，维米尔和夏尔丹在更小的画幅上可以做到，毕加索也尽力做到了最好。而《蒙娜·丽莎》的特殊之处在于，她属于一个独一无二的领域，在肖像和对受到爱戴的女子的美好幻想之间摇摆，而她永远不可能是真实的。正如彼得·库克在著名的《艺术画廊》幽默短剧中对演员达德利·摩尔所说："她一生中从未去过洗手间。"而但丁笔下的贝雅特丽斯就像达·芬奇的丽莎一样。

但丁在天堂遇见贝雅特丽斯幻影的情节恰好可以作为本章的结尾。

当她开始微笑，
便没有语言足以形容，
也没有思想能够接纳，
她是一个如此丰富而又特别的奇迹，遥不可及。

第四章　被盗走的圣母子像

2003年夏天，达·芬奇的一幅圣母子像在苏格兰城堡遭到盗窃，这是《纺车边的圣母》最好的两个版本中的一件。这两件小尺幅的作品展示了母亲与孩子间的亲密互动，还有一个十字形的物件，应是一个卷线杆，上面缠绕着还未被捻成纺线的羊毛和其他纤维。小基督手里拿着卷线杆——借助一个无辜的物件，预示着他的受难，传递了悲剧性的信息。

8月27日，当得知圣母子像被盗的消息时，我正在基安蒂的格雷夫山上。这里有着托斯卡纳式的迷人风景：凹凸不平的褐色山丘被太阳烤得滚烫，山上覆盖着被修剪整齐的藤蔓和绿橄榄树，当中还点缀着一丛丛的深色柏树。每当微风吹来，橄榄枝会随之摇曳，不时地露出树枝银色的一面，这就是达·芬奇在解释如何绘制不同树种时所描述的景象。我当时住在维尼亚马焦别墅，这座别墅曾是格拉迪尼家族的财产，而且萦绕着丽莎的身影。

格拉迪尼家族的历史就是小说和舞台剧剧本的情节来源。在10世纪，科西莫·格拉迪尼成为佛罗伦萨的第一任公爵。在后来的几个世纪里，这个家族卷入了与圭尔夫家族之间致命的、"黑派"与"白派"间的争端。好战的格拉迪尼和"白派"人士一同，被佛罗伦萨政府谴责为"恶棍"和"强盗"，并被指控与锡耶纳结盟，后来，佛罗伦萨人成功地霸占了他们的财产。1302年，他们决定彻底摧毁雄伟的蒙塔利亚里的格拉迪尼城堡，让那里"再无重建的希望"。所以格拉迪尼城堡在托斯卡纳山丘中确切位置已经不

《纺车边的圣母》：

上图：巴克卢版，1501~1507年或之后，胡桃木板油画，48.9厘米×36.8厘米

下图：兰斯顿版，1501~1507年或之后，木板油画转画在帆布上后，又被重新固定在木板上，50.2厘米×36.4厘米

着踪迹。后来，格拉迪尼家族的一些支系逐渐找回了自己的地位，成为托斯卡纳的贵族乡绅，定居在乡村和佛罗伦萨。而到了丽莎·格拉迪尼的时代，家族的古老名字已经变得比他们的权力和财富更加重要。

宽敞的维尼亚马焦别墅的石块被堆砌得整整齐齐，还被重新粉刷过。多年来，别墅的业主已出产了著名的托斯卡纳橄榄油和个性化的基安蒂橄榄油，意料之中的是，其中一款就是以蒙娜·丽莎命名的。15世纪初，格拉迪尼家族一位名叫阿米迪奥的人还曾记载过一种葡萄酒，是他在维尼亚马焦"装桶"的，而且给了一位顾客——"如果酒不够了"。

我去那里是因为维尼亚马焦农场参加了一个令人钦佩的农业旅游项目：大量悠久的农业地产开始走旅游经济模式，但它们并不像酒店，也没有标准的床和早餐。别墅里宽敞、通风的房间被命名成与达·芬奇相关的名字，我被安排住进了"蒙娜·丽莎"房，内部有一扇巨大的窗户，外面是一望无际的景色。在游泳池附近，我遇到了马可，他正在辛勤劳作，让肥沃的托斯卡纳花园变得井然有序。马可不仅是一名园丁，还参与了托斯卡纳中世纪街头剧场的重建，只不过这项工作并不能支撑生活，但就算是像他那样精于世故的人，也难免陷入那些传奇故事之中。

"那是她曾经坐过的地方。"马可指着隔壁房间的窗户。当然，"她"指的是丽莎。马可向我保证，肖像中的拱桥部分已经在当地找到了蛛丝马迹。这里富饶的风景根本不像达·芬奇所描绘的的蓝色山脉，但这并不阻碍人们的想象。因为如果告诉马可，达·芬奇画的风景根本不存在，而且他在创作这幅画时，这些房产甚至不属于格拉迪尼家族的话，可能会是对马可的一个重击，所以我决定闭口不谈。

然而，这个地方的远处景色却很有达·芬奇的风格。从地形上看，辽阔的平原挤入低矮的山谷，两侧是有着翠绿山脊的陡峭山峰，就像达·芬奇最早注明日期的风景素描一样。画面描绘了坡度很急的山间场景，在最左边，一座巨大的城堡傲然屹立在山脚，辽阔的平原在宽广的视角下，

托斯卡纳风景幻想曲：有城堡的山景（绘于1483年8月5日，适逢圣母玛利亚降雪日），达·芬奇，素描，19厘米×28.5厘米

被分割成一块块田地，最终引出一系列低缓的小山。达·芬奇用一种对他来说别具装饰性的、清楚易读的笔迹，为作品写了题记："绘于1483年8月5日，适逢圣母玛利亚降雪日"，题材源自罗马曾奇迹般地出现了降雪，使人们辨认出了圣母大殿的方位和平面。画家当时才21岁，却已经在锻炼他那与众不同的天才技巧了。

我和其他大多数达·芬奇的追随者一样，起初都推测这幅素描取材于实地实景。几年前，我开车绕着托斯卡纳那条令人炫目的、贴着山坡的道路行驶，似乎每一个拐弯处都像是达·芬奇实际站立的有利位置，却没有一处真的契合。如果我们仔细看这幅素描，追踪这条巨大裂缝左右两侧的地形，就会发现它在空间和体量上，都存在诸多不合逻辑之处。我开始觉得，这幅著名的"阿诺河谷"素描正如贡布里希所认为的，其实是一种绝妙的创造，是画家在圣母玛利亚降雪日那天，对于托斯卡纳山景的一种想象。

但是我为什么要提及这个奇迹之日呢？维尼亚马焦别墅对面的山谷是一个由格拉迪尼家族献给雪地圣母玛利亚的礼拜堂——一个意想不到的罗马历史纪念地。那么，这幅画与格拉迪尼家族有什么关系吗？也许有，画中左边的宏伟城堡正是那个重建的蒙塔利亚里城堡。所以这样的风景是围绕格拉迪尼家族进行的一种想象吗？我无法提出任何确凿的答案和理由，达·芬奇创作这幅画的动机仍是个谜。

在接到圣母子像遭到盗窃的电话时，我正坐在蓝色游泳池边铺有石头的露台旁，顶着一把大遮阳伞，但是，当时我的注意力并不在托斯卡纳天堂般的周边环境上，而是在牛津大学出版社委托我撰写的关于达·芬奇简短专著中的一个章节。我一直盯着笔记本电脑的屏幕，尽管在阳光下很难看清。在写作的时候，我最讨厌的事情就是被打断，所以当我的手机在金属桌面上不停地振动时，我本不想理睬它，但我看到电话那头是特蕾莎·克劳（现在是特蕾莎·威尔斯，是我以前的研究生和合作者），没有急事她是不会随便给我打电话的。

"你有听说那个新闻吗？"

"什么新闻？"

她告诉我，巴克卢公爵珍藏的那幅《纺车边的圣母》在德鲁姆兰里格城堡被盗了。这座城堡位于苏格兰边区邓弗里斯小镇附近，是一个有着文艺复兴兼男爵风格的家庭住宅。被盗窃的具体过程不得而知，但很明显是一个开着大众高尔夫 GTI 汽车的人将画作抢走的。

后来，我知道了更多的细节。这座城堡是对公众开放的，曾有两个穿着随意的男子，像早晨的游客一样出现在楼梯间，这幅画就挂在这个区域的防护罩内。一位年轻的女导游正在向他们介绍一系列藏品，但他们似乎对其他藏有大量珍品的房间漠不关心。然后，就像这位导游在法

公爵的城堡：德鲁姆兰里格，苏格兰边区

庭上陈述的那样，其中一名盗贼"用手捂住了我的嘴，并喝令我躺到地上，不然他就杀了我"。一位更有经验的导游听到了大厅里的"骚动"——当时有一名男同事在大声喊叫："请不要这样，后退，后退……"那位女导游勇敢地走进了大厅，看见一个盗贼正在挥舞斧头，"他在画前掩护他的同伙……等他们完成后，他们一起从窗户处逃走了"。

甚至连特蕾莎在电话中告诉我的基本信息都成了令人震惊的新闻。《纺车边的圣母》是一幅我在过去几年里不断地去研究的画作。我已经在新书里为它起草了一个简短的说明，打算在后面的章节中继续讨论，所以这件事情对我的工作产生了一定的影响。公爵的痛苦无人能够分担，在此前的研究过程中，我才和他逐渐熟识起来。

《纺车边的圣母》和其他达·芬奇的画作一样，相关记录非常翔实。它是由入侵的法国君主的国务大臣弗洛里蒙德·罗伯特在米兰委托达·芬奇创作的，就在1499年12月，达·芬奇离开米兰前不久。佛罗伦萨加尔默罗会的领袖弗拉·皮埃特罗·诺夫莱拉是这一事件的一位见证者，他在向曼图亚侯爵夫人伊莎贝拉·德·埃斯特汇报时，提到过达·芬奇于1501年4月在佛罗伦萨创作这幅作品时的积极工作[1]：

在这一受难周期间，我通过达·芬奇的学徒萨莱和他的其他一些朋友，了解到画家达·芬奇的具体打算。为了得到更多信息，他们在受难周的星期三，把达·芬奇带到了我这里。简言之，达·芬奇的那些数学实验让他从绘画中分心得很厉害，以至于让他无法忍受笔刷，但是，我巧妙地让他明白了阁下的心意，因为您在曼图亚对他表现出了仁慈，他看起来非常乐意为阁下服务，所以我对他和盘托出。最后的结果是：如果他能像自己所希望的那样，最多一个月，就能履行完对法国国王陛下的义务，全身而退，那么除了阁下您，他不会愿意为世界上任何人效劳。无论如何，一旦他完成了手上为法国国王特别喜爱的罗伯特所作的一幅小画，就会立即画一幅肖像寄给阁下，我已恳求过他。目前，他正在画一幅小型的圣母子像，圣母是坐着的，好像正要纺纱。小基督把脚放在一篮子纱线上，手里抓着纺锤，眼神专注于纺锤呈十字形的四个柄；他好像很想要手中的十字，微笑着，紧紧地握住了它，不愿把它交给母亲，因为后者似乎很想把它拿走。这是我从达·芬奇那里得到的所有信息。

弗拉·皮埃特罗·诺夫莱拉当然不会漏掉画中的十字象征物，同时也能感觉到，这是一种新形式的圣母子像，动态地将某种符号嵌入画面的心理叙事。这种创新性的表现方式，对米开朗琪罗和拉斐尔都产生了

---

[1] 1500年，达·芬奇曾到访曼图亚，伊莎贝拉试图从他那里获得一幅画像，但终究没有成功。

影响。

达·芬奇从来没有迅速地完成过任务,直到六年后,法国驻佛罗伦萨大使才声明:"一张出自达·芬奇之手的小画,最近才被送来",这是大使在布洛瓦期间写的。罗伯特在那里建了一座宏伟的文艺复兴式联排别墅。受到这幅小画的影响,君主路易十二希望达·芬奇能够"根据我的相关构想,围绕圣母或其他事物,特别完成一些小型创作"。达·芬奇逐渐成为欧洲的首位明星艺术家。

但是存在一个历史上的困境:我们发现了两幅达·芬奇为其法国赞助人绘制的作品。幸运的是,相关文献确实能够证实第二个版本存在。一幅"怀抱基督的圣母"与《蒙娜·丽莎》一同出现在了萨莱的两份财产清单中。正如我们所看到的,这些清单是在1525年起草的,以便达·芬奇的资产可以在他的继承人以及学徒之间公平分配。而这件圣母子像似乎是1530年达·芬奇仍在米兰时创作的作品当中的一件,并在萨莱姐妹和妻子之间的法律纠纷中成为一件财产抵押品。后来,这幅画的一个版本被送到了布洛瓦的罗伯特处,另一个版本则留在了达·芬奇那里,与他一起到了法国,并在1519年达·芬奇去世后被送回米兰。

这件圣母子像有许多仿制品和变体作品存在,但只有两件与达·芬奇本人直接相关。其中一件就是在德鲁姆兰里格城堡中被盗走的那一幅,另一件曾经属于兰斯顿侯爵的著名收藏当中,现在则是一件私人藏品。两个版本都没有18世纪之前的流传记录,而且也无法分辨是哪一件被送到了罗伯特那里,哪一件仍保留在达·芬奇手中。

我和公爵收藏的那幅《纺车边的圣母》的联系可以追溯到很多年前,并且与特蕾莎·威尔斯有着密切的关系。在特蕾莎攻读博士阶段,她一直围绕达·芬奇的法国赞助人进行研究。当时,几乎没有研究达·芬奇的专家真正看过这两幅画,连判断作品的归属都是基于照片。在20世纪80年代后期,我和一群圣安德鲁斯大学的学生们一起参观了德鲁姆兰里格城堡。当看到木板上那幅小得让人难以置信的画作，我坚信它值得采用现今最新的科学技术进行仔细检查。对此，公爵以及我曾担任过董事的苏格兰国家美术馆同人，都抱有热切的期待。

美术馆的检查工作定在 1990 年 5 月 16 日。在一个阳光明媚的上午的 10 点钟，约翰·蒙塔古·道格拉斯·斯科特骑士、第九任巴克卢公爵与第十一任昆斯伯里公爵来到了爱丁堡的苏格兰国家美术馆。这是苏格兰国家现代艺术馆最近向公众开放的机构，位于装修精美的约翰·沃森学院，是一座带有宏伟门廊的古典建筑，可以称得上是"北方的雅典"。

公爵的路虎车后面放着一只精心制作的木箱。一路护送，木箱顺利地通过安全门，被送到地下室的保护部门。那里建有一个光线充足的、看起来像一个介于异常整洁的艺术家工作室和科学实验室之间的工作室。保护部门的主任约翰·迪克轻轻地将画像及其镀金画框从盒子的天鹅绒衬里中取出来。然后，这块仅有 48.9 厘米高、36.8 厘米宽的小型木板油画被从框架当中取出，夹在了一个结实的画架上。

20 世纪下半叶，对于画作的科学检测取得了很大进展。在那之前，常规技术方法是用 X 射线扫描，以此来了解老大师们在画面下面隐藏了什么，基本上与医学应用相同。20 世纪 30 年代初，另一幅《纺车边的圣母》也接受了 X 射线检查，并发现了一些修改过的痕迹，表明了达·芬奇曾参与绘制。所以巴克卢版本自此被降级为达·芬奇的学徒的摹本。1939 年，在米兰举办的达·芬奇大展，是由墨索里尼发起的、用于文化宣传的一项重大活动[2]，在展览期间，巴克卢版本的圣母子像再次进行了 X 射线检测。但这次检测没有发现实质性的修改痕迹。虽然达·芬奇作画的一大特点，就是他会经常转变想法，但是在草图阶段，画家并没有在画板上使用含铅较多的颜料，所以很难在 X 射线下得到显示。

---

2 第八任公爵真诚地把这幅画借出去之后，经历了一个艰难的追回过程。这一经历使得继任的公爵们都对这件作品在意大利展出感到不安。

到了 20 世纪后期，日新月异的红外反射成像技术（IR）在检测文艺复兴时期的绘画中取得了显著成果，尤其是能够发现那些在创作的最初阶段留下的，可能只有画家自己见过的痕迹。1990 年，当我们检测巴克卢版圣母子像时，还用到了阴极射线技术（类似于以前在电视中使用的技术），以此来尽可能完整地捕捉图像。

约翰·迪克把红外照相机固定在画架上，对画作表面进行扫描。然后一系列神奇的、很难捕捉到的图像便开始在观察屏上显示出来，每一次都只出现作品的一小部分。我们聚集在一起，看着这些令人着急的、不确定的图像闪烁着相继出现。当我们越来越能接受那些灰色斑点的诡异分布，便开始挑选画面中的关键特征作为注记。我们把这些图像拼成照片形式的马赛克，像是一个有着明显接缝的拼贴画。这些尝试像是在创造一个令人激动的技术奇迹，尽管在大约 30 年后回顾这一切时，当时的检测设备不免会显得简陋，结论也难免粗率。

观察科学检测所产生的图像，不仅要有足够的耐心，还要善于进行选择性地观察。因为画面中的关键特征可能相对模糊，需要将其从一些"杂音"中挑选出来，一个小特征背后可能会是一个大故事。就像医学上的 X 射线一样，承认没有"看到"某些东西是很尴尬的，但对于未经训练的观者来说，要在不熟悉的景象当中，区分那些真正有意义却若隐若现的痕迹，其实是很困难的，甚至不可能做到。在很大程度上，我们只看到自己正在积极寻找的东西。所以这种方法有其危险性，而且我们总是会倾向于看到自己想要看到的东西。

渐渐地，当我们凝视着约翰的屏幕时，圣母子像的素描式图像开始显现出一些激动人心的迹象。我们可以看到艺术家在描绘人物的头部及身体的主要轮廓时，画下的线条坚实、简单而充满自信。只是人物面部会有一些轻微调整的痕迹。更令人振奋的是，小基督的右臂似乎被调整过，而且圣母的手掌不仅按照透视法进行了大幅缩短，属于一种难度很

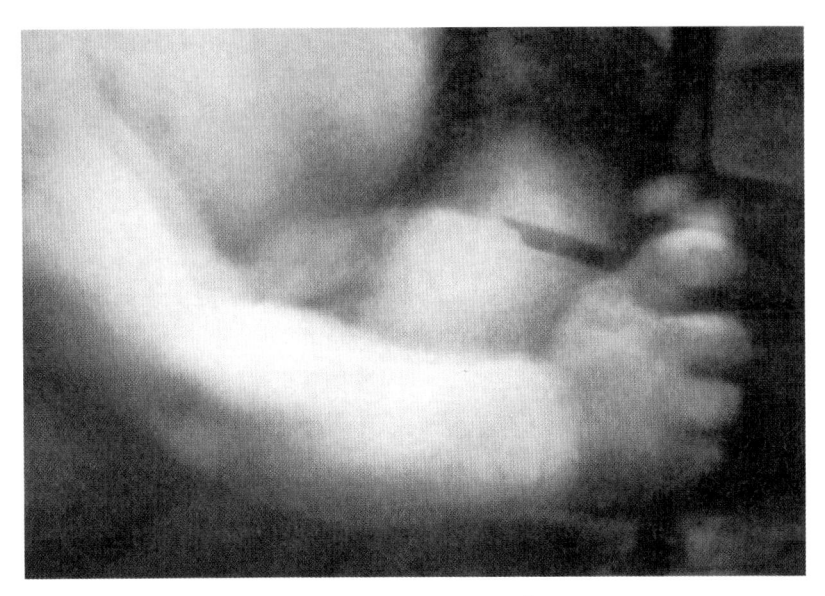

1990年检测中的四张红外线图：1.小基督手臂的轮廓曾被画家做过调整

大的绘画处理方式，而且还被细致地调整过，尤其是她的拇指，看起来缩进去了很多。当我们查验图像的中景和背景时，发现惊喜在等着我们：在圣母头部的左侧，出现了一个可以辨认的拱门，而且在右侧的风景中，还有一些比后来呈现的画面更高的山丘。在拱门的下方区域，还可见其他一些物象的早期形态。所以结果表明，不管怎样，公爵所收藏的这幅作品都不是一个普通的仿制品。这也让他感到非常欣喜和激动。

后来，我提议在伦敦英国国家美术馆举办一个高质量的小型展览，展出从苏格兰收藏中选出的那些老大师们的精彩画作，但这次展览的核心，是展示《纺车边的圣母》的两个主要版本，以及其他相关的艺术作品。这项提议得到了英国国家美术馆馆长蒂莫西·克利福德和迈克尔·克拉

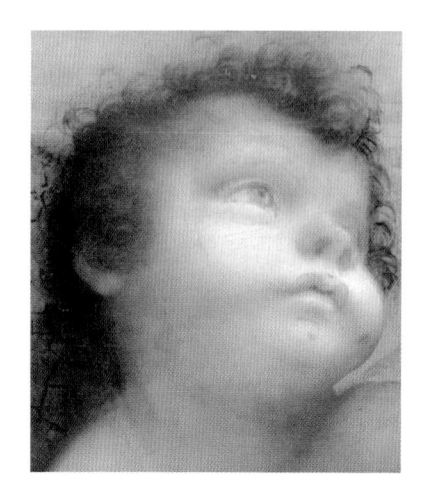

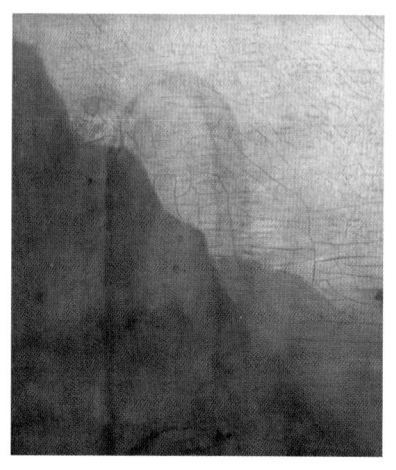

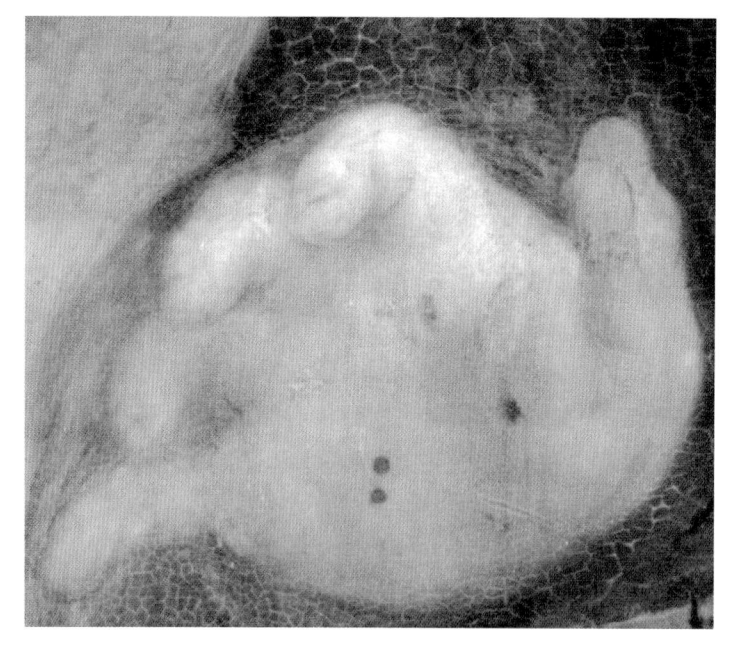

左上图：2.基督的头部
右上图：3.中景的拱门
下图：4.调整过的圣母手指轮廓

克的支持，前者富有想象力、雄心勃勃而充满热情，后者则更为谨慎一些。最关键的是，公爵也表示全力支持。他一直坚定不移地支持这项研究，尽管他的收藏可能无法经受住我们提出的更为持久的检查。

凑巧的是，在爱丁堡美术馆的储藏室里还有另一个古怪版本的圣母子像。它的水平达不到达·芬奇的高度，只是一个受到原作启发而产生的其中版本。我们未曾料到，随着研究的展开，位于中景左边位置的一群小人物将在画面中起到关键性的作用。他们传递出一个信息，即圣母与她好奇的孩子以及另一名女性（或许是助产士）正在看着约瑟制作一个带轮子的木框。约瑟是一名木匠，他手中的那个木框则是一个婴儿学步车，就像我的孩子学会走路前使用的那种小车。之后，我的木匠戈登·布朗也给我做了一个近似的木质婴儿学步车，我的孙子艾蒂安还测试了它，不过实践表明，它经常会在粗糙的路面上翻车。据说，15世纪威尼斯的塞浦路斯女王卡特丽娜·科纳罗，在其双腿不能再支撑她走到想去的地方时，也曾使用过一个成人版的此类学步车。

展览的下一步，就是让英国国家美术馆确定，与之相对的"圣母"与"圣子"是否有档期，因为没有这幅《纺车边的圣母》，就不可能举办展览。达·芬奇的重要研究者卡洛·佩德莱蒂与画作的藏家进行沟通，地点是在纽约。

画作的藏家向美术馆询问了这次展览的基本理念，以及将会如何对这幅画进行编录。我代表美术馆回答说："我并不希望做一个简单的并列展示，好像对于哪一幅画是达·芬奇的原作（如果确实存在的话）的疑问会有一个简单的答案。事实上，我认为这对于达·芬奇的小型宗教画来说，不是一个恰当的问题。"我继续说道（希望能够起到鼓励作用）："从对巴克卢版圣母子像的科学检测来看，我个人认为，它并不完全是一件真迹，但是达·芬奇确实参与过创作，目前我还没有理由对雷福德

正在试用模仿圣母子像中的学步车的艾蒂安

之前收藏的作品做出某种判定。"[3] 这种有点耍滑头的保证似乎奏效了。

1991年12月初，展览仍处于策划阶段。当时，我在纽约，正准备"拜访"藏在这里的《纺车边的圣母》。据说它重归威尔登斯坦公司所有——威尔登斯坦于1971年在佳士得拍卖会上，再次投资了已故的罗伯特·雷福德的藏品。这时奇怪的事情发生了，《纺车边的圣母》再次被判定为索多玛的画作。在这位经销商豪华的联排别墅中，约瑟夫·巴里里奥作为主人接待了我，他迷人、圆润、满面红光、热情而学术能力强，是研究法国18世纪艺术的顶尖专家。当我用放大镜在不同灯光下研究这幅作品时，他一直很有耐心。

事实证明，纽约版的《纺车边的圣母》的尺寸与巴克卢版近乎相同，连具体图像的比例也完全一致。只是当我翻至作品背面时，发现巴克卢版本还是最初的木板，而纽约的这个版本却被装到了盒子当中，无法让人接触到它的背面，所以在任何情况下，它的背面都无法提供任何信息。1910年，修复人员将颜料层从木板表面剥离下来（曾经是一种流行的做法），随后将其转移到画布上。更糟糕的是，1976年，颜料层再次（从画布上）被剥离，转移到了一块惰性板上。这不是一种对待古旧作品的理性做法。第二次剥离是由意大利修复师吉安尼诺·马尔奇操作的。

尽管现在这幅画被转移到了平滑的木板上，但之前画布留下的痕迹依然过于明显。就算考虑到泛黄亮光漆的影响，画作表面情况依然与苏格兰的版本相去甚远。相比之下，这幅画现在显得更加苍白，像被擦洗过，而且画面丢失部分还留下了修复的痕迹，例如在小基督嘴唇左边，就有一块黑色补丁。更明显的是，小基督的生殖器部分显得模糊不清，原因

---

[3] 罗伯特·雷福德，加拿大海运业巨头，曾在蒙特利尔时拥有过这幅画。1928年，雷福德从著名的艺术经销商威尔登斯坦公司购买了这幅画，该公司的仓库堪比一个国家美术馆的库房。当时，这幅画被无趣地判定为拉斐尔的同事索多玛（乔瓦尼·安东尼奥·巴齐）的作品，但雷福德咨询了一些著名的艺术史家，他们鼓励他说这幅画出自达·芬奇之手。

非常清楚：特蕾莎后来发现了一些旧照片，显示在小基督的生殖器上，曾经画过一条假惺惺的缠腰布。而实际上，加上这条缠腰布后，脱落情况比原本还要严重。

纽约这幅画作的破损情况显而易见，但其绘画性和色彩却依然耐人寻味。背景中典型的达·芬奇式山脉，超越了巴克卢版的乏味表现，还有一些精彩的局部塑造，尤其是人物的眼睛。正如我之前提到的，达·芬奇将眼睛视作"灵魂的窗口"，目光不仅能够摆脱肉体的桎梏，更让我们进入内在的思想。在纽约版的《纺车边的圣母》中，圣母忧虑地看着圣子怀抱十字架，她的目光低垂，而基督的右眼是完全看得见的，带有一种湿润和半透明的光泽，在画面叙事中发挥了关键作用。小基督的视线集中在食指指尖指向的十字交叉处，对于刚刚学会辨认身边物品的孩童来说，这种近距离的触碰十分常见。

当我端详这幅画的时候，还发现了许多其他不错的细节。比如小基督卷涡形的头发，就像达·芬奇在手稿中所描绘的湍急水流一样。不仅如此，画家还描述了圣母编发中扭曲的织物和层叠的卷发之间的那种有节奏的律动，一开始只有一部分头发被头纱蒙住，后来则蔓延至满头卷发。圣母头纱的透明材料巧妙地表现出了光学的变化。它覆盖住圣母的前额，由于捕捉到光线，看起来比皮肤颜色更浅；同时，头纱好像是一个淡化黑暗的滤镜，使之与苍白山峦的光辉相映成趣。而这就是达·芬奇花了大量时间在笔记中所讨论的那种明暗对比效应，而且与应用在《蒙娜·丽莎》画面中的表现手法亦步亦趋。

有一个画面细节我以前未曾注意过：有一缕缕极为生动的、呈血红色的细纺线，穿过了右侧的岩层，以此呼应基督注定的牺牲。不过，这些岩石都是采用一般的手法描绘的，完全不像巴克卢版《纺车边的圣母》画面右侧的岩层一样，带有明显的地志学理念。

即使没有经过详细的鉴定，这两幅《纺车边的圣母》关系的复杂性

第四章 被盗走的圣母子像 • 113

带有学步车的圣母子像，纺车边的圣母，达·芬奇模仿者，约1520年，木板油画，62厘米×48.8厘米

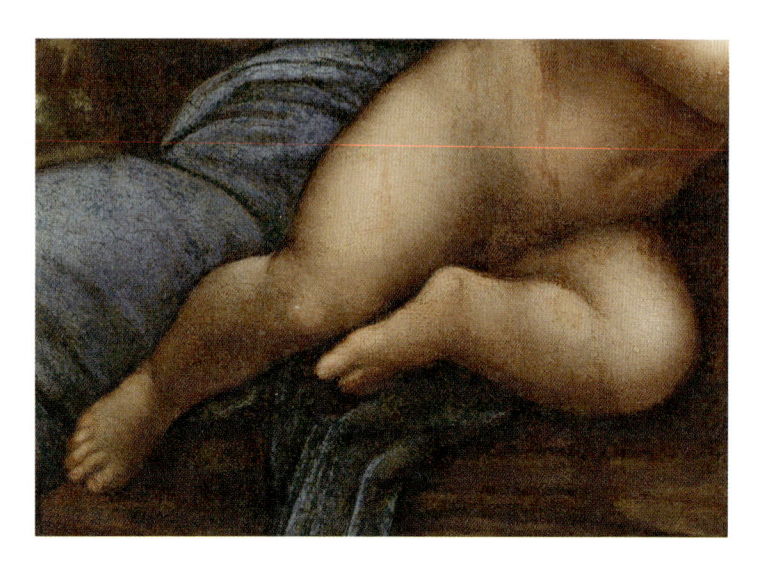

上图：兰斯顿版：孩子腹部与腿部的细节

下图：兰斯顿版：圣母与基督头部的细节

也越来越明显。一幅画中的某些特征，比另一幅画中的对应部分展现出更为出色的技巧与设计，反之亦然，但这两幅画中的主体人物都得到了很好的表现。我向约瑟夫·巴里里奥解释说，对巴克卢版的红外线检查是在揭示真相，他也赞同威尔登斯坦所拥有的那件也应接受近似的检测。

有一段时间，我们没有听到任何纽约方面的消息，但展览的开幕日却越来越近了。最后我们才知道，纽约版的《纺车边的圣母》正在宏伟的美国大都会艺术博物馆的文物保护工作室接受红外反射成像的技术检测，那里的设备不逊于任何地方，但是报告给前往纽约的迈克尔·克拉克的检测结果却令人失望。1992 年 1 月 31 日，他写道："里面明显有一些草创时期的笔迹，但是并不符合达·芬奇的一般特征。也没有太多的后期修复和重绘的痕迹。然而，在画面的左上角，存在一个描绘小木屋的痕迹。"我们认为这一结果并不令人满意，所以威尔登斯坦决定在一个条件更好的私人实验室里再进行一次检测，但是开展在即，图录也已经在编写当中了。

随后，私人实验室的检测结果出来了，成果显著，和我曾经见过的那样让人震惊。事实证明，大都会艺术博物馆的检测并不像最初报道的那样令人沮丧。这很奇怪，好像有人在故弄玄虚。

我们在纽约版中，看到很大一部分的线描笔迹。其中一些与巴克卢版当中的那些相对应，只是因为这次用的检测设备更先进，让这些笔迹得以更加凸显，但是另外一些特征却发生了实质性的变化，比如纺锤的十字形上部，在最开始的时候是带有稍微不同的角度的，上面还挂有几缕纱线。不仅如此，画面下方的岩石上还有一系列弧形图案，后来我们才认识到，它们是纺锤的纱锭，是用来缠绕纱线的。在圣母的右侧，还可以看到一些用笔刷快速绘出的建筑物。墙上有一个拱门，我们在巴克卢版中也见到过，此外，上面还有一个更高的结构，像是门廊上的悬垂屋顶。拱门下也有一些相同的弧形。

纽约版《纺车边的圣母》的红外反射成像扫描图：
左图：左边的拱门，右图：纺锤部分的修改痕迹

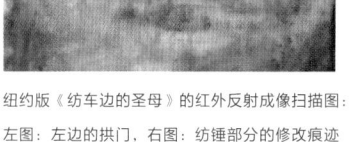

  惊人的证据就这样在展览目录即将完成的时候出现了。虽然并不是所有的推断都严丝合缝，但已经有足够的线索表明，这两幅画是在工作室当中一起创作的，一幅来自罗伯特的委托，另一幅则打算伺机出售给其他合适的客户。这意味着根本不存在丢失的"原作"。

  我越来越意识到，一幅画作必须只有一个署名版本，而所有其他版本都被视作追随者的仿制品这一想法是存在深深的缺陷的。这是一种满足交易、商人、拍卖行、收藏家和策展人需求的观念，他们全都希望能够获得独一无二的"原作"，但这并不符合文艺复兴时期的工作室在制作小型宗教绘画时的具体实践。

  1992年5月15日，在位于爱丁堡山丘上的国家美术馆的宏伟古典

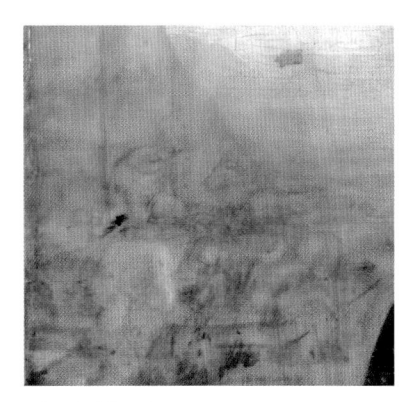

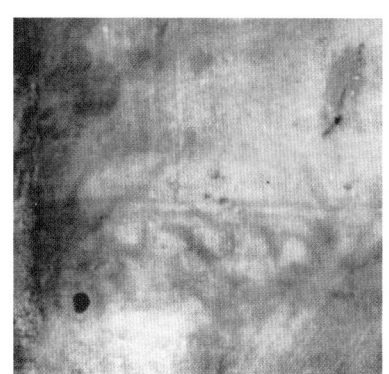

红外反射成像扫描图：
左图：婴儿学步车，右图：巴克卢版圣母子像中的拱桥

建筑中，两件圣母子像连同其他相关作品、历史材料正式向公众开放展示。这是达·芬奇540岁生日后的一个月。而坐在轮椅上的公爵（约翰尼），成为这一盛事中的灵魂人物。

在7月12日展览闭幕后，伦敦的英国国家美术馆同意延期展出巴克卢版圣母子像几个月。公爵写信给当时的美术馆馆长尼尔·麦格雷戈，表示："您或许有兴趣将这幅画继续展出到那个时候（1993年4月），可能更适合放在您的草图旁边的'洞窟'当中展示，因为在我看来，两者之间有着密切的关系。"信中提到的"洞窟"是一个小型的壁龛式空间，专门用来安置类似达·芬奇那件珍贵的《圣母子与圣安妮和施洗约翰》等尺寸的素描稿的。而这幅画在美术馆期间，也通过红外反射成像技术进行了更为深入的分析，结果依然让人震惊，毫不逊于纽约那次。

当然，每一次观察都需要足够的细致和耐心。正如我们所希望的那样，作品的底稿基本上看得很清晰。最令人吃惊的地方是在中景左侧。在与圣母的右手同一水平线的位置，可以清楚地看到描绘拱桥的迹象，与纽约的那幅圣母子和《蒙娜·丽莎》非常相似。它一度要出现在巴克卢版中，但被删除了。更值得关注的是，拱门下用笔刷出的复杂轮廓突然变得合理了。毫无疑问，在爱丁堡的变体版本中，这里描绘的是跪着的圣母、扭转身体的小基督，还有婴儿学步车这组人物当中的女性；而在这组人物的右上角，似乎还有一个马、驴或牛的头。一旦我们知道自己在寻找什么，回头再看威尔登斯坦版的红外反射图时，婴儿学步车的形象就会再次得到凸显。不可思议，当时我们是怎么错过这么重要的一个细节的。

这些引人瞩目的公开证据，充分表明这两幅画或多或少是一起开始创作的。在创作之初，达·芬奇就决定删去婴儿学步车这一组人物，可能是因为它在这幅小型画作中会扰乱画面主体。所以两幅画作底稿中的婴儿学步车部分，以及爱丁堡版本的诸多变体都能够表明：《纺车边的圣母》的未完成版构图，曾在达·芬奇的学徒和追随者中传播。

随着故事的发展（充满了巧合），下一个高潮发生在七八年后。当时，特蕾莎和我应纽约版圣母子像的新藏家的要求，对这幅作品进行进一步的研究。因为威尔登斯坦公司找到了新的买主，所以我们开始把这幅作品称为"兰斯顿版圣母子像"，因为它是18世纪后期由兰斯顿侯爵首次引入英国的。我不知道它的售价，也从不过问这类事情。

我们已经开始了一项雄心勃勃的项目，名为"世界的达·芬奇"，也得到了欧洲委员会和其他慷慨捐助者的支持。[4] 简单来说，我们的任务就是创立一个网站，然后策划一系列欧洲的展览，尽可能地促成达·芬奇的更多画作进行科学检测。为此，我们为项目指定了一家"达·芬奇实验室"。该实验室以佛罗伦萨优秀的国家文物保护实验室为中心，它曾是一个"硬石工作坊"，位于佛罗伦萨车站北侧的巨大美第奇家族堡垒中。在过去的几个世纪里，正是这个作坊出产了很多利用硬石镶嵌制

---

4 这个项目是在阿卡科特的支持下进行的，它是我和玛丽娜·华莱士共同创立的一家研究和展览公司。在这项倡议实施之时，阿卡科特已经被中央圣马丁艺术学院合并，玛丽娜是该学院的教授。多年来，她一直是一位不断激励我的合作者和挚友。

作而成的马赛克。

特蕾莎在休斯敦待了一段时间后回到英国，成为"世界的达·芬奇"项目的创始成员。她承担着特殊的责任，负责确保进行相关研究的博物馆和工作坊进行密切联系。兰斯顿版圣母子像的所有者慷慨地同意将这幅作品当作实验室自主研究项目的测试案例，工作坊为它设定了 11 个独立的程序。画作的所有者确实需要一些勇气：即便我们已经对画作有了一定认知，但只要一个确定的负面因素被发现，就能使"达·芬奇的真迹"的判断瞬间被打破。2002～2003 年，这位画作所有者耐心地等待了七个月。在这段时间里，这幅小画被带到工作坊所在地，接受了有史以来任何画作都未曾经历过的大量检测。这 11 项测试程序使用了最先进的红外线检测技术，对我们的研究做出了最重要的贡献。

工作坊中的扫描仪所提供红外反射图非常生动。我们可以在和画板尺幅完全一致的画面中，看到在底层石膏涂料的表面上，呈现出的高分辨率图像。当然，这幅图像并非无所不包，但足以告诉我们一些很有价值的东西。尽管克里斯蒂娜·阿奇尼和她手下的工作坊员工（著名的是塞西莉亚·弗罗西尼和罗伯托·贝卢奇）有着丰富的工作经验，但也从未见到过这样的场景：拱门、悬垂的屋顶和婴儿学步车异常清晰。拱桥就在画面左边，但肯定是在描绘学步车部分人物之后被去除了。所以从画面的连贯性看，拱桥与学步车部分人物没有同时存在的可能。圣母的头饰周围有一些刷出的随性笔触。我们可以辨别出圣母的拇指在小基督胸部上的位置有所变动。纺锤和纺线的变化也十分明显，下面的纱锭也是如此。这些纱线垂挂在纺锤的横梁之间，正像在这类卷线杆上常见的一样。我们还可以看到，小基督的右腿此前会更加笔直，双脚在早期时的位置也变得清晰，但我们没能找到小基督脚边的篮子，正如弗拉·皮埃特罗所描述的那样："小基督把脚放在一篮子纱线上……"特蕾莎认为她看到了某种痕迹，工作坊中的专家也是。在后来的版本中，出现在篮子当中的更像是纺车的脚,而不是小基督的。所以我认为弗拉·皮埃特罗不过是错记了这个图像细节。[5]

达·芬奇的构思过程从不让人失望。考虑到各个方面,我想不出还有哪幅佛罗伦萨文艺复兴时期的绘画在创作过程中会经历这么显著的变化(尽管达·芬奇未完成的《三王来拜》留下了太多模糊不清的地方,只能相对随意地往后推进)。随着检测的达·芬奇的画作不断增多,我们越来越明显地感受到,在实际创作中,达·芬奇的这种头脑风暴是一种常态,而非例外。

2002~2003年,我关于兰斯顿版本研究的佛罗伦萨之旅即将结束,特蕾莎的电话打到了维尼亚马焦别墅,告知我巴克卢公爵的《纺车边的圣母》被盗的消息。媒体大肆报道了这个事件。警方也宣布他们正在寻找一辆白色大众高尔夫GTI五门轿车,车里面有四个人,其中一个人戴着一顶大白帽。这辆车最后一次出现在当地是从桑希尔到达里斯代尔的路上,在约11时15分的时候,其中两个人的特征如下:

1.40岁出头,高约177.8厘米,身材苗条,胡须干净,穿着棕色鞋子、黑色皮带、奶油色裤子和T恤、棕色磨砂皮夹克,戴着一顶浅棕棒球帽和一副圆框架眼镜;

2.接近50岁,高约177.8~180厘米,身材苗条,胡须干净,穿着黑色长裤和鞋子、奶油色长袖衬衫、灰褐色多口袋无袖夹克,头戴一顶浅奶油色宽边帽子。

监控图像与电子画像也被公布,其中一个画面记录下了头戴宽边帽子的男士与他的同伙溜进白色高尔夫车前逃离城堡庄园时的样子。

---

[5] 和往常一样,技术在不断进步,2003年的这些发现,在2009年被一台拥有14个红外波段的多倍近红外(接近红外线)扫描仪的成果所超越。工作坊便借助它来获取更加清晰的图像,以此分析达·芬奇作画过程中的思想变化,尤其是卷线杆的柄和纱线,和完成稿的区别很大,而且和巴克卢版本的底稿也有所区别。

专家们在媒体的驱使下，赶去评估这幅画并确认其真实性。研究者们也发表了一系列武断的声明，可他们中的大多数人不但没有见过原作，而且总是缺乏必要的技术性证据——他们应该更清楚才对。我决定只接受一次来自《星期日泰晤士报》的戈弗雷·巴克的采访，不是因为我特别喜欢这家媒体，而是我以前和这位记者打过交道，觉得他是一位聪明、严谨而负责任的记者。我解释说，并不存在丢失的"原作"，因为这两个版本都具有很高的地位。后来，他把新闻稿中所引用的我说的话又复述了一遍，我也确认没有问题。当报道出来之后，我却有些疑问，我知道戈弗雷肯定会报道一些或许我不太认同的观点。而这幅画的价值随着它是画家的"真迹"还是工作室的"仿制品"而剧烈波动——最高估价达到了 5000 万英镑。

圣母子像的丢失给约翰尼造成了巨大冲击，他告诉我，他觉得自己让英国失望了。更严重的是，当那些企图一夜暴富的低级盗贼发现这幅画无法出售时，可能会认为销毁它才是最好的办法。

警方联系到我，问我是否有可靠的证据来确定这幅画是达·芬奇的真迹，如果他们能找到它的话。"不太难。"我解释说。来自邓弗里斯 – 加洛韦区警察局的两名警官在我位于牛津郡伍德斯托克镇的家中拜访了我，我在那里向他们展示了还未公开的证据，即两个版本的科学检测结果。当他们发现这样的调查工作和他们犯罪侦查中的法医工作十分相似之后，他们被吸引住了，但是现在这幅作品已经无影无踪，线索似乎也断了。

我们唯一能做的就是等待。约翰尼一直坚持说这幅画在米兰，但是一无所获。2003 年 9 月，英国广播公司电视节目《犯罪观察》试图通过目击者的回忆还原犯罪现场。我个人觉得最好的结果是，时隔多年之后，这幅画新的所有者会通过中介机构，联系保险公司的险损估价人，并试图达成一笔有利可图的交易，从而让这幅画重现于世。同时，窃贼也很可能把他们的这一"资产"用作犯罪交易的担保，尤其是涉及毒品的交易。

失而复得的巴克卢版圣母子像、爱丁堡国家美术馆的工作人员与两名警探

如果是这样的话,起码意味着这幅画不会无人照看。因为如果画作受损,价值也会随之降低。

2007年10月初,在盗窃案发生四年多之后,一名来自邓弗里斯-加洛韦警察局的警探拨通了牛津大学艺术史系的电话,问我是否愿意与他取得联系。在回电话之前,我感觉燃起了希望。警方告诉我这幅画可能被找到了,欲向我请教作品检测的问题,以便他们确认目前找到的不是一个巧妙的替代品。我解释说,那些未公开的红外射线图可以提供他们所希望的、和法医所提供的那样优秀的证据。他们问我是否要去爱丁堡看看他们手中的画作，而他们提议的第一个日期我恰好没空，所以我们一致决定先让迈克尔·克拉克，即爱丁堡国家美术馆的现任馆长代替我前去，而我则会在 10 月 24 日，也就是我的第一个休息日，前往爱丁堡。

与此同时，圣母子像失而复得的消息正式向社会发布。根据 10 月 5 日的《卫报》报道：

> 苏格兰西南部警方昨晚表示，他们已经找回了这幅画，参与这项行动的还有苏格兰缉毒署、苏格兰有组织犯罪署和斯特拉斯克莱德警察局中的警探。指导此次调查的督察长米基·达格利什说，警方对于这幅画的回归感到"异常兴奋"："四年来，警察局的各位同僚为了侦破这次盗窃案兢兢业业，才能在社会各界的帮助下，最终追踪到这件画作。"

但是侦破案件、寻回画作的喜悦很快就被打破了，约翰尼已经在一个月之前，即 2007 年 9 月 4 日离世，享年 83 岁。在他生前，曾刚被告知案件取得的一些进展，但还是没能看到他心爱的达·芬奇的画作回到身边。

抵达爱丁堡后，我被一辆警车接到了国家美术馆的保护工作室。17 年前，我就是在这个房间里参与这幅画的检测工作。这次我激动地看到，一块小小的画板正躺在一张垫着纸的桌面上，围绕着兴奋的工作人员和负责此次任务的其中两名警探。即使隔着一段距离，这幅小画也依然散发着魅力，足以表明它确实是警方寻找已久的那个"女人"（和"孩子"）。

除了一个边角出现被划擦的痕迹，整幅画看起来并没有什么损坏，连背面易碎的纸质标签都完好无损。它明显就是失窃的那一幅，不过警察还是一如既往地执着于寻找那些确凿的法医式的证据。所以这幅画被带进了一个装有最新红外射线扫描仪的小房间。当镜头扫过画作表面时，居然展现出了之前检测所忽略的细节。[6] 为了尽快确认画作的真假，我们快速地完成了检测，但这次简单的检测并不能将一切展示出来，达不到此前对其"姊妹画作"的检测程度。尽管如此，我还是情绪高涨地离开了爱丁堡。

我为警方撰写了一份报告，报告中总结了我们的分析结果。他们还要我提供一份正式声明，内容要涵盖我在盗窃事件发生前所知道和记得的所有情况。两位来自邓弗里斯的警员也再次到牛津拜访了我，还特意用笔录的方式记下我对一系列问题的回答。在我签字确认之前，还再次向我谨慎地读了一遍。谈话的整个过程让我觉得自己就像是一名犯罪嫌疑人，尽管警方只是在确定没有遗漏之处。

这一案件需要两年多的时间才能开庭审理。与此同时，新任巴克卢公爵理查德发起了对这幅画的进一步研究，他对于这幅画的热情一点儿也不亚于他的父亲。2008 年 3 月在国家美术馆的文物保护工作室，他为画作安排了一次更为细致的检测。我们对画作重新进行了红外线扫描，而且这一次是系统地扫描整个图像，并做好记录，将扫描出的底稿与我电脑上兰斯顿版圣母子像的高分辨率图像进行比对。于是又出现了一系列令人兴奋的新的细节。

尽管大部分的改动都很值得研究，但这幅画与其他版本中的改动没有太大的不同，可确实出现了更多惊喜：纺车卷线杆的顶端明显偏左；十字的左臂还挂着斜对着或垂下来的纱线；此外，在现在的小基督手臂内侧，此前还画过一条清晰的轮廓线，说明婴儿曾将十字架拿在距离额头更近的位置。

---

[6] 这幅画是由雷切尔·比林格利用红外技术检测的，她是伦敦英国家美术馆文物保护部门的研究助理，她利用 Hamamatsu C2400 型摄像机和 N20606 系列红外摄像管进行了红外反射成像。该相机装有一个 36 毫米的镜头，镜头上还装有柯达 87A Wratten 滤光片以排除可见光。利用 Vips-ip 软件，可以将红外反射成像的拼接图组直接传送到计算机上。这项技术还用来检查过《岩间圣母》，有关软件的更多信息，请访问 Vips 官方网站 www.vips.ecs.soton.ac.uk。

第四章　被盗走的圣母子像 · 125

新红外线检测下的巴克卢版圣母子像

巴卢克版圣母子像的红外线检测图

除了上述工作，工作室还购置了新设备，即一台高质量的双目显微镜，我们可以用它在放大各种倍数下观察画作的表面。它带给我们一场新的视觉盛宴——圣母与小基督的头部，以及圣母的头饰、前额的面纱、裙子的领口、卷发上的高光以及湿润的眼睛，都处理得极其精妙。圣母眉毛上方半透明面纱的边缘部分，似乎是用一把小小的笔刷和深色颜料"书写"成的、断断续续的波纹，出色地表现出面纱精致的扇形边缘。以至于在场的每个人都惊叹于达·芬奇细致入微的观察力和表现力，这也是他在那些手稿上创作微型素描时练就的能力。

那些关键区域图像的特征，在扫描出的底稿和完成稿上都非常明显。每次我们观察这两个图层时，都会发现两幅作品创作过程之间的关系越来越复杂。当然，两幅作品并没有前后之分，而是在每一个阶段，互相模仿的。我们已经证据确凿地证明了，这两幅作品都是在达·芬奇的工作室里以一种非常市场化的方式同时创作的小型画作。

2010年春天，爱丁堡高等法院对那些被指控勒索425万英镑以归还《纺车边的圣母》的嫌疑人进行了长达八周的艰苦审判。各色法律专业人士和可疑的投机者们出现在被告席。被捕的是四名男人，其中三名来自兰开夏郡，一名来自格拉斯哥。兰开夏郡的三名犯罪嫌疑人分别叫作罗伯特（罗比）、格雷厄姆、约翰·多伊尔，还有一名兰开夏郡的事务律师马沙尔·罗纳德，最后一位来自格拉斯哥的嫌犯叫作迈克尔·布朗，他经营着一家名叫"钻石调查"的私人侦探机构，但在案件后期被捕，乔治·肖特还在新闻报道中大肆渲染，说他是一名"毒枭"。

然而，审判中的作案过程与结果前后矛盾。即使是现在，我依然怀疑是否真的调查彻底，但事件的大致轮廓已经逐渐清晰。格雷厄姆是一位酒吧老板，他和他的朋友多伊尔都是精明的小生意人。他们自诩为私人调查员，并建立了一个"失窃物品重聚"的在线业务。他们致力于劝说盗贼归还偷来的东西，结果发现这项业务并不赚钱。格雷厄姆和多伊尔声称，在一家酒吧里，有一个名叫 J 的人接近了他们，J 认识另一个叫弗兰克的人，而弗兰克则认识"某个人"。J 告诉他们，这幅画已经转手给了"某个人"，以作为一笔 70 万英镑房地产交易贷款的担保，但因为交易没成，所以"某个人"想要回他的钱。

格雷厄姆后来又接触到了兰开夏郡的事务律师马沙尔·罗纳德——一个独来独往的人。此外，罗纳德还意识到他们需要一个苏格兰专家，所以他联系了之前有过业务往来的格拉斯哥的 HBJ 盖特利·威灵律师事务所。而下一步就是联系公爵的险损估价人马克·达尔林普。迈克尔·布朗和乔治·肖特的角色仍不明朗，但是肖特曾经扬言如果不交付赎金，就会撕毁这幅画。

马克·达尔林普做出了正确的选择，他立即通知了警方，同时采取了严格的保密措施。警方为此设定了一系列追捕计划。先由一名卧底警察假扮成保险公司及公爵的代表，同意向律师事务所的客户账户汇款 200 万英镑，随后又将另外的 250 万英镑存入瑞士账户。他保证"他和他的任何代理人……都没有向执法机构提供与上述协议条款相关的任何通知或信息（在交易后也不会）"。为了推进交易，罗纳德显然借用了另一个客户的 35 万英镑，以确保从罪犯手中拿到这幅画。

尚不明确的是，这些都是谁的计划，又想要从各种交易中获得多少资金，但能确定的是，这三个来自英格兰北部的人都希望能从中获得丰厚的收益。当然，参与这样一个重大事件着实令人兴奋，毕竟与达·芬奇"交往"极具诱惑力。即使是一个冷静的格拉斯哥律师，也会因为一件被盗的杰作即将运送到自己的办公室而兴奋不已。

经过长时间的谈判，这位律师位于格拉斯哥西摄政街的办公室准备召开一次会议，保证这幅画将会出席。伪装成险损调查员的卧底警察也到了现场。他们确信"圣母"就在附近。在会议室，"调查员"们被介绍给罗纳德、格雷厄姆和多伊尔，然后多伊尔从随身携带的一个黑色箱子中抽出了这幅画，看起来很像是真迹。所以在封锁了所有的逃跑路线后，警方突然袭击，抓住了这群握有被盗杰作的人。邓弗里斯－加洛韦警察对他们的行动感到非常自豪，就像其中一名警官对我说的："我处理的一般都是抢劫和流血事件。"

此外，我还被要求提供关于这幅画的鉴定证据，以及我之前提供给警察的建议。这让我很惊讶，因为不管这幅画是否真的出自达·芬奇之手，都不会影响这起案件的性质。不管怎样，我还是在 3 月再次从意大利前往爱丁堡。

洞穴般的高等法院大厅里挤满了大批律师，此外还有包括新闻界人士在内的其他旁听者。触犯法律的代价是昂贵的。被告们闷闷不乐地坐成一排。面对检察官的询问，我描述了关于鉴定这幅画真伪的视觉证据，解释了我们怎样能够确定被追回的作品与被偷的作品是同一件。我能够感觉到，法庭上的人很高兴话题被转移到艰涩的法律之外的艺术领域。

在审判期间，这幅画被暂时保存在国家美术馆，同时进行展出。我前往表达了我的敬意。作品的外框、安装和照明都很美观，让它看起来很有吸引力，而不仅仅是因为和拉斐尔的《布里奇沃特圣母》同处一室。在拉斐尔的作品中，小基督的身体从母亲膝上越过，这是这位年轻艺术家对达·芬奇的独特创造表示的敬意。有一次，审判的主要参与者都来到了美术馆，近距离地接触到这场风波中的主角。

4 月中旬，当我回到了意大利，对罗纳德、格雷厄姆和多伊尔的裁决传来，法庭表示他们的犯罪"证据不足"，这极其令人震惊！苏格兰法律中的"证据不足"是指，针对被告的指控没有充分地说服陪审团，但也无法宣布他们无罪，而两名被指控的格拉斯哥律师被一致认定为无罪，布朗和肖特的指控被撤销。

一定有些地方出现了严重问题。以我非专业人士的眼光来看，"勒索敲诈"的指控并不准确，"持有失窃赃物"（或苏格兰法律里的"窝藏"）

可能更合适。

还应质疑的是，对于这些人作为法律专业人士以及普通公民没有及时通知警方是否应该被追责。他们在法庭上所给出的理由，在我看来都非常牵强，多伊尔辩称，如果他们被判有罪，那些失窃的艺术品就再也回不来了。在我看来，英国三兄弟的行为是在鼓励所有的窃贼，包括中介商，认为盗窃艺术品是一项有利可图的事业。无论如何，这样的审判结果以及后来我在法庭上接触到的其他艺术案件，让我更加坚定一种观点：这种级别的法律案件往往涉及复杂且昂贵的程序，由律师根据晦涩的内部规则执行，而在这些规则中，常识和正义都太过容易被隐而不见。尽管如此，我同情警方，他们已经尽了最大的努力。

2010年7月6日，有报道称，警方与事务律师马沙尔·罗纳德进行了面谈，指控他从一位客户那里挪用了80万英镑的款项，用于夺回巴克卢版画作。自那以后，罗纳德便被从事务律师登记册上除名了。肯定会让警方感到恼火的是，后来他决定向公爵及邓弗里斯警局提出425万英镑的索赔，因为他安全地将画作归还给了所有者——根据之前他与卧底警察达成的协议。2015年6月18日，他的起诉被直接驳回。巴克卢公爵理查德向媒体发表声明：

我很高兴布莱斯福德法官做出了有利于我的明确判决，认为原告的案件与他所听到的证据严重不符。《纺车边的圣母》被盗一事让我的家庭深感不安，也非常遗憾法庭诉讼持续了这么多年。正如三名退休警官和我自己的证据所展现的，我参与这个涉及一名卧底警察的"圈套"，完全出于警方的要求，也是在警方的指导下完成的。我要向他们的耐心、坚持与勇气致敬，感谢他们为这幅画的回归所做的一切。有人称我上述做法可能是非法的，这种说法荒谬至极，为此事我已浪费了很多时间和金钱。自这幅画被盗起，已经历了约12年的时间。现在这幅《纺车边的圣母》出借给了苏格兰国家美术馆进行展出，每年有成千上万的人前去参观，我和我的家人为此而感到高兴。我希望今日的裁决能够给这个耗时多年、审查严格的过程画上一个句号,也希望这幅美妙绝伦的画作能够结束这一切,而不是引发更多的法律纷争。

　　整件事情就此完结了吗?经验告诉我并不是。与达·芬奇相关的很多故事,都会在很长一段时期内产生涟漪效应,这一次也不例外。正如在2016年,格拉斯哥的私人侦探迈克尔·布朗因个人生活短暂地重新出现在新闻中,但这几乎不值一提,除非他因被盗的圣母子像而留下恶名,也许仍有希望将真正的窃贼绳之以法。

　　在写作的时候,这幅《纺车边的圣母》仍然在苏格兰国家美术馆的文艺复兴杰作中发挥着自身的精神魔力。如果不是为了让美术馆的参观者有机会欣赏到达·芬奇这幅美妙的小画,还是希望它回到德鲁姆兰里格城堡,那里是它的家。不知道这次令人忧心的盗窃事件,是否阻碍了它安全返回边境上的公爵城堡的归家之路?希望不会。

第五章　美丽公主

2008年3月19日，9：35

亲爱的肯普博士：

  我们的朋友阿德里亚诺·塞拉称赞您是研究达·芬奇的专家，所以在他的建议下，我写了这封信。在我与妻子的藏品中，有一幅装裱在旧木板上的羊皮纸画作，非常有趣，许多艺术史家还有我尊敬的老朋友们，包括尼克·透纳、尼古拉斯·佩尼、米娜·格雷戈里、朱利奥·波拉、阿德里亚诺·塞拉等人，都指出这幅画是由一位佛罗伦萨的左撇子艺术家在15世纪晚期的伦巴第地区、用银尖笔画法（参见面部周围的阴影）创作的。一位曾在卢浮宫工作的修复师也证实了它确实是那一时期的作品。鉴于这些信息，没有人不会联想到L先生，但这个名字的分量太重，不能口出狂言，所以我很想听听您的看法……

  您随时可以在我们生活的巴黎看到这幅画。期待您的回信。

  彼得与凯西·西尔弗曼

  注：我随信附上了一份红外线扫描件。

  我的心情常常会因为收到自以为拥有达·芬奇真迹的人的信息而变得沮丧。这种打着"达·芬奇"威严名号的作品，总是不厌其烦地出现，当然这不足以为奇，因为他的作品确实在艺术遗产中位居前列。这些画作所有者们往往过于乐观，抱有一种一厢情愿的想法，自视甚高。有人曾问过我，什么才应该被称作"法国洛可可式的室内场景版画"。我做出了回答，但却是徒劳的，因为很明显，达·芬奇已经创造出了一种绘画方式，预见了两个世纪后最先进的雕版技术。

"因为过于出色而不像是真的":比安卡·斯福尔扎肖像(美丽的公主),1495~1496年,羊皮纸,黑色、红色、白色粉笔,墨水笔加深,置于橡木板,33厘米×23.9厘米

在这种情况之下，询问者和我的通信往往会很频繁，而且持续时间越长，越有可能以不愉快的方式结束。曾经有一个商人，拥有一幅油画稿，画的是一位留着卷曲长发的年轻男性，笔法随意，色彩艳丽，但商人坚持认为那是一张关于《最后的晚餐》中约翰的研究稿，而且不愿接受否定的回答。在越来越激烈的通信过程中，他甚至提出指控，最终变成威胁，而且信件明显是借助谷歌翻译写成的：

你的错误声明正在给我造成损失，我要求你收回声明，否则我不得不向联合国主要司法机构国际法院告你的虚假说明，并在报纸上公开发表。你的观点都已经写在之前的电子邮件上了，显示的都是你的地址。

可能有人会问我究竟为什么要回应这样的来信，甚至还继续交换意见。其中有两个原因。第一，我很荣幸能够成为一名在公共领域拥有知名度的教授，身居这个位置意味着自己需肩负一项责任——要在自己的专业领域，尽力做出经过深思熟虑的判断。第二，许多抱着希望的画作所有者，都在自己的研究中付出了相当大的努力，而且希望能够在很大程度上推动它的发展，有时甚至达到强迫的程度，但对于达·芬奇画作的归属产生分歧，并不意味着他要受到不尊重的对待。

因为西尔弗曼一家提到了大量著名的艺术史家，我觉得应该要引起注意。为了能让我做出更准确的判断，他们附上了肖像的数字图像和红外线扫描图。很明显，这幅画确实应该引起我们的重视。[1]

这幅肖像非常漂亮、精致而复杂——或许过于复杂了。好在这张数字图像的精度足以让我研究一些细节。有明显的迹象表明，这幅作品曾有修复师介入。我在当天晚些时候就做出了回复。无论如何我对这幅作品很感兴趣，但是又非常有意识地剥离了那些关于作者身份的最初看法：

---

[1] 从技法上看，这幅肖像画应该被归为素描作品。它是用彩色粉笔和墨水画的，有一些后来修复的痕迹。所以从实际的外观上看，它是一幅介于素描与油画之间的画作。

亲爱的彼得与凯西·西尔弗曼：

> 首先非常感谢。它看起来确实让人印象深刻，甚至有些太好了，不敢相信是真迹。我对它的颜色表示怀疑，而且服装显然已经过时了。你确定它真的是画在羊皮纸上而不是纸上的吗？这对于达·芬奇和他手下的圈子来说会很奇怪。绳结式的花边在结构上还是合理的，但我怀疑这也被修复过。其他细节亦是如此。
>
> 最近有人给我看了一大堆非常"聪明"的仿品，而且我会一直以仿品的心态去对待一幅画作，直到它被证明是真迹为止。不管怎样，这件作品绝对值得进一步研究。卡罗·佩德莱蒂见过它吗？

彼得·西尔弗曼的回复还是强调了他之前的观点：

> 感谢您的及时回复。之前检测过这件作品的卢浮宫修复师可以证明，这张画作于15世纪晚期，而且除了一些正常的旧的修复痕迹，这件作品的保存状况相当好。而且它绝对是画在羊皮纸上的，据尼古拉斯·佩尼所说，它并不是孤例，因为有其他15世纪后期的肖像画也是如此……
>
> 到目前为止，那些亲眼看过它的人，都对画作所属的时代和良好的保存状态表示认同——尼克·透纳第一个提出这幅画是达·芬奇的真迹；去年，凯瑟琳·高格尔也看到了这幅画，她认定它是作于15世纪晚期；还有米娜·格雷戈里，她自己希望能有幸成为第一个把自己的观点写进研究的人——这幅画只可能出自达·芬奇之手，就像我之前所说的那样，它是一位佛罗伦萨的左撇子艺术家所作，使用银尖笔画法，并且在伦巴第工作。朱利奥·波拉还写道："只有博尔特拉菲奥具备这样的水平，但他并不是左撇子。"
>
> ……我必须要说明，我从来没有确定过这幅画出自达·芬奇之手，直到最近，有许多重要人士声称他们不知道还有其他哪位画家能创作出这样的作品，这就是目前的情况。

信中所提及的尼克·透纳曾任职于大英博物馆的版画和素描部门，还担任加利福尼亚州的保罗·盖蒂博物馆馆长，该博物馆是保存老大师绘画的权威机构；米娜·格雷戈里是一位具有国际知名度的意大利资深艺术史家；朱利奥·波拉是伦巴第艺术领域的著名专家；凯瑟琳·高格尔是来自法国的素描方面的专家。

我决定研究这幅肖像，就像研究一件国家美术馆所藏的作品一样。一件艺术品的价值，并不取决于它的所有者身份，因为无论是公共还是私人收藏，对于研究工作来说，并不存在差别。当时我并不确定我的研究是否会取得成果。

据透露，这幅肖像的首次亮相是在1998年1月30日纽约佳士得的一次老大师素描拍卖会上。肖像作品的编号为402号，是"一位女士的财产"，图录信息如下：德国画派，19世纪初，一位年轻女子的左侧面像，穿着文艺复兴时期的连衣裙，钢笔和棕色墨水，绘于羊皮纸。这幅肖像的估价在12000～16000美元之间——对于一位不知名的德国艺术家所创作的意大利风格画作来说，这是一个合理的价格。最后它以19000美元（21850美元，含保险费）的价格落锤，卖给了纽约经销商凯特·甘茨。彼得·西尔弗曼已经出价到他的预算上限——17000美元，但甘茨认为这是一幅比"德国画家模仿的文艺复兴风格肖像画"更好的作品。她后来在法庭诉讼中作证说："这幅画的品质让我想起了达·芬奇，而且在我看来，它似乎更古老、更出色，比它在图录中的说明更有价值。"

但是甘茨认为这幅可能是达·芬奇真迹的热情很快便冷却了下来，当她把它展示给纽约美术学院的利奥·斯坦伯格（他曾写过一本《达·芬奇无穷无尽的最后的晚餐》，是最为著名的肖像学家）时，甚至彻底放弃了这个念头。2000年和2007年，甘茨在自己的画廊中展出了这幅作品，美国一系列主要博物馆的馆长都亲眼见过，而且知道甘茨通常拥有最高质量的藏品。正如甘茨所说："我的画廊总是能吸引美国和其他地方的重要博物馆的老大师素描作品主要负责人前来参观。"其中，他印象深刻的有"华盛顿特区的国家美术馆、盖蒂博物馆、芝加哥艺术学院的意大利画家素描负责人",他们都没有对甘茨所收藏的肖像是达·芬奇的真迹表示支持。

2007年1月,就是在甘茨的画廊展览期间,彼得·西尔弗曼再次见到了这幅肖像。西尔弗曼一直因为与这幅画失之交臂而懊恼不已,所以再次看到它时无比兴奋。在随后的交谈中,甘茨向西尔弗曼保证,无论这幅画多么有吸引力,都不可能是出自达·芬奇之手。在对发票和付款问题进行了一番商讨后,两人就甘茨提出的21000美元的金额达成共识——这对甘茨来说是一个可以接受的损失,因为在持有这幅画的九年间,她在画作的来源问题上没有任何进展。西尔弗曼激动地把画像带回了巴黎。

西尔弗曼几乎是在抵达巴黎后的第一时间向他最敬重的熟人展示了这幅肖像,尤其是米娜·格雷戈里,几乎立即确信这幅画只能出自达·芬奇之手。自此以后,"达·芬奇的雪球"便开始滚动。有人给西尔弗曼提议,邀请巴黎"光线科技"组织的帕斯卡·柯特用他最新发明的多光谱扫描仪进行技术检查。它不仅能够展示肉眼看不到的东西,还能提供画作表层之下的图像。

当西尔弗曼遇到尼克·透纳时,决定性的转折出现了。透纳是一名私人顾问,他亲自检测了原图,于2008年9月撰写了一份详细的研究报告。[2] 这份报告堪称研究典范,它涵盖了肖像方方面面,并且明确指出这就是一幅"达·芬奇的杰作"。

就这一点,我也在寻找各种可能性。我写信给彼得说:"我对于这幅画有了一些想法,尤其是在进行了一些比较之后……我在达·芬奇作品的归属上态度非常谨慎。"在简述了我的主要研究思路和观察角度后,我决定冒险一试:

---

2 全文发表在彼得·西尔弗曼的《达·芬奇的遗失公主》(2012)一书中,该书是他与凯瑟琳·惠特尼合作完成的。

我的初步判断是，这幅画的原作很有可能是由达·芬奇在1490年左右创作的，但是现在存在大量的重绘……我承认，主观上讲，让我觉得最不安的是这幅画漂亮得太过纯粹，但这只是一种感觉，而不是客观的判断。

我当然希望能有机会亲眼看到它，但我有一个两难处境：不但有一大笔未付的税单，生活开支也已经削减到了极致。我从来不为了钱而做画作的检查工作，而且几年前的一次不愉快的经历，导致我不接受这类事情的报酬。所以如果这幅画在巴黎，那我可能要等一等了！

由于我没有看到这幅素描的原作，因此请不要将我的观点全部或概括性地进行传播。

当时我还没有阅读尼克·透纳的报告。

与此同时，这幅肖像和它的故事正在渗透到公共领域——那会儿，在我看来，还为时尚早，但现在看来，是"非常的"为时尚早了。它的首次亮相是在2008年夏天出版的《无限的达·芬奇》一书，这是一本由亚历山德罗·维佐西写就的、用光面纸印刷的限量版图书。就在专著即将出版时，他设法把这幅画插入了书中。他在书中合理地推测，这可能是一幅"婚礼肖像"，主角很有可能是斯福尔扎公爵的侄女比安卡·玛利亚·斯福尔扎，她嫁给了神圣罗马皇帝马克西米利安。亚历山德罗引用了透纳、格雷戈里和克里斯蒂娜·格多（一位"达·芬奇画派"的研究专家）的观点，高效地整理了一些关于画作归属问题的有力判断。在亚历山德罗·维佐西的书中，还有卡罗·佩德莱蒂所写的前言，他特别强调：

有一件从未公开发表过的画作，它的重要性让人很难一带而过。我指的是一件绘于羊皮纸上的大型素描作品，画的是一位年轻女子的左侧面像，她身着华丽的文艺复兴时期的服装，没有佩戴珠宝，被当作一幅"未婚新娘"的肖像，可以想象它被送到另一边的准新郎那里……画面人物的外形令人赞叹，眼睛的描绘和达·芬奇在这一时期许多素描中的表现完全一样。基于上述理由，我认为这幅画与一位19世纪的德国艺术家很不匹配。当然，我们肯定要始终考虑到仿作的潜在可能性，毕竟像朱塞佩·博西（1777～1815）这样的艺术家的实力不可小觑。朱塞佩·博西是一位很值得关注的达·芬奇研究者，他收集了一批杰出艺术家的素描作品，现藏于威尼斯学院美术馆。所以维佐西承认有必要进行进一步的实验室检测，才能够完全确定羊皮纸以及绘画材料所属的年代。

虽然这幅作品因为缺乏早期的流传信息而受到质疑，但至少从目前来看，这部作品是自19世纪初将藏于克拉科夫的《抱银鼠的女子》认定为达·芬奇的杰作以来最重要的发现……

后来我了解到，彼得还把这幅画展示给了皮耶特罗·马拉尼——米兰的芬奇亚娜收藏的杰出负责人。虽然马拉尼在一开始对该幅肖像画表现出了热情和出版的兴趣，但他后来认为这幅画是一件仿制品："我们都观察到了，这幅画出自一位左撇子艺术家之手，但它不能说明任何问题。在现存的作品中，由达·芬奇的模仿者绘制的素描作品也带有这种特征，比如肯尼斯·克拉克和其他作者所提到过的，由弗朗西斯科·梅尔齐模仿达·芬奇创作的画作。"这幅画还引起了其他方面的质疑，比如"单调"的细节、在特定区域使用了彩色颜料、坚硬的触感和缺乏裂缝（表面的细微裂缝）。如果它是一个仿制品，那么问题就变成：它究竟是什么的仿制品？

维佐西的这本书以不到2000册的数量限量发行，还带有"手工编号、平版印刷"的肖像，售价达1000欧元，但最初并没有产生广泛的影响。然而，这个故事很快便传播开来，2008年8月22日，《纽约时报》报道说，一幅在佳士得拍卖以低价售出的肖像画现在被确认为达·芬奇的作品。据说，这位"瑞士的画作持有者"出价"超过5000万美元"，而彼得·西尔弗曼据说是他的朋友。彼得解释说，他编造了这个瑞士画作持有者的故事，以此转移那些在拍卖会上以及甘茨画廊中错过这幅画的专家们的注意力。报纸援引了一系列专家的观点,有赞成的,也有反对的,我的意见在其中显得相当次要。最强烈的反对意见来自大都会艺术博物馆的版画和素描部门负责人卡门·班巴赫,她是一位达·芬奇素描的杰出研究者。据报道称,她认为这幅画"看起来并不像一位大师的油画和素描作品"。我在纽约时,曾私下里给她展示过有关这幅肖像的系列数字档案。后来我才惊讶地发现,在她看来,其实这幅画与达·芬奇的作品并没有太大的相似之处。

《纽约时报》的那篇文章,绝对属于我所说的"为时尚早"的范围。我不确定它的动机。如果只是通过电话询问一些只看到过照片的专家"你对这幅价值超过5000万美元的达·芬奇新作怎么看"?那么,很可能会引发截然相反的反应。这种耸人听闻的"故事"反而会让学者们敬而远之,因为他们太熟悉一些贪婪的所有者杜撰出的荒唐东西。此外,要求一个人对于没有事先告知的事情发表评论时,还存在一个专业领域的自尊心问题。作为专家,忽略了他本应该知道的东西总是不太愉快的。最重要的是,在一件重要作品公开亮相之前,应该在同时或者之前,以学者所认同的方式提供完整的历史和技术性证据。就我而言,如果有人引用我的话,说虽然我没有看到过原作,但我"非常确信它就是真迹",那么这时的感情色彩会比我当时说的时候要强烈许多。

后来不经意地出现了一个机会,让我能够目睹这幅肖像作品。乔·安·卡普林是一位非常有能力的美国电视制片人和研究学者,她创办了科学电视工作坊,并向我介绍了她正在策划的一系列艺术和科学节目。2008年春天,我接受了这些节目的采访,也和她讨论了关于艺术作品科学检测的知识,我建议她可以把她的相关研究应用到肖像画的检测上。其实,她早已被《纽约时报》的那篇文章吸引了注意力。这应该是个不错的建议,因为跟踪检测的实际过程,要比事后去还原这一事件要更加生动。乔筹集了足够的资金来支付我们前往巴黎的旅费,让我们有

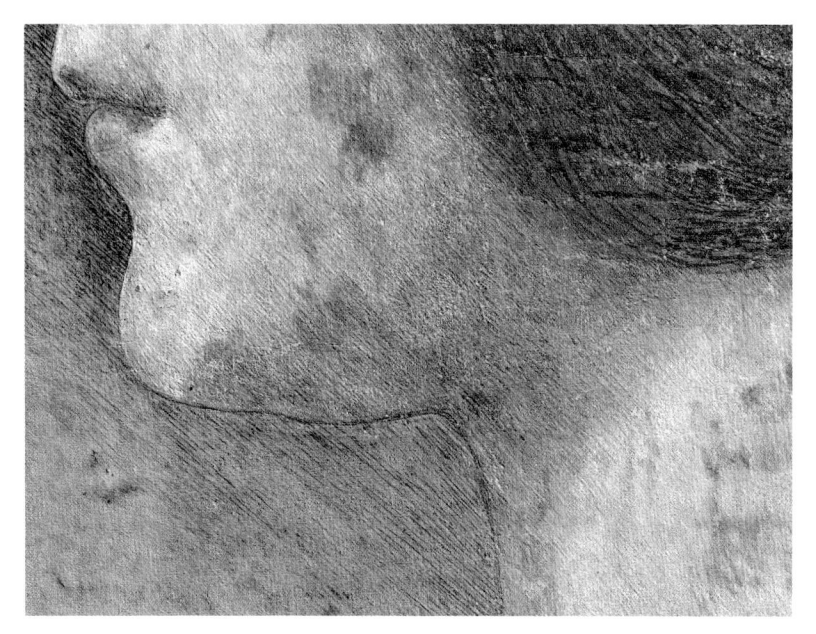

下巴与脖子连接处的阴影的红外线反射图

机会看看"光线科技"组织的成员帕斯卡用他的复杂设备所做的工作。接着,我们又去了苏黎世,这幅肖像就存放在那里的一个自由港,那里为那些艺术珍品提供了免税交易的仓库。这次短暂的旅途开始于 2008 年 10 月。

在巴黎见到帕斯卡是一件很让人高兴的事。帕斯卡看起来又矮又壮,戴着猫头鹰似的眼镜,而且经常系着领结。他是一个特例——才华横溢、真诚开朗,而且对于艺术界的诡计知之甚少(至少我们见面的日子里是这样)。帕斯卡曾接受过光学工程师训练,他发明并建造了自己的多光谱扫描设备,可以让一件艺术品连续被 13 个不同的光谱带照射,并由一台高分辨率摄像机进行拍摄。如果一幅素描或者油画被整个光谱范围内的强光同时照射,是会被烧焦的。在 13 个波段中有 10 个是在正常的可见光谱范围内,而在光谱两端的是两个红外线波段和一个紫外线波段。

羊皮纸左下方有刀滑动的轨迹

红外线波段尤其具有穿透性,而紫外线则能更好地收集后期的修复痕迹。虽然帕斯卡在这方面拥有领先于世界的技术,但官方机构却总是对他不屑一顾,还高傲地称他为"私掠者"。

帕斯卡用他的图像技术与分析带领我们一步步走进了这幅画。而我们所看到的东西足以证明它是一幅达·芬奇的作品,而且很有可能能够得出一些相当明确的结论。

我们所看到的图像、饱经沧桑的羊皮纸和颜料是一致的,而且还以达·芬奇独特的左手画法,用大量的平行的细笔描绘阴影部分,笔触是从左上至右下倾斜的。这些笔触在红外图像中,比肉眼观看时更加明显。而阴影部分还曾被加强过,尽管没有那么灵巧。此外,在某一次的修复过程中,脸颊和颈部的一些较不透明的彩色区域还或多或少得到了加强,

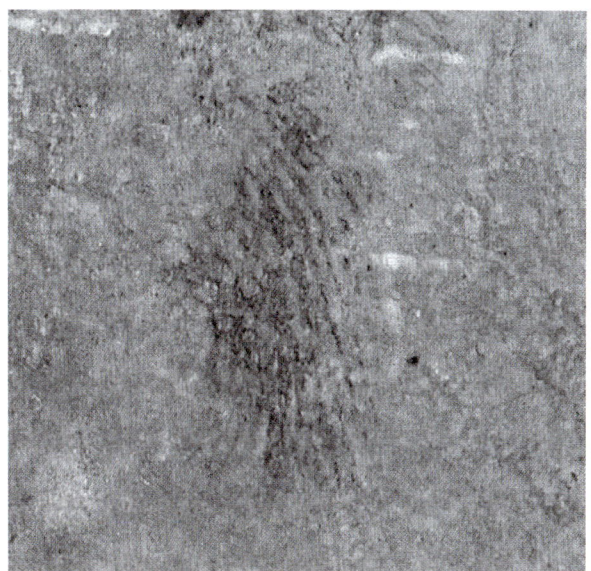

上图：人物颈部的手印

下图：某人的指印

明显是用笔刷将色粉和流体颜料覆盖在受损区域所造成的。在头饰、头发和服装的表现上，也有用深色墨水进行加强的痕迹。通过观察被大幅放大的图像，我们清楚地了解到，二次创作出自一位惯于用右手的艺术家。

巧妙的是，在眼睛的虹膜和头部的某些区域中，原画家并没有或者少部分地覆盖了羊皮纸的本色，以此表现出一种源自底层的光亮。在人物的面部、颈部、肩部和头饰后部的轮廓部分，显示出一些画家起稿时的小技巧，用于建立起准确的轮廓。多光谱图像中明显的痕迹表明，画家的右手手掌外侧，曾压到过脸颊和颈部的颜料。这是达·芬奇的一个惯用技巧。而在与人物发际线平齐、靠近左侧边缘的位置，还有一个很小的、有些破碎的指纹。这个曾经压在纸上的指尖痕迹，给我们的研究带来了很多麻烦。

在纸张部分，我们可以看到，羊皮纸的左侧边缘裁减得参差不齐，还有严重的损坏。在纸张左下方，大概三分之一处，边缘上有一个斜的纵向的切口，显示出刀在切割纸张时的滑动轨迹。它明确说明，这张纸在切割前曾属于某个抄本或者手稿。帕斯卡也向我们指出，这张纸上至少能够看到三个装订的洞眼，但我们无法预料这些证据最终会导向什么结论。

在愈发强烈的期待中，我们来到了苏黎世——一尘不染、满是金钱和资产阶级自我满足的城市。在这里，彼得亲自向我们展示了他的珍宝。彼得可以称作一类"古怪有趣的人"，他活泼、风度翩翩、热情直率、目光炯炯、面带微笑，同时有着很强的幽默感。他贤惠的妻子名叫凯西，既是一名艺术史家，也是彼得完美的搭档，她的举止得体、温文尔雅。我们会和彼得信任的艺术顾问吉亚玛尔科·卡普佐一起去看这幅画，他已经安排过羊皮纸的碳年代测定，结果大概定在1440～1650年之间，虽然日期不够精确，不足以确定是否属于达·芬奇的时代，但已经非常鼓舞人心。

到达苏黎世后的第二天早上，我们开车来到了令人紧张的画作储存

第五章 美丽公主 · 145

西尔弗曼与肯普：双重检查

处,在门口经过安检后,我们穿过叮当作响的大门,接着被带到楼上一个功能齐全的私密房间。最后,有人带进来了一个小保险箱,可能是从一个非常安全的外包装中取出的。薄薄的、老化的木板慢慢进入眼帘,上面还贴有不太平整、带有皱褶的羊皮纸,面前的大桌子上有覆盖物做保护,画作就放在上面的海绵楔子上。

亲眼见到一件艺术作品的感觉,与观察一张高分辨率的照片是有很大不同的。它的小尺幅足以让人倍感惊喜——前提是并不知道它的大小。见面的第一刻总是激动人心的,如果没有"一拍即合",那么这场邂逅就很难进行下去了——和这幅肖像画,绝对是"一拍即合"。

我们几乎没有交谈,而是花了很长时间在画中寻找线索。因为在使用放大镜、与数字图像进行比对之前,仔细观察是很明智的做法。从明显的修复痕迹中看到"过去",就像过滤掉旧唱片上的刺耳噪音一样——我仿佛听到图像在歌唱,散发出一种纯粹的美,好像正向我们讲述一个真实的故事:一个温柔年轻的女人,甚至还只是一个女孩,她被安静地束缚在画面当中,就像她已经向自己的命运妥协,扮演着饱受社会礼仪约束的贵族角色,着实让人心酸。她可能在13岁或14岁就已经结婚,注定要成为权势争夺的牺牲品,但不管她是谁,可能都活不了多久。

在这里,好像出现了某种魔法,可以抵抗岁月的变迁——一种真正属于伟大艺术家的魔法。我开始在脑海中(但不是在纸上)记下一些能够发表的、足以让人艳羡的观察:

一位年轻的女士,或一个即将成熟的女孩,为画像穿着正式的服装……她那浅棕色的秀发散发着柔和的光亮,被紧紧地绑在一起。精心装饰着带有绳结的丝带,边缘还有小小的交错设计。发带被一条细带固定住,正好绕过她前额的转角。她的辫子是典型的米兰风格发辫,从发网里露出来,前端被一条紧密环绕的发带捆绑成利落的柱状,后面则被两条螺旋缠绕的扁平发带束住,只是没有那么整齐。这些漂亮的细节都得到了展现。她的耳朵藏在她轻柔的一层秀发之下,好像在玩捉迷藏。穿过额头的发带将她后脑的头发挤压成轻微的凹状,而且发辫中的头发在两条捆绑的发带之间微微凸起。

她的侧脸轮廓精致到难以形容,没有轮廓线,没有凸面,那种平稳而机械化的弯曲毫无破绽。线条切割得如同匕首般精准,但仍保留着鲜活的气息。她的五官的均匀程度极佳,没有一个地方会被泛化。文艺复兴时期诗人最为推崇的美丽女人的那些特征都得到了体现——玫瑰般的双唇和星星般的眼睛,同时带有无限的温柔。她忧郁的眼睛中的虹膜,还依然保留着半透明的光泽,如获新生。她的睫毛纤细得仿佛稍纵即逝。她上唇的尖端与下唇的粉红色曲线若即若离,精致异常……

在画面中,人物眼睛的美尤为引人瞩目,在公开演讲中展示时,总能让人惊叹。

这些赞美的话后来却被指责为"鼓吹"。事实上,我支持这幅画是达·芬奇的真迹。因为这项新发现涉及"商业交易",所以这些赞赏之词被认为是对这幅画的作者与商业价值的"炒作",但如果我用类似的话来形容卢浮宫的《蒙娜·丽莎》,就不会被看作是就作品归属问题在炒作。不管我的文章是否与这件事相关,我都会坚持上述观察原作时想要表达的感受。

我已经为彼得·西尔弗曼写了一份详尽的报告,比标准学术文章要长而又比著作短小。我的所见所闻以及手上持续的研究,都支持着我与帕斯卡合作完成一本书。我将重点关注艺术历史层面:风格、媒介、历史环境(首要的是当时的宫廷语境)、服装发型、功能、人物身份以及这一手稿的可能来源等,而帕斯卡则专注于光学检测[3]的各个方面。我们还决定收录指纹研究专家保罗·比罗的一个简短章节,他在此文中比较

---

[3] 我觉得帕斯卡的分析非常重要,它和书中其他内容一样,都是不可分割的一部分,而不像大多数著述一样,将它藏在末尾的技术附录当中。只是对于科技的重视可能并没有提高本书的最终销量。

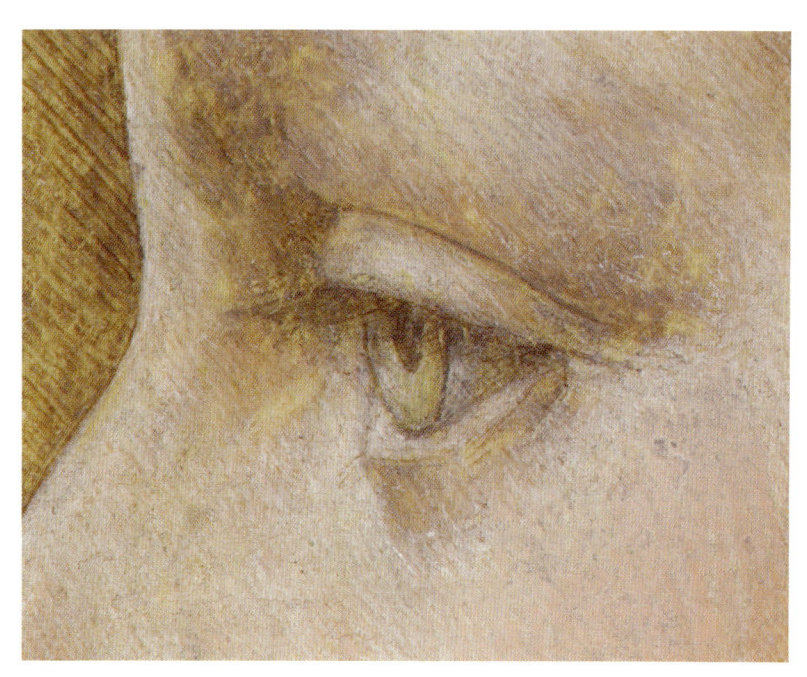

光芒四射的眼睛

了墨水指印和疑似达·芬奇的指纹。

理想情况下，在我们的书发行之前，不应该再出现其他内容，但我很担心，发表零散、飘忽不定、看似耸人听闻的不完整故事难免会引起偏见。2009年年初，我向彼得和他的支持者提出了一项建议：这幅素描应该"在完全非商业性的场所进行公开展示，同时要公布所有研究数据和分析结果"。我强调，样稿中的所有材料在出版前都应禁止传播。这对彼得的谨慎度和忍耐度都提出了很大的考验。

我觉得有必要在非商业场所展示这幅肖像画，因为我从伦敦经销商西蒙·迪金森处得知，他正与彼得计划在荷兰马斯特里赫特举行的大型欧洲艺术和古董博览会（TEFAF）上展出这幅肖像作品。这个一年一度的博览会是所有历史艺术品交易活动中规模最大、成效最高的一个。我曾参加过一次，很痛恨那里自命不凡和阶层分明的风格，因此，我强烈反对这幅肖像在这种环境中公开亮相，因为参加这样的展会很有可能会加深世人的偏见，即确定它的归属就是一种商业炒作。最终，令我宽慰的是（或许也和我的反对有关），这幅肖像并没有在马斯特里赫特展出。

与此同时，我正在寻找一个合适的公众美术馆，为画作的首次亮相做准备。要找到一个重要公共机构来展示一幅"交易中"的作品是十分困难的。维也纳的阿尔伯蒂纳博物馆有着丰富的素描藏品，是一个理想的场地，其主管克劳斯·阿尔布雷希特·施罗德也愿意考虑。而且彼得把这幅画送到了维也纳进行更深入的科学检测。克劳斯在2009年2月写道："可能我们无法与你感同身受，但这是一幅非常特殊、让人兴奋的作品。我计划6月去伦敦，那时我们或许可以找机会见面，讨论一下我们的项目评估。"但我再也没有听到过他的消息，直到我看到米尔顿·埃斯特罗在《艺术新闻》上引用克劳斯的话："没有人确信它出自达·芬奇之手"。维也纳的检测结果也没有透露，至少没有向我透露，而且我再也没有与他有过会面。

在我们的书出版之前，指纹成了引起国际关注的爆炸性话题，我的上述策略和安排分崩离析了。保罗·比罗在蒙特利尔的自己的工作室工作，他将帕斯卡放大的指纹图像与达·芬奇在梵蒂冈未完成的《圣杰罗姆》上的指纹进行了比较。保罗辨认出《圣杰罗姆》中的指纹与羊皮纸上的指纹有八点相似之处。指纹最具特征的部分就是每个指头肉垫中心的复杂螺纹，而这一点在肖像上的指印部分并不明显，因为肖像上的指印是用指尖印上去的。虽然保罗辨认出的"八点相似之处"不足以成为确凿的证据，但它们的确具有暗示性和支持力。正如保罗所指出的，如果我尽力去看的话，确实能或多或少地看出些东西，而且我也很高兴他能够以一种更加专业的眼光看待这些事情。尽管指纹证据只是我正在积累的证据链中的一小部分。

然而，"达·芬奇的指纹"却成了一项新闻；从某种程度上看，它和"盗窃事件"很像。这个故事出现在《古董贸易公报》上，记者西蒙·休伊特获得了彼得的信任。2009年10月12日，《古董贸易公报》发表声明：

《古董贸易公报》通讯员西蒙·休伊特获得了独家证据，可以用来揭示世界顶尖学者口中的"100年来第一个关于达·芬奇的重要发现"……《古董贸易公报》已经独家取得了这些科学证据，而且能够揭示艺术家确实在作品中展现出了自己的手——还有指纹。后者与达·芬奇在梵蒂冈的一件作品中的指纹"高度类似"。

文章接着回顾了支持作品归属的其他主流观点，但不出所料，指纹成了故事的中心，而且事实证明，后果是极其不利的。

几周后，《纽约客》的大卫·格兰联系到了我，说他正在"调查关于新的达·芬奇画作的故事"。我们至少打了两次电话，讨论了确定其归属的程序。然后平静了几个月。而我不知道的是，在此期间，保罗·比罗逐渐成为故事的一部分。格兰的那篇长达16000字的文章《一幅杰作的标记》在次年 7 月正式发表。在这 37 页的文章中，前 6 页对于我所参与的工作以及关于作品归属的讨论，进行了基本准确的生动简述。然而，这篇文章对保罗·比罗却造成了破坏性的影响。

据透露，之前保罗曾传出一件丑闻：声称一名卡车司机在一家旧货商店里发现了杰克逊·波洛克的作品。这一事件被记录在 2006 年的一部电视纪录片《杰克逊·波洛克究竟是谁？》当中。格兰接着讲述了保罗与波洛克其他画作的鉴定的种种牵扯，在这其中，重要的波洛克研究者都接连否认画中的指纹属于波洛克。据称，保罗伪造了波洛克的指纹。

大卫·格兰记录了保罗·比罗的很多丑事。火力主要来自特蕾莎·弗兰克斯——"美术作品登记"网的创始人，高效、善辩的知名辩论家，喜好谈论艺术界的变幻莫测。弗兰克斯随后声称："我（向格兰）提供了大量文件，他拿着这些文件跑了。所以，我们的调查才是那篇文章的催化剂。"《纽约客》的文章对保罗和那幅肖像产生了严重的影响。由于我们部分采纳了保罗的证据，这在当时成了我们这项工作的一个污点。

保罗被激怒了，他的回应是对出版商康德·纳斯特提起 200 万美元赔偿的诉讼。在这种情况下，一个关键的法律问题是，保罗是否可以被定义为一个"有限目的的公众人物"。如果确实是，他必须证明作者和出版商的行为都带有"实际恶意"（无论故事是不是全部/部分地不合实际）。不久，保罗的案子被驳回了。不管法庭判决是对是错，目前来看，格兰对弗兰克斯证据的依赖是非常不可靠的，因为她的生意其实已经消失了（正如美术调查的在线记录所显示的），显然她已经名誉扫地，让艺术家和其他客户陷入了困境。

2009 年，帕斯卡和我都在继续努力推进研究的出版。与此同时，克里斯蒂娜·格多和米娜·格雷戈里也在撰写各自的学术文章，有力地支持这幅肖像是达·芬奇所作。在这本书的出版过程中，简·肖夫·透纳扮演了一个关键角色，她是尼克·透纳的妻子，也是《大师素描作品》

的长期编辑，现在是阿姆斯特丹荷兰国家博物馆的出版负责人。简和尼克一样深信这幅画是达·芬奇所作，并将精力投入这本书的编辑和设计中。除此之外，简还翻译了帕斯卡的法语文本。文字、插图和简的优雅设计在秋季前就接近完成。我的经纪人卡罗琳·道内开始寻找出版商，11月，我们便和霍德与斯托顿出版社签订了出版协议，并向他们展示了一份设计完成的插图本。

我们事先做了一些宣传。我在《独立报》上发表了一篇文章，内容与我准备在伍德斯托克文学节上发表的演讲有关。尊敬的米尔顿·埃斯特罗也在他的杂志《艺术新闻》发表了一篇一如既往谨慎而敏锐的文章。这让指纹再次成了新闻头条。这本书于2010年3月以《美丽公主：莱奥纳多·达·芬奇新杰作的故事》之名出版。考虑到这幅肖像需要一个引人入胜的名字，我起初很喜欢"美丽的米兰女人"一名，直到意大利朋友指出它听起来像一种美味的小牛肉片，作为一名素食主义者，我感觉味同嚼蜡，这个名字就此卡住了。

这本书的评论普遍不友好，而且也没有人认真对待帕斯卡提供的证据。最大的争议出现在2010年4月12日，一篇由凯特·甘茨的前夫理查德·多姆特撰写、发表于《每日电讯报》的文章。在这篇文章中，我被尖刻地称作"达·芬奇科学研究领域的公认专家"，并受到了严重的诋毁。帕斯卡的章节被随便截取成几句话，譬如"复杂的（对外行来说，几乎不可理解的）X光分析、扫描、红外反射图像等"。一位博物馆馆长"不愿透露姓名，但相信这幅素描甚至不是19世纪的，而是'20世纪的赝品'，由'明显的达·芬奇式元素拼凑而成，但与达·芬奇本人毫无相似之处'"。其他敌对的意见也多少趋于尖锐化。我被指控"强迫公众接受作品的归属"，这种咄咄逼人的口气让我觉得毫无必要，而且这种攻击变得越来越个人化，好像比历史判断还要关键一样。

多姆特抓住的一个不利因素是《美丽公主》在哥德堡的展览——"这

里有星光：米开朗琪罗、达·芬奇、拉斐尔"。它是由一家名为"杰出展览"的瑞典公司组织、由梵蒂冈博物馆馆长弗朗切斯科·布拉内利和最先发表这幅肖像的亚历山德罗·维佐西共同策划。这场展览对那些大师名作进行了引人瞩目的多媒体演示，包括一个与原作等大的《最后的晚餐》的复制品，以及达·芬奇的机械发明模型及其手稿的复印件。而彼得借出的肖像，作为展览中为数不多的原作，成为绝对的明星。这是一场精心策划的，有着 25 万观众的成功展览，但作为一项商业活动，它对这幅素描在艺术界声誉的提升并没有太大帮助。所以多姆特的反应很有代表性：

作为宣传活动的一部分，这幅素描首次向公众展出，不是你们想象的那样选择在巴黎、纽约或者伦敦的博物馆，而是在瑞典哥德堡的一个会议中心。在 YouTube（油管）上观看开幕式的场景就像观看马戏团进城一样。画像由警察在装甲车的护送下抵达现场。闪光灯不停地闪烁，一个将双手铐在金属公文包上的人，十分浮夸地拿出了西尔弗曼（或者仍声称拥有这幅作品的"瑞士藏家"）所说的估值 1.5 亿美元的作品。

我目睹了这一切，现场也没有任何重要的学者。彼得将这次的展出视作一次胜利，但我担心这会加深某种印象，即认为这件肖像属于商业领域而非公共领域。我对事情的发展逐渐感到失望。

第六章　丑陋的争端

我想，这件事就这样了吧。《美丽公主》已经出版，书中已呈现大量的相关证据，反对的意见已是根深蒂固。我很高兴能够后退一步，看着这些个人争论伴随着时间的流逝而消退。也许我们要等到新一代研究达·芬奇的学者的出现，问题才能够进一步得到解决。

然而，在几个月内，这件事又因为两个新发现而出现了转折。它们都与这张羊皮纸的来源相关。其中，一个涉及将这幅画委托给佳士得拍卖行的那位"女士"，另一个更让人意想不到，是关于这幅肖像最早的来源。

委托佳士得拍卖的这位"女士"是珍妮·马尔希——著名的意大利修复家吉安尼诺·马尔希的遗孀。马尔希曾在佛罗伦萨工作，在1964年移居日内瓦。他修复过纽约版的《纺车边的圣母》。马尔希夫人很沮丧地发现，她曾经拥有的"德国素描"竟然是"达·芬奇真迹"。她告诉拍卖行这是一件文艺复兴时期的作品，而她已故的丈夫则认为这幅画出自达·芬奇的同时代画家基兰达约，后者画过很多精美的侧面像。马尔希夫人随后在法庭审理中声明："我从我已故的丈夫吉安尼诺·马尔希（1897～1983）那里继承了这幅素描，他是一位修复专家和艺术家，也是研究意大利文艺复兴艺术的专家。当时，这幅素描画作被装裱在一个古老而华丽的佛罗伦萨式的木框里，在我1955年和他结婚之前，这幅画就已经是这样了。"

当丈夫去世后，马尔希夫人通过佳士得拍卖行出售了一部分丈夫的收藏。其中的明星作品是皮耶罗·迪·科西莫的《杰森与海普西碧莉女王，以及利姆诺斯岛的女人们》，在 2007 年以 20 万英镑的高价售出。而我们现在称之为《美丽公主》的这件肖像，是马尔希夫人非常喜欢的一幅作品，也是最后一件被出售的藏品。

虽然马尔希夫人执意认为这幅画创作于文艺复兴时期，但佳士得拍卖行的老大师素描研究专家弗朗索瓦·博姆坚持说，这就是一幅19世纪的"德国素描"。博姆在 1997 年 7 月 25 日写道："你的这幅带有意大利文艺复兴味道的德国素描吸引了我。我认为这是一个很有品位的东西，我准备试试我们的运气，给出一个约 12000～15000 美元的估价。正如我告诉你的，我很想更换一下画框，让它看起来更像是 19 世纪一位业余爱好者的作品，而不是一件意大利式的仿制品。"尽管马希尔夫人表示反对，但意大利式的画框还是被进行了更换，这在之后成为法律争论的焦点。她解释说："我因为急需资金而别无选择，只能同意博姆的意见。"

我在日内瓦见过珍妮·马尔希两次，分别于 2010 年 8 月和 2011 年 5 月。70 多岁的她，坚持不懈地与脆弱的健康状况做斗争，她坚定果断、善于表达而且热情好客，令人印象深刻。而在画作进行拍卖、归属问题被公之于众时，她对佳士得的行为而感到愤怒。当时担任佳士得老大师画作部的国际负责人是诺埃尔·安内斯利，他与珍妮·马尔希取得了联系，希望他们之间的分歧能够得到友好的解决。诺埃尔·安内斯利和一名律师还去巴黎拜访了帕斯卡·柯特，以确保佳士得能够应对那些科学检测的证据。

尽管大拍卖行的交易在很大程度上依靠于工作人员的专业知识，通常也是相当可靠的，但他们的条款和条件却制约了工作人员对其判断结果承担的责任。这些规定专门针对那些完全依赖拍卖行的买家，而不是将艺术品委托给拍卖行的卖家。鉴于当前认知、专业意见或其他相关因

比安卡的归来：帕斯卡·柯特与肯普把比安卡·斯福尔扎肖像的复制品插入华沙国家图书馆的《斯福尔济亚达》手稿

素的限制，拍卖行不会因为未能正确确定作品的归属而受到波及。

珍妮·马尔希作为卖方，已经告知佳士得这幅画出自一位15世纪的意大利大师，与拍卖行认为该画作于19世纪的说法相矛盾。所以马尔希夫人有理由期待，这幅作品会因此而进行更为详细的认定，而不是迅速做出判断——尤其是在这一判断与她提供的信息相去甚远的情况下。

2010年5月3日，马尔希夫人的律师向佳士得拍卖行提起诉讼，理由是拍卖行"故意拒绝并未能调查原告相信的作者问题，没能遵守其对原告的信托义务，疏忽、违反了正确判断作品归属的保证，并在拍卖中做出虚假陈述"，但法院的审判标准是要遵循法律规定的基本程序，而不是原告指控的实质内容。佳士得辩称，该诉讼应该以超出诉讼期限为由予以驳回——也就是说，诉讼没有及时进行。马尔希夫人称她不可能在更早的时候提起诉讼，因为直到2009年才有人提出达·芬奇是这幅画的作者的可能性。

佳士得重申了自己的观点。当时准确地确认作者是不可能的，因为肖像被涂上了一层厚厚的亮光漆，而后来对于新归属的判断完全依赖于科学技术，但这一技术在拍卖时还未应用，并且"新归属的大多数支持者在他们的结论中都涉及重大的经济利益"。最终，在2011年1月，该诉讼被驳回，理由是原告已失去诉讼时效，也就是说，在诉讼时效到期之前原告必须启动诉讼流程，否则诉讼将被终止。而拍卖行的职业操作程序从未被调查，法院也从未听取关于这幅素描真正归属的相关证据陈述。

马尔希夫人和她的律师不甘就此止步。2011年7月12日，他们提起上诉，考虑到佳士得拍卖行从画上移除了画框并且已经丢失，法院初步裁决"部分确认，部分撤销，发回重审"。上诉裁决既没有考虑画作的归属问题，也不允许在初审法院追究该问题。

因为画框遗失，所以只能从模糊的照片中获取一点信息。画框看起来非常奇怪，并不像是制作于文艺复兴时期，而像于19世纪根据文艺复兴时期相关图案而制作的仿制品。最终，佳士得进行了庭外和解，拍卖行向马尔希夫人的动物慈善机构捐赠了一笔未公开的款项，由此解决了问题。我听说现在任何人询问拍卖行如何评价这幅肖像，都会被私下告知说是一件仿制品。

马尔希夫人于2013年去世。鉴于她坚称马希尔与她结婚前就已经拥有这幅肖像，"这是一幅可笑的20世纪的赝品"的想法变得难以为继，尤其是在20世纪上半叶或之前，没有一个伪造者会意识到有必要留下帕斯卡在扫描中发现的许多特征，或是令作品免受碳−14年代测定的影响，但还是没能阻止有人指责，是马尔希夫人的丈夫吉安尼诺伪造了这幅画。当我告诉她，"艺术观察"正在暗示其丈夫伪造了这幅肖像时，她回答："和你想的一样，这些含沙射影让我很气愤。"如果她的丈夫是一名伪造者，就意味着她参与了整个生意，也必定在法庭上说了谎，但是，吉安尼诺或者任何人，都不太可能在没有宣传作为基础的情况下，费尽心思地去伪造一幅达·芬奇的画作。而第一个把这幅肖像与达·芬奇联系在一起的人是凯特·甘茨。

关于这幅画的第二个线索完全出乎意料，来自南佛罗里达大学的D.R.爱德华·赖特教授。我从未见过他，但作为一名研究文艺复兴的学者，他的博学让我非常钦佩。大卫，正如他喜欢被称呼的那样，出乎意料地写到，有肖像的这一页可能是从华沙国家图书馆的一本羊皮书《斯福尔济亚达》上裁切下来的。它是乔瓦尼·西蒙内塔为了卢多维科的父亲弗朗西斯科而作的赞美书，共有四个版本，华沙国家图书馆保存了其中之一，特别采用了羊皮纸来制作。弗朗西斯科公爵是达·芬奇未实现的青铜骑马像的主人公。《斯福尔济亚达》的扉页由风格古怪的插图师乔凡尼·皮埃特罗·比拉戈所作，书中清楚地表明：这本特别制作的书是为纪念1496年比安卡·斯福尔扎与公爵军队的贵族骑士统帅加雷阿佐·桑塞维里诺的婚礼而制作的。比安卡是卢多维科的私生女，那时她的身份

第六章 丑陋的争端 • 159

乔凡尼·皮埃特罗·比拉戈为《斯福尔济亚达》绘制的扉页

已合法化，能够成为一位门当户对的新娘。在扉页底部，比拉戈厚脸皮地将"摩洛人"卢多维科描绘成一个皮肤黝黑的小"摩尔人"，他坐在一个石台上，接受看起来非常成熟的婴儿的致意；在左侧，也被"摩尔化"（一头棕发）的比安卡正挽着她未来丈夫的胳膊。大卫对扉页进行了详尽的图像学分析，同时探索了《斯福尔济亚达》流传到波兰的可能路径。

我们已经知道这页羊皮纸是从一本书中裁切而来的，还发现了一些装订针脚的痕迹。我一直以为找到这页纸所属的书籍或手稿是一件很遥远的事。那么，华沙的羊皮书会是这张肖像的来源吗？

彼得·西尔弗曼迫切地想知道大卫的发现能否带来惊喜，所以他在2010年12月去了华沙，对书籍进行了详细的研究。他发现，在第161页后面的装订处可以看到一些残迹，因此激动地宣布那就是肖像的来源。西蒙·休伊特打算公布事情的经过，但遭到了我的反对。因为如果这本书确实缺少一页，那么还需要对装订方式和页码进行全面的查验。而如果将这幅肖像放在彼得认为的位置，也就是讲述弗朗西斯科·斯福尔扎的军事和政治行动的内容中，似乎没有意义。

彼得的调查一直在制片人大卫·默多克和《国家地理》的摄制组陪同下进行。大卫正在策划一个用科学技术来判断《美丽公主》归属的电视节目。与此同时，在国家地理探险基金的资助下，帕斯卡和我也正在计划华沙之行。与华沙国家图书馆的谈判很棘手，但大卫和他的摄制组成功获得了许可，让我和帕斯卡有机会检测《斯福尔济亚达》这一国宝级文物。我们得到了波兰青年学者卡西娅·沃斯尼亚克的大力帮助，我受邀在格但斯克讲课时与她结识。卡西娅的语言能力和她对波兰风俗的了解对我们的工作帮助很大。随后，彼得提供了一部分资金，让卡西娅对《斯福尔济亚达》的历史进行持续性研究。2011年1月31日，星期一，我们经过预约，在华沙国家图书馆见到了这本《斯福尔济亚达》。

我们又一次，坐在楼上的一间屋子里等待保险箱的出场。陪同观看

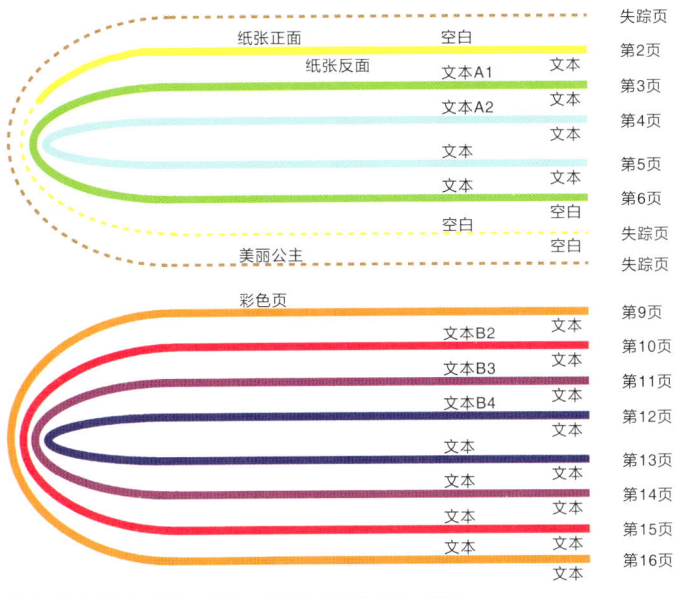

```
失踪页
纸张正面        空白        第2页
        纸张反面    文本A1   文本   第3页
                   文本A2   文本   第4页
                           文本   第5页
                           文本   第6页
                   空白     空白   失踪页
        美丽公主            空白   失踪页
                                  第9页
        彩色页
                   文本B2   文本   第10页
                   文本B3   文本   第11页
                   文本B4   文本   第12页
                           文本   第13页
                           文本   第14页
                           文本   第15页
                           文本   第16页
```

华沙国家图书馆藏《斯福尔济亚达》前两组对折的手稿页示意图

的人中有托马什·奥斯辛斯基——一位负责保管早期印刷书籍的年轻人，一直都很乐于助人。他似乎比年长的同事们更开放些，后者好像对我们侵犯他们的研究和管理领域心存不满，而且明显因为摄像而感到不舒服。帕斯卡随身携带了一台配备微距镜头的相机，可以在0.1毫米的层级深度上进行细微的拍摄。这台相机还可以按照书中纸张的装订方式，通过数字技术将画面组合成一幅放大的图像。他还随身携带了一个测微计来测量羊皮纸的厚度，并用一个光谱仪来记录羊皮纸表面反射光的光谱组成。

事实证明，书中的羊皮纸和肖像画所用的纸张非常接近。我们清楚地看到，在装订的第一组对折页当中，页面明显出现混乱或重组；而其他几组都是由4张折叠在一起的纸组成，形成8张折页，共计16页。所以按道理来说，在第一组对折页中应该有8张折页，而现在却只有5张。

华沙的这本书遗失了一张半的折页。那么，绘有肖像的羊皮纸会是其中的一页吗？

当我们重新构建第一组对折页的原貌时，我看到一张用来阻止颜料从其表面浸染到相邻页面的空白纸，由此我们能够识别出，肖像页可能就和这张纸相对。这说明之前彼得发现的残迹并不是重点。这实在是激动人心。然后，我们小心翼翼地将一幅精确复制的肖像插入我们认为它可能被移走的地方，结果十分合适。

原书线装的针脚与羊皮纸肖像上的孔洞十分吻合。这本书每隔五段缝合一次，其中三个针脚间的间距均不相同，却完全契合了肖像画中的针脚。当我们将肖像画与书体进行匹配时，感到一种强烈的正确性，但是高质量的复制品和精确的测量关系不大。如果肖像画保留下全部的五个针脚就好了，但是当时从书上剪下这一页的时候，有两个针脚的痕迹很可能就已经丢失了。肖像画所在羊皮纸的左侧边缘十分粗糙，表明这本书曾经历过不止一次地在书的开篇和尾页插入折页。因此，鉴于纸张装订和缝合带来的变化，缺失页面与书体匹配的证据，要比针脚数量与纸张尺寸相一致更具说服力。

然而，图书馆的资深工作人员似乎不愿意承认这样一幅达·芬奇的画作可能出自他们的珍贵羊皮书。他们是否认为这幅肖像被裁切有些难堪？但这在 19 世纪这是很普遍的做法，而且至今仍会在商界发生。或者，他们是在怨恨由一些外人告诉他们几代勤劳的波兰研究者都没有发现的事情。无论如何，馆方并没有和我们一样感到快乐和兴奋，而大卫·赖特教授、卡西娅·沃斯尼亚克和我一起提出在图书馆的《公报》发表的文章最终杳无音讯。大卫和卡西娅的研究也仍然在等待出版。

那么在 1496 年，一本米兰的羊皮书究竟是如何来到华沙的？正如大卫·赖特所揭示的，考虑到米兰宫廷和波兰贵族之间的政治联系和其他往来，这本书的流传存在着许多可能性，但可以肯定的是，在某一个时期，这本书曾存放于波兰的扎莫伊斯基家族图书馆，归图书馆的创建者简所有。简在16世纪晚期建立了这个图书馆——正如在书籍开头插入的一张纸上用墨水笔所记录的。

这幅肖像是什么时候与书本分离的呢？卡西娅的研究表明，在19世纪早期，这幅肖像作为"艺术作品"被移出，一并移出的还有许多手稿插图。其中有一个关键的线索，即扎莫伊斯基家族和沙托里斯基家族之间曾有过来往，后者获得了一幅出色的达·芬奇画作《抱银鼠的女子》（但被看作是《美丽的费隆尼耶》）。伊扎贝拉·沙托里斯基或许是波兰最伟大的收藏家，在普拉维建了一座著名的博物馆，被称为"波兰的雅典"。1789年，斯坦尼斯拉夫·扎莫伊斯基迎娶了伊扎贝拉的女儿佐菲亚·沙托里斯基。那么，这幅肖像是否是在那个时候被移出，而成为另一幅藏于波兰的达·芬奇画作呢？把比安卡的肖像再次与婚礼联系在一起是个不错的想法。我猜测肖像画的奇特画框也制作于波兰，为这幅画提供了一个"文艺复兴风格"的背景。我希望卡西娅的研究能够还原真实的历史。

2012年，帕斯卡和我一起把我们的发现写进了图书的意大利版。书名叫作《达·芬奇的美丽公主：比安卡·斯福尔扎的肖像》，它充分反映出我们对于画中人物身份的信心。罗马博物馆前馆长克洛迪奥·斯特林纳蒂为这本书写了序。在意大利，权威的认可尤其重要，学者们的公共形象似乎常常比实际证据还要重要。而且这一版本的制作、设计和印刷都颇有意大利特色。

站在《国家地理》电视节目的立场，我提议试着重现肖像画的创作过程，探究羊皮纸上的墨水和色粉，是如何能够成为一张书籍插图的创作媒介的。为此，我们聘用了牛津大学罗斯金艺术学院的莎拉·辛布利特。我第一次见到莎拉是在我读研究生期间，当时，她正以充沛的热情、完美的技巧和完备的解剖知识创作巨大的人体素描。她一直在研究作画媒介，甚至用黄蜂侵扰的栎树瘿制作自己的鞣酸铁墨水。我们一起去了

比安卡·斯福尔扎的技术复原，莎拉·辛布利特

白金汉郡的纽波特帕格内尔镇参观威廉·考利公司，这家公司至今仍采用完全传统的方法来生产质量最高且类型众多的羊皮纸，所以他们所需的劳动时长和手工技能都是最高级别的。考利公司的业务受益于英国议会一直保有用羊皮纸来存档的习惯——它一直是保持笔迹的最可靠材料。考利公司最近报告说："在下议院进行了一场漫长的辩论之后，国会议员以压倒性的票数决定继续使用羊皮纸进行存档，但与普通纸和数字化记录相比，也难以维系。"

《大西洋古抄本》中有一份达·芬奇的备忘录，提醒自己向法国的墨水和色粉素描大师让·佩雷尔询问关于羊皮纸的使用方法：

> 从巴黎佩雷尔那里学习干画法以及利用精盐作画的方法，还有如何绘制涂层，单层和多层，还有他的颜料盒，学习描绘肌肤的蛋彩技法，学习如何溶解树胶……

由于高品质的小山羊皮、绵羊皮或小牛皮十分难找，因此，从每一张经过拉伸和刮毛的皮上尽可能多地提取纸页是非常合理的。达·芬奇同样在笔记中促使人们去研究作为羊皮纸底漆的阿拉伯树胶，以及色粉的固色方法。摄像机记录着莎拉的实验，但这样做的目的并不是为了复制一幅肖像，而是为了展示制作过程。莎拉证实，这项技术虽然非同寻常、困难重重，但是完全可行。此外，实验证明，即便对像莎拉这样技术娴熟的人来说，没有什么比模仿达·芬奇更加困难的任务了。

大卫·默多克优秀的电视节目《杰作之谜》于2012年1月25日在美国播出，在2月份的《国家地理杂志》上，还刊登了一个相关专题。同年，该节目的法文版和德文版相继播出，还有一个葡萄牙语字幕的版本，只是没有看到在英国播出。还有一家名为"日本记录"的日本电视公司随着我们的书在日本出版，制作了一个关于这幅肖像及其归属的节目《达·芬奇的指纹》，在2010年12月上旬播出。该节目包括采访、现场拍摄，以及日本观众非常喜欢的场景重现。他们同样拍摄了莎拉的复原过程。日本观众对于达·芬奇包括艺术才华在内的全能表现出特别的热情。

尽管观众普遍对这些节目和这件肖像抱有很大的兴趣,也对此十分欣赏,但是仍有很多艺术界人士质疑肖像的真实性。因为这件比安卡肖像从未在任何主要的公共美术馆中亮相,所以它还是被笼罩在某种商业阴影当中,但《斯福尔济亚达》摹本的制作为这幅画的公共亮相提供了一条路径。意大利出版商斯克利皮塔·曼尼亚决定,将华沙羊皮书的摹本连同肖像的复制品作为令人惊艳的补充,加入他们为藏家提供的精品图书清单当中。出版社最初的想法是把比安卡肖像插在我们所认定的原初位置,但是经过一场相当坎坷的谈判,这个想法被华沙国家图书馆彻底否决了。斯克利皮塔·曼尼亚采纳了我的另一个建议,就是将比安卡肖像的复制品在大英图书馆版《斯福尔济亚达》(唯一保留其奢华装订的复制品)的封面摹本中单独呈现。天鹅绒上的银色装饰物包括了斯福尔扎族徽以及"摩洛人"的"摩尔人"头像。

斯克利皮塔·曼尼亚开始为肖像的展出寻找合适的场地。他找的第一个场地是马尔凯国家美术馆,位于皮耶罗·德尔拉·弗朗西斯卡的赞助人费德里科·达·蒙特费尔特罗在乌尔比诺建造的壮丽城堡宫殿内。对这幅肖像的展示方式也很气派,用硕大的屏幕展示相关证据,尤其是帕斯卡的扫描图像和复原工作,从而以视觉性的手段来说服公众。展览图录印有法语、西班牙语、波兰语、俄语和日语版本。在 2014 年 12 月初的新闻发布会上,一位年轻的模特还打扮成比安卡,在服饰造型上还原了包括发型在内的所有细节。不幸的是,我在直布罗陀的一个文学节日上感染了呼吸道疾病,从而错过了这场有趣的活动。

媒体对这场活动的关注度很高,我看到了很多观众在不耐烦地排队的照片。这本图录收录了我为《斯福尔济亚达》摹本而写的摘要,而且得到历史学家、评论家、记者、资深作家、政治家和电视人物维托里奥·斯加比的鼎力推荐。他高调而坚定地支持达·芬奇的作者身份，同时抨击了那些不愿展出肖像的公共机构，以及质疑作品归属的声音。当于 2015 年的米兰世博会期间，在蒙扎的皇家别墅举办展览时，他依旧怒不可遏。

蒙扎的展览图录还包括克里斯蒂娜·格多和米娜·格雷戈里的稿件，他们现在都是"《美丽公主》战役"中经验丰富的"斗士"。伊莉莎贝塔·格尼格纳是一位服装和发型史学家，也为图录写了一篇内容翔实的文章。在她 2010 年出版的一本关于文艺复兴时期发型和头饰的书中，已经提供关于发型真实性的证据，并展现了肖像中的精致描绘。而她对比安卡相关时尚装扮的全面分析之作《揭幕美丽》也已经出版（由斯克利皮塔·曼尼亚在 2016 年出版）。来自其他专业领域的学术证据是非常重要的，伊莉莎贝塔成功地驳斥了那些指责画面人物服装有误的武断声明。

但这幅肖像仍然没有在佛罗伦萨和罗马展出过，外界立场开始两极分化，观点更加尖锐。在这种局势之下，相信的人和不信的人很容易形成各自的团体。彼得·西尔弗曼周围就形成了各种各样的圈子，其中包括一些以地理划分的集群。比如纽约和更大范围的美国拍卖商、经销商及博物馆馆长不太愿意承认一件大师的作品会从他们的眼皮底下溜走。如果我是他们阵营的一部分，可能也会欢迎任何反对的证据。此外，还有一个著名的波兰阵营。地理因素在艺术史观点的形成过程中发挥的作用往往超乎人们想象。

正因为如此，我遭受着来自互联网及电子邮件的唇枪舌剑。其中一些很有创意，也很有趣，比如一个来自美国的经销商（和我之前提到的不是同一个人），为了维护佳士得拍卖行的判断力，将这幅画归为朱利叶斯·施诺尔·冯·卡罗斯菲尔德的作品，他是一位 19 世纪早期曾在罗马工作、与拿撒勒人运动相关的德国画家。在此我只能摘录一部分抨击的内容：

作为画作归属的判断证据,你所提供的鉴定意见并不比搪塞孩子的理由好多少。它们难以服众、不可靠,也无关紧要,只是展示了迂腐的博学。将这幅素描视作19世纪德国画家的作品,是得到那些没有既得利益和隐藏交易的专家学者广泛认同的,而声称"美丽公主"是莱奥纳多·达·芬奇在15世纪末或16世纪初的作品,是虚假和自负的最高境界。你让"美丽公主"变得与世隔绝,防止那些最知名的修复师、达·芬奇研究者对其进行实际检测,即使如此,19世纪的学者们没有阻止人们对这幅画出自达·芬奇之手提出质疑……

在你的专家组中,没有人有过专业评审的经历,也没有成功的艺术发现的先例或者公认的鉴赏力,他们没有判断过任何相对知名的画作的归属,更不用说是达·芬奇的作品了。你所引用的科学证据无非是一些浮夸、费解、没办法验证的垃圾,它们并不能证明任何事情,除了你善于处理那些支持你观点的数字图像,以及你的工作其实来自一群病态的骗子和反社会的人……

既然现在你能清楚看到,你对达·芬奇作者身份的辩护已无法抵御反对证据,我建议你最好采取行动来挽救声誉,为了避免你因为欺诈而被出版商和一些州政府起诉,请公开承认你的错误,接受施诺尔为"美丽公主"的真正创造者。因为你已经输了。

后来我收到了一则滑稽的通知,说我荣获"2010年度李尔王愚人协会搞笑诺贝尔奖",获得者写的是"博士、教授与牧师马丁·肯普,未授权的达·芬奇正统教会主教":

尊敬的主教阁下:

您已成为新任的疯狂达·芬奇俱乐部-公主部门的主席与主编,请您收下来自李尔王愚人协会(LFS)的衷心祝贺,鉴于您的达·芬奇理论为那本镀金的天书建立了一个新天地,您的俱乐部荣获了2010年度李尔王愚人协会搞笑诺贝尔奖。

此外,还有一枚限量版的铅制镀金奖章,上面描绘了达·芬奇的降落伞,您俱乐部的每位成员都有一枚,其中也包括神秘的彼得·西尔弗曼先生,还

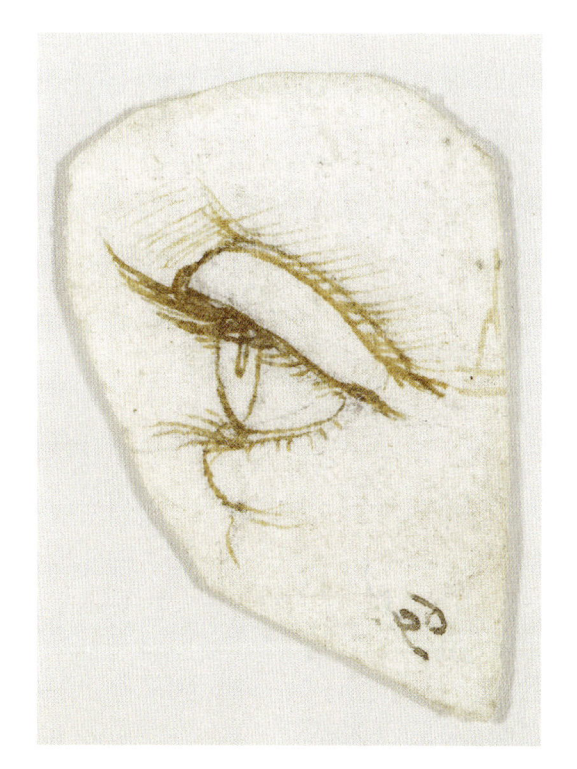

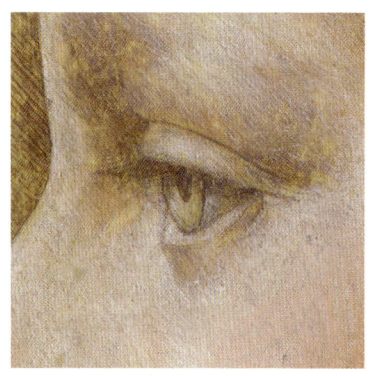

"艺术观察"所展示的《美丽公主》肖像画的眼睛：

上图：眼睛的侧面，约1490年，达·芬奇绘，反向

左下图：肖像画中的眼睛

右下图："艺术观察"对肖像画中眼睛的摹写

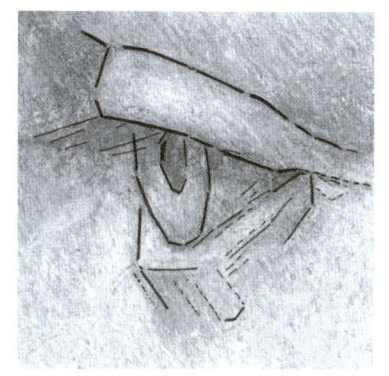

有您和您的炼金术士们——尤其是帕斯卡·柯特和皮特·保罗·比罗先生,由于他们的贡献,他们将收到一年的礼盒装达·芬奇肉丸,完全由有机的牛屎制成,就像达·芬奇在他的笔记本中所指示的那样,肉丸可以作为燃料、炮弹,或者在寒冷冬季煮沸食用。

马丁·肯普[与一对无可挑剔地专横和自负的尼克·透纳夫妇(其中,简·透纳是伪书籍设计师)"]再次被称作《美丽公主:莱奥纳多·达·芬奇新杰作的故事》的作者和编辑,这是一本带有证据性插图和伪科学主义的、油嘴滑舌的大巨著。李尔王愚人协会为您的恶作剧高呼三声!

这个来信的经销商的名字突然让我想起,在2009年,他曾发来一幅疑似达·芬奇的素描,被我否决了,然后他打算支付给我一笔高报酬,让我参与这幅画的公开发表,但据我所知,没有一个达·芬奇专家认可过这幅素描。

另一个极端反驳言论来自一篇关于画作归属的冗长文章,发表在一本被广泛认可的学术期刊上。这篇《美丽公主:对于达·芬奇作者身份的反对意见》的作者是卡塔兹娜·克里扎戈斯卡-皮萨里克,于2015年发表在《艺术与历史》杂志上。该杂志以克拉科夫为阵地,主编乔瑟夫·格拉布斯基是一位经验丰富的杰出编辑。皮萨里克的分析系统而专业,但在阅读时,我发现了一些"错误、误解和伪造的指控"[1]。

皮萨里克试图重新提起20世纪50年代波兰著名的图书馆馆长霍洛德斯基的相关发现,否认带有肖像的折页是从《斯福尔济亚达》的第一组对折页当中移出。但她并没有意识到,其实后来在文本的开头插入过一张纸(暂且假设是一张羊皮纸),后来,她又将其与肖像的羊皮纸进行了比较,称两者并不匹配。我想知道她的文章是如何通过编辑审核的。

---

1 这也是我作为回应而写的一篇文章的标题,我将其一并提交给了《艺术与历史》,但这篇文章被拒绝了,理由是它是一个"勘误表",不大适合发表在这一杂志上。"勘误表"显然不适合在任何期刊上发表,所以最终发布在了海牙的一家艺术认证机构的网站上。

我们对肖像画来自华沙这本书的猜想，建立在一系列重要的契合点上。这本书是为比安卡的婚礼而制作的，我已经阐明她就是画面的主人公。第一组对折页中明显有几页缺失，而这里就是最应该放置这幅肖像的地方——肖像画的羊皮纸与相邻纸张的匹配度很高，考虑到这本书经历了重新装订和削减，肖像在书中的"契合度"已经很好了，而且肖像画受损的左侧边缘的装订针脚，复原后与现有的装订方式相一致。如果说这么多相似点都是巧合，那么还真是难以置信的小概率事件。

皮萨里克整篇文章的言下之意，就是这幅肖像画是伪造的。她认为已故的吉安尼诺作为"一个达·芬奇风格的画家"，才是最佳的作者人选。吉安尼诺确实曾经拥有这幅画，他先是一名画家，后来成为一名技术娴熟的修复师，虽然他非常有可能对其进行了修复，但是并没有任何一个有力的证据可以说明吉安尼诺是一个伪造者。

皮萨里克第一次走进公众视野是在十年前，当时她对藏于伦敦英国国家美术馆的鲁本斯早期绘画作品《参孙和达丽拉》提出反驳，质疑英国国家美术馆馆长尼尔·麦克格雷戈是否真的追求真相。我想知道的是，既然她没有达·芬奇的研究经历，为什么现在会这么关心这幅画。我一开始以为这是波兰方面团结一致的结果，后来我才知道她是"艺术观察"的一名活跃的成员，这个组织早就对达·芬奇的作者身份进行了一系列的攻击。虽然我不认为这是一个"阴谋"，但不可否认的是，这些立场是受到地缘因素、国家或个人偏好，以及共同利益影响的，而且我们都默认这一点。所以，我们能做的最好的事情，就是公开了解随之引发的偏见。

正如我在第二章中所说，"艺术观察"及其领头人迈克尔·达雷不仅是修复工作的积极反对者，而且在诱导不够严谨的学者进行越来越偏激的讨论上也很有一套。他们对于推翻达·芬奇是肖像作者，表现出了极大的热情。而"艺术观察"提供视觉证据的其中一个模式，就是发现

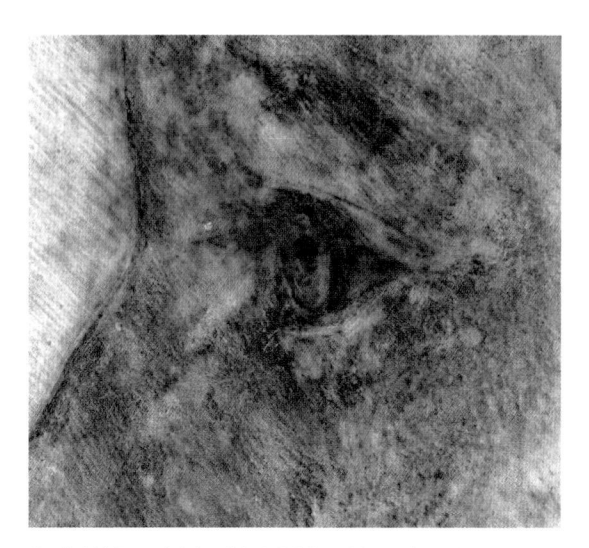

分层放大技术下，比安卡·斯福尔扎肖像眼睛部分的底层图像

画中人物眼睛的"解剖错误"。除了画中的眼睛细节，他们还提供了一张温莎藏品中的素描的局部反转图像（我认为这很有可比性），此外，达雷还用他认为的绘图师的方式，重新画了这只眼睛。即使画作表面受损，但是从眼睛部分的高分辨率图像中，还是能够清楚地看到那极其精致的、微微弯曲的上下睫毛。而这些细节在"艺术观察"的论证中，要么被恶意中伤，要么被故意忽略。达雷画在眼睑上的僵硬线条也严重降低了这幅画最初的复杂和精微程度。而关于"解剖学上的错误"，在温莎的素描藏品中的那只眼睛上，我们已经可以注意到达·芬奇在绘制上眼睑前侧轮廓的下半部分时所遇到的困难。达·芬奇是在描绘一只眼睛，而不是绘制一张解剖图。

但现在，我们从帕斯卡的后期分析中可知，美丽公主眼睛的完整虹膜，是在画上眼睑之前就已经完成的，这是达·芬奇探索人体内部结构的一种习惯，而不仅仅是在模仿外在的东西。

"解剖学上的错误":伊莎贝拉·德·埃斯特肖像的素描稿,达·芬奇,1499~1500年,纸本,黑、红粉笔,黄色色粉,63厘米×46厘米

"艺术观察"反对活动的核心是宣称吉安尼诺·马尔希伪造了这幅画。和前文一样,一些语录就能给人这种感觉:

> 作为已知的唯一一位拥有长达五个世纪没有历史记录的艺术品所有者,吉安尼诺·马尔希应该被视作一位达·芬奇画作的潜在伪造者……没有任何材料能够反驳马尔希就是这幅画的作者,反驳他曾将一张旧羊皮纸附在一块老旧的、曾经被修理过并贴过标签的画板上,然后在上面作画,从而营造出一种虚假的年代感,同时为羊皮纸的背面提供掩饰……

> 我们曾在2014年1月提出素描的作者可能是画家兼修复师吉安尼诺·马尔希,很久才得到回应……肯普在他的博客上宣称,我们正在进行"卑鄙而毫无根据"的尝试,以此"把争论转移到宣称珍妮·马尔希撒了大量的谎"。这已经不是第一次对我们做出类似的诽谤。1994年,肯普教授在对《艺术修复:文化、商业与丑闻》的书评中,也提出了类似的毫无根据的指控,被我们立即反驳。近些年来,肯普对于同行学者们的谴责变得越来越普遍……

> 肯普的习惯是堆砌大量的伪哲学术语……不得不说,有些人确实被肯普教授代表性的辱骂批评所吓倒……

> 肯普认为缺乏"非任意的"证据性的价值是一个次要问题,但在我们看来,这是评估、鉴赏(视觉)艺术作品的关键……肯普总是以准科学的专业知识与左翼立场,来贬低传统鉴赏这一领域。

> 如上所言,早在20年前,我们就经历了肯普对于传统鉴赏家的谩骂与嘲讽。

我绝不是在否认"鉴赏力"所发挥的关键作用,而是认为将其定义为"用眼睛判断"会更合适,以此置于一个更为系统、干扰更少的环境当中。后续再谈。不过,对于上述争论做出回应也存在一定的风险,因为它正被卷入一些完全没有必要的、尽其所能做出的个人化判断中。我相信读者可以自行判断。

"解剖学上的错误"是对肖像的批评中被反复提及的关键点,尤其是

上图：侧光下的比安卡·斯福尔扎肖像中的肩部
下图：帕斯卡·柯特对比安卡·斯福尔扎肖像中的肩部的复原

画中人物的肩膀部位。需要再次强调的是，达·芬奇不是在进行解剖展示，而是在创作一个功能性的图像。因此，他画的伊莎贝拉·德·埃斯特的肖像到处都是"解剖学上的错误"，其中最有代表性的是伊莎贝拉的大部分右臂没有任何存在的空间。在佛罗伦萨和米兰，将细致表现的女性头像绘于相对简略的肩部及上身之上，是女性侧面像的一种标准特征，体现出一种雕塑式半身像的程式。从目前情况来看，这幅肖像中，人物的肩膀和胸部可能显得过于简略，而实际上，人物的服装是一块经过严重损坏和改造的区域。帕斯卡的一项复原工作显示，人物服装上按照透视缩短法描绘的交错图案，表明绘制者对于此处三维空间的表现是深思熟虑的。

然而，当臭名昭著的伪造者肖恩·格林豪尔宣称对这幅作品负责时，那种熟悉的伪造理论再次抬头。格林豪尔是一位技艺精湛且多产的伪造者，尤其擅长根据古老的异域文明伪造雕刻。1961 年他出生于波尔顿，经过自学成为一名"艺术家"，并且在毫不起眼的家中展开了遍及世界的艺术品交易，直至 2007 年被判处入狱 4 年 8 个月。

在格林豪尔漫无边际的回忆录《伪造者的故事》中，他讲述了自己是如何伪造《美丽公主》的。他那生动的叙述，作为后记附在了书的末尾，在 2015 年首次公开时就获得了媒体的广泛关注，显然是有意为之。

格林豪尔描述了他是如何在 1978 年，即 17 岁时，决定拿一张老大师的素描练手……而不是临摹一张牛皮纸上的"真迹"。格林豪尔旋转羊皮纸进行绘画，这样他就可以模仿左撇子的方式来打阴影，以便让作品看起来"有一点接近达·芬奇的风格"。格林豪尔从 Co-op 超市中选了"专横的萨利作为模特，即超市收银台前的一位呆滞而无聊的女孩"，然后给她穿上了"15 世纪晚期米兰宫廷的代表性礼服"，接着，格林豪尔用"橱柜工匠的珍珠胶"将作品装裱在一个"维多利亚时代的课桌盖板"上。1978 年年末，这幅画被（佚名）卖给了约克郡哈罗盖特的一名经销商。

这个故事具有很高的娱乐价值，尤其是它描述了公众眼中那些可笑的"专家"和"艺术界精英"的形象,但是可信度极低。格林豪尔对这幅画制作过程的详细描述,完全就是帕斯卡与我出版的英文版书籍中技术检测部分的缩略版。它想让我们接受:一个自学成才的17岁年轻人,比当时的达·芬奇研究者和米兰的专家还要了解达·芬奇。他不仅熟知"15世纪晚期米兰宫廷的代表性礼服"的种种细节,还对当时女性的精致发型十分了解,而这些都是相对较新的学术成果,伪造者格林豪尔以荒唐可笑的方式,伪造了他的伪造故事。起初,他的说法还很有意思,但在他接连回应了几天来自世界各地的媒体盘问后,这个故事就有点平淡无奇了。格林豪尔的故事证明了关于达·芬奇的愚蠢竞赛永远不会休止。

格林豪尔的叙述引发《卫报》的艺术评论家乔纳森·琼斯发表了一篇文章。我十分欣赏他的文字。琼斯写道:

> 我不知道曾在2007年因伪造其他艺术品而入狱的格林豪尔,是否真的创造了这个丑陋的小玩意儿,但我绝对确信,它和达·芬奇毫无交集……
>
> 出卖它的是这个年轻女人和达·芬奇之间缺乏一种情感张力。她就坐在那里,等待着,就像在护照照相亭里摆姿势一样,没有任何"化学反应",也毫无个性魅力。最能说明问题的作品就是现藏于卢浮宫的一幅伊莎贝拉·德·埃斯特的侧面素描肖像,她是一位文艺复兴时期的女性,并且是曼图亚的统治者。这幅作品或许是《美丽公主》的灵感来源,但真迹和赝品相差十万八千里。达·芬奇让伊莎贝拉看起来温暖、热情、充满活力而且很有智慧,即使没有上色,也熠熠生辉。而这位《美丽公主》却显得平淡无奇、死气沉沉……
>
> 达·芬奇热爱这些女人,所以努力创作配得上她们的肖像。《美丽公主》是一件缺少达·芬奇品位和精致、毫无生命力的赝品。从我个人角度来看,它是维多利亚时代的仿品。艺术家们甚至可以根据一张照片进行创作。

对琼斯来说,整件事都是"科学分析取代了好的视觉鉴赏的危险警告"。

批评画作归属的人,通常要么不提及科学检测的证据,要么断言科学在做出判断时没有价值。在大多数情况下,科学不太可能"判定"作品的归属,但可以借助它精确地缩小范围,而且可以在某些情况下筛选潜在的可能性。而我们拥有的科学证据,可以有力地反驳任何关于伪造的质疑。

最重要的线索出现在一份之前被我忽略的报告中。2011年,帕维亚大学化学系借助伽马射线光谱法分析了铅白颜料。这项技术依赖于铅的放射性同位素之一——铅210,它会在12个半衰期(每20.4年)中经历衰变。而这幅肖像的铅白样本中的铅同位素已经完成了衰变,因此它至少有244.8年的历史。我想有人会争辩说:吉安尼诺或格林豪尔不知何故获得了几个世纪前未使用过的白色颜料,但即使存在这种可能,他们也不会知道必须要用到它。

关于作品归属的科学研究常常会让人满腹狐疑,尤其是由"私人"进行的检测行为。这幅肖像在乌尔比诺的国家美术馆展出前,被要求接受官方查验,由位于都灵的保护与修复中心负责。该中心成立于2005年,并在文化部的支持下,工作人员接受了先进的保护和修复培训,配备的成像设备也已是当时的最高水平。检测结果于2014年6月19日公布,帕斯卡的发现得到了证实,甚至有了进一步的推进。这次检测揭示出额外的后期遮盖的笔迹,明确显示连续几次得到修复的部分,以及关于羊皮纸与其背板年代的其他科学证据。

所以,还需要什么证据?但对于那些拒绝承认达·芬奇作者身份的人来说,永远有反驳的理由,也会继续进行抨击。对归属的反驳往往呈现出强迫性,我很高兴把自己的观点置于我们已经发表的文章里,而不是陷入徒劳的、有伤风化的针锋相对中。

在这方面,对于彼得·西尔弗曼来说,学术界和美术馆的行为让他沮丧。他公开谴责了那些"背信弃义、自负和妒忌"的行为,他说道:"这些满腹经纶却实际上愚笨的馆长和学者们在捍卫自己的一小块领土。"两极分化越发明显,迫使理性的判断充斥着个人的情感。

时至今日，这场争论已经变得不堪入目，我因为对于肖像正确作者的坚持而遭受重击。鉴赏力被认为是一种高度个人化的能力，植根于我们的艺术细胞之中。而虚假的判断会使鉴赏家的全部专业能力遭到质疑，甚至连道德地位都会遭到贬低。即使万一我对比安卡肖像的判断是错误的，没有人会蒙受损失，超过 70 本关于达·芬奇的出版物也不会突然失去意义。有时我真的怀疑自己是否应该被别人当作出头鸟。然而，这幅肖像为达·芬奇在斯福尔扎宫廷的工作增添了一个重要维度，它值得被认真对待。

鉴于《美丽公主》争论中出现的一系列不愉快，我在自己的网站上添加了一个声明：

> 40 多年来，我一直认真回答每一条有关作品的归属和其他问题的信息，包括许多所谓隐藏在达·芬奇作品中的"秘密"，而现在，我正在走出自己活动的这一领域。我一直致力于公共服务，从未因金钱发表过意见，但我所收到的大量的攻击材料，以及在互联网上受到的批评，意味着在信息时代下，这种理想状态无法再持续下去。在判定归属和商业运作方面，也存在太多可疑的操作。我很抱歉，这是一个遗憾，但在公众面前，我作为一名历史学家的工作正在被严重扭曲，尤其是因为判断结果而引发的带有个人情绪化的争论。我会继续有选择地参与一些重大项目 / 课题，紧跟学术和公共领域的重要发展。如果大家对于作品归属感兴趣的话，我建议访问这个网站：http://authenticationinart.org。

这对于我的实际工作可能不会产生多大影响，但它至少给了我一个选择，让我不再陷入一些因为合法的意见而引发的分歧，以及个人化的丑陋行径。

有传言说，现在有不止一个买家对于比安卡·斯福尔扎肖像感兴趣。我很高兴看到它有机会逃离现在所处的泥潭。

第七章　救世主

2008年3月5日，我收到了一封邮件，告知出现了一幅全新的达·芬奇作品，是一幅油画，而非素描或手稿。这一天，恰好是我的生日。本来到了我这个年纪，应该不怎么重视生日这件事了，但这个消息赋予这个生日特殊的意义。重要的是，消息的来源众所周知：尼古拉斯·佩尼——伦敦英国国家美术馆负责人：

> 我想请您鉴定一幅受损的老油画——《救世主》，它在纽约的一个私人收藏家手里。现在这幅画已经进行了初步清理，卢克·西森、我，以及在大都会艺术博物馆油画部、素描部的同行，都相信它出自达·芬奇之手，虽然也有人认为画作（部分？）可能出自其工作室。我们希望在3月或4月的某个时候，在英国国家美术馆把这幅画与馆藏的《岩间圣母》一同进行比较检测。《救世主》这幅油画中保存较好的部分，与《岩间圣母》中的部分表现非常近似。不知我在伦敦期间，您是否方便过来？我们只邀请了两三位学者。

从某种角度看，已有100多年的时间没有这样"凭空出现"一幅确认的达·芬奇油画作品了。最晚近得到确认的是《柏诺瓦的圣母》，它于1909年首次公开亮相，并于1914年收藏在圣彼得堡的艾尔米塔什博物馆。因此，经过沟通，我定于5月19日星期一前往伦敦。

我从工作人员入口进入美术馆，然后被带到曾经去过一两次的修复工作室。这间工作室就像一个用于治疗各种绘画"疾病"的医务室，里

真正的救世主：救世主，约1490年，胡桃木板油画，65.6厘米×45.4厘米

修复工作室内的杰作组合：伦敦英国国家美术馆的《救世主》与《岩间圣母》

面存放着各种处在不同治疗阶段的画作，而且都是对外开放的，其中一些画作非常有名。近距离观看作品总是让人非常兴奋，不仅不需要隔着玻璃，而且能目睹部分作品去除之前的修复痕迹。2007年，当美术馆考虑是否要清理《岩间圣母》（必然会引起一些负面反馈）时，我就在这间工作室里分析了清理画作的利弊。

今天，房间里的人比平时多很多，其中包括由拉里·基思领导的修复团队。有两幅画被支起来夹在画架上：一幅是再一次从画框里取出的《岩间圣母》；另一幅就是尼古拉斯·佩尼提到的《救世主》。那么，要先跟哪一个打招呼呢？是工作人员，还是"新作品"？当时的我陷入了混乱。所以我一边看着画作，一边向米兰的皮特罗·马拉尼和马利亚·特雷莎·菲奥里奥，以及来自纽约的卡门·班巴赫打招呼。我被引荐给艺术史家和艺术品商人罗伯特·西蒙，他也住在纽约。他们早已对《救世主》非常熟悉。

在我走近这幅画作之前，它就已经在工作室里彰显着自己的存在，在我面对它之前，它就已经直面我了。它看起来比想象的要大得多：高65.6厘米、宽45.4厘米。借用它的前一任所有者德米特里·雷波诺列夫的话说，这幅画能够引发一种"共鸣"。从某种意义上来说，这就足够了。我看过这幅画的仿制品和一些变体版本，还是存在一些不同的。然而，我并不想让我的同行觉得我的判断太过草率，所以我拿出我的那副相当破旧的放大镜，又从不同角度仔细地观察了一遍。我也像每一位严谨的艺术史家一样，查看了画作的背后。这个木板看起来似乎是胡桃木的，弯曲的表面有着严重的裂痕，这很大程度上归因于一个朝向底部的巨大绳结。最近，裂痕已经得到修复。后来我了解到，在修复期间，破裂的木板曾被拆解成不同的部分，然后才被重新整合。

这幅画作充分展现出了达·芬奇魔术般的表现力：1. 基督右手指骨关节上的柔软皮肤，隐约暗示了手指的解剖结构，而不是刻意的描绘；2. 基督左手的指尖好像被光照亮；3. 基督右边的螺旋状头发上有着闪闪发光的细丝，从右边看尤为明显；4. 基督的面部特征模棱两可，目光坚定、直接，却好像没有焦点；5. 服装的领口和交叉带上，绘有交错复杂的、多棱角的几何图案；6. 领口下方有一块闪光的椭圆形水晶挂饰；7. 基督胸前的布褶，如一条条流淌的小溪一般，与《蒙娜·丽莎》式的表现遥相呼应。

我仔细地盯着基督左手托着的球体。球体部分的损伤是非常明显的，就像画作表面的其他地方一样，但是我可以看到，它绝不是一个标准的球体，也不像是一个带有气泡的空心玻璃球，看起来就像是含有"杂质"的水晶一样——当晶体物质在高温下变成流体时，就会产生各种形态的小空隙。它让我回忆起在剑桥大学机械地学习地质学辅修课程时所看到

水晶球

的一些东西。在博物馆里,我曾经被结晶矿物标本的视觉效果所吸引,但对真正的地质学却了解不多。不过,我现在可以更有底气地对那些聚集在修复工作室的人说:"那是一个水晶球。"如果它确实是水晶,那么就可能是喻指水晶天,但要证明这一判断还需要做很多事情。

在这次会面中,没有人公开对达·芬奇的作者身份表示怀疑,尽管都普遍认同,可能会有一两名助手参与创作。我感觉到卡门对于这幅画的态度最为保守。接着,是一轮常规的讨论。罗伯特·西蒙——这幅画的保管者(后来我才知道,他也是这幅画的共同所有者之一)——介绍了它的历史和修复过程。西蒙看起来很真诚、直率、明智,而且谨慎,在我们后来的交往中,他都是如此。我们看了看作品,交谈了一会儿,又继续观看。这是一个非凡的时刻。当我离开时,我决心要把《救世主》

的方方面面研究透彻。因为一眼看上去，这幅画似乎与达·芬奇的艺术科学的核心、对上帝在宇宙中的作用的理解有着深深的联系。

我一直与罗伯特·西蒙保持着联系，他非常支持这幅画的学术研究。后来我还了解到，这幅传神的油画其实是《救世主》的已知版本之一，此前保存在弗朗西斯·库克爵士的收藏中——早期画面被修复痕迹严重覆盖，现已得到清理和修复。《救世主》以前似乎从来没有正式引起过关注，我们只注意到它偶尔被用作黑白插图。我曾把它当作一件糟糕的仿制品，但事实上，我们应该更仔细地观看。

弗朗西斯·库克爵士的绘画收藏始于19世纪60年代后期，藏品超过600件，而且是私人收藏中的佼佼者。他的意大利文艺复兴时期的藏品尤为值得关注，其中许多作品都展示在世界各地的主要美术馆中。库克从艺术史家与收藏家查尔斯·罗宾森爵士那里获得了一批上乘的藏品，此外，罗宾森还贡献了许多藏品给维多利亚与艾尔伯特博物馆。1900年，《救世主》就是从罗宾森那里来到了库克的手中，但罗宾森是如何获取这幅画的，我们不得而知。不过库克并没有把它当作一件特殊的藏品——在他逝世后的藏品列表中，这幅画被编为第106号：仿乔瓦尼·安东尼奥·博塔费奥。虽然博塔费奥是达·芬奇的得意之徒，但"仿博塔费奥"肯定不是一个很高的评价。1958年，当库克的收藏在伦敦苏富比拍卖时，这幅画的归属稍稍得到"提升"，被判定为博塔费奥本人的作品，并以45英镑的低价"拍板成交"，转手给了"昆兹"。"昆兹"的身份至今未知——可能是一个竞拍者的化名，来源于德语"艺术（kunst）"一词。

后来又不知为何，这幅画到了美国收藏家的手里。2005年，它在路易斯安那州的一家地区拍卖行拍卖，因而进入罗伯特的视野，他的纽约经销商亚历山大·帕里什同样注意到了这幅画，而且两人都认为这幅画可能比表面上看起来要好一点，但根本没有往达·芬奇的原作上想。

清理与修复前的《救世主》

他们决定委托代理人竞标，并以不到 1000 英镑的价格，成功收购了它，这在当时已经是一个相当高的价格。在这幅画抵达纽约后，他们开始对其进行检测，发现在深重的表层阴影下闪烁着启示性的光芒，有些细节看起来让人感到不可思议。不管这幅画出自何人之手，它绝对是古老而有趣的。

接下来是让专业修复师进行进一步的查验。罗伯特毫不客气地把《救世主》包装在一个垃圾袋里，乘坐出租车将它送到著名的文物修复师、鉴赏家马里奥·莫德斯提尼（他当时还不到 100 岁）和他在纽约大学美术机构的修复中心任教的妻子戴安娜·德怀尔·莫德斯提尼那里。他们同意罗伯特的看法，即使这幅作品现在来看还不一定是"大师之作"，但也是"值得期待"的。经过一次小规模的测试性清理，这幅画的样貌让人欣喜，特别是当戴安娜进一步从画上剥离了破坏画面的污垢和多余涂层后，图像的原貌和品质，尤其是一些很有才华的笔迹开始显现出来。在能够清楚看见原初画面的部分，有一个值得关注之处，即基督的右手拇指曾被画在了两个不同的位置上，最初的造型更加笔直，而在所有的仿制品中，拇指都呈现出稍微弯曲的姿态。这虽然不是决定性的证据，但却是一个很好的提示，表明这张画很有可能是原作。[1]

胡桃木板处于非常脆弱的状态，需要紧急而彻底的修复，莫妮卡·格里斯巴赫是这方面的专家，因此来到了这里。她小心地分离了实际已经裂成两块的木板以及五块彻底裂开的小碎片。分离后，莫妮卡进行了重新组装，她增加了一些旧胡桃木嵌条，以保持木板和颜料层结构的完整性。戴安娜的工作可能会在 2006 年继续下去，她需要持之以恒地使用易溶性涂料填补画作存在缺失的区域。

罗伯特则努力地推进自己的基础性研究。他收集了大量的参考图像，

---

[1] 我觉得很可惜的是，第一版的拇指现在又被重绘了。

原稿的故事：变换的拇指

包括越来越多的仿制品或变体，以此证实达·芬奇的创造对于其他艺术家和赞助人的影响。他还安排了应用最新技术的科学检测（详情见下文）。当他把这种状态下的《救世主》展示给尼古拉斯·佩尼时，他也认为这幅画非常特别，因为它展现出尼古拉斯对于达·芬奇的代表性描述——古怪。也就是在这个时候，尼古拉斯召集我来英国国家美术馆看画。

美术馆修复工作室里所有的参与者都发誓要对这件事保密，随后，这幅画就和罗伯特一起返回了纽约。这已经是达·芬奇的作品了！不要再装进垃圾袋了！罗伯特说，觉得自己就像"《教父》里的弗雷多·柯里昂，带着装有100万美元的手提箱去了古巴"。当他带着写有"一件达·芬奇油画"的申报单过海关时，一位海关官员坚持要求开箱检查，其实并非出于官方要求，而只是想看看这幅画："我是意大利裔美国人，我想告诉我的孙子们这次的奇遇"。

那年的夏天和秋天,罗伯特和我一直保持着密切的联系。而我则针对以下几个方面进行了研究:"救世主"主题的图像志类型;温莎收藏的两幅相关的布料素描稿;作品和最好的摹本之间的关系;达·芬奇画面中的光学特质;基督左手所托球体的具体描绘;调查这幅画作的早期所有者。我去温莎看了布料素描稿的细节,以及达·芬奇所有与研究布料褶皱相关的手稿,试图从中得出达·芬奇绘制布料的年表。在温莎城堡,我还看到了一幅《救世主》的版画,上面刻着"达·芬奇绘/温塞斯劳斯·霍拉尔根据原作制版,1650 年"。鉴于霍拉尔的很多版画都被收藏在英国,最有名的藏家就是查尔斯一世,《救世主》很可能就源自英国。

正巧,我在牛津大学所带的一名苏格兰研究生玛格丽特·达利瓦尔在 17 世纪英国藏品清单领域拥有丰富的专业知识。她已经着手处理那些已出版和未出版的清单,并于 10 月向罗伯特反馈——已经"追踪到这幅作品",它曾被纳入 1649 年英联邦的销售清单,编录于查尔斯一世被斩首之后。因为国王的许多债权人都得到了世界级的收藏品,玛格丽特发现查尔斯一世的《救世主》已经卖给了约翰·斯通上尉(皇家共济会成员梅森·尼古拉斯·斯通的儿子),而且在斯通的宣言中,将其称作 1660 年查尔斯二世复辟时所得到的"回报"。玛格丽特还报告说,在白厅"国王内室"的编号列表中发现了《救世主》,它"让我感到非常高兴(并努力克制住自己)",它的编号是 311:"莱奥纳多·达·芬奇的救世主像,一手托着球,一手举起……"

我们不能完全确定查尔斯一世的"达·芬奇"和罗伯特的"达·芬奇"是否是同一个版本,抑或是其中的一个摹本,但同一个版本的可能性很大。玛格丽特随后追踪到了位于格林威治美丽的王后宫,那里曾是查尔斯一世的天主教妻子亨利埃塔·玛利亚的"内室"之一。玛格丽特还在继续

约翰·查德斯肯特所持有的水晶球

追踪后续的故事,但似乎与库克的收藏没有太多关联。

在我的研究生涯中,我最满意的是自己的直觉,即基督手中的球体是由水晶石制成的。我急需补充自己匮乏的地理知识。在牛津大学工作有两个优势:一是可以接触到广泛的专业门类,二是能看到丰富的大学收藏。我向大学自然历史博物馆的莫妮卡·普莱斯请教了水晶石的知识,她向我解释了石英晶体的形成和存在的杂质,我们还看了一些标本。我曾经有过这样的想法,即基督右手的"两个"拇指其实是水晶球所带来的双折射效果，但这个想法无法用光学解释。这个"重影"明显是另一个底稿。

　　显而易见，大多数的岩石晶体可能会同时呈现出杂质和锯齿状的裂开面，从而降低水晶珍贵的纯度。我开始明白为什么在贵族收藏中，完美无瑕的作品会如此受到重视。这些作品往往被安置在精心设计的、带有小窗的圣物箱中，透过这些小窗，我们可以看到圣徒们残缺不全的遗体——施洗约翰的一根指骨，或是基督十字架的碎片。大而无瑕的水晶是非常罕见的，常常本身就被赋予某种精神属性。

　　达·芬奇也被认为是宝石和半宝石材料的鉴赏家。1502 年，伊莎贝拉·德·埃斯特在曼图亚写信给达·芬奇，咨询有关水晶、玛瑙、碧玉和紫水晶花瓶的信息，它们曾属于被流放的美第奇家族，她知道"达·芬奇对它们青睐有加，尤其偏爱完整的、清澈透明的水晶"。

　　牛津大学还藏有一个真正的水晶球，它是牛津大学科学历史博物馆的一件知名藏品。对于透明球体来说，它的尺寸相当大，直径接近 5.08 厘米。它之前的藏家是约翰·查德斯肯特——17 世纪的一位热衷于收集奇珍异宝的收藏家，他自豪地把球体放在他的"方舟"——一个配得上称作"诺亚"的博物馆。后来一位名叫埃利亚斯·阿什莫尔的人用甜言蜜语获得了查德斯肯特的遗产继承权，并将这些收藏放在了牛津大学。我们检查了查德斯肯特的水晶球体，并努力在有光照射的条件下对其进行拍摄，想要找到它和达·芬奇笔下球体的相似性。以肉眼来看，它们有很多相似之处，尤其是球体底部的折射光和杂质的微光。拍摄水晶球不是一件容易的事，永远没办法捕捉到我们灵活的视觉系统所观察到的细微变化。

　　我还特意找来了很多小水晶石，就是人们有时会在商店里看到的据说有神奇特性的那些，而且我发现这些小水晶石与达·芬奇描绘的球体也存在相似之处，尽管它们的尺寸要小得多。用于拍摄查德斯肯特水晶

拉斐尔的"天文学"寓言人物和水晶般的球体,梵蒂冈签字大厅天顶画局部

球和小水晶石的照明装置证明，要呈现一个达·芬奇光线下的球体，球体左上方应该会出现一处明亮的高光，但是达·芬奇不太可能会疏忽这一点，可能是因为这幅画的经历过于曲折，高光部分凸起的颜料被磨掉了。

我们需要再明确一下，达·芬奇是在借助他对于水晶的研究为基督设计了一个托举的硕大球体，而不是对着一个真实的球体"写生"，也不是在寻求利用光学现象得出合乎逻辑的结论。有人不止一次地问我，为什么球体后面的衣服褶皱几乎没有受到前方球面放大的影响。简单来说，就是出于尊重。换言之，是为了好的画面效果。其实，达·芬奇在现实世界中观察到许多视觉现象，例如物体快速移动时会变得模糊，但他从未将这些效果融入画面。他认为这种极端的效果是自然现象中的"投机者"，它们并不属于绘画艺术。虽然他知道水的折射，但他肯定不会在受洗主题中，把基督的腿描绘成因为折射而弯曲。达·芬奇的绘画重塑了自然——他不仅遵循自然法则，而且也会遵守发挥图像功能的种种规则，但他不会破坏这幅画的宗教功能。

达·芬奇绘制的基督手中的这颗水晶球，不仅是光学和地质学巧妙结合的产物，而且与托勒密的有限宇宙学说相关，它包括一系列以地球为中心，按照轨道运行的球体，其中，第九个是"水晶天"，处在构成黄道带的恒星范围之外，而第十个是"原动天"，被达·芬奇称作"第一动力"，它是整个系统稳定的动力之源。除了上帝及其所在的天堂，没有什么在其之上。

在梵蒂冈签字大厅的天花板上，拉斐尔将"天文学"的寓言形象描绘成一位敬畏的见证者，俯视着绘有黄道十二宫的宇宙天体。达·芬奇所画的托着水晶球的基督，与这位见证者的位置近似，扮演着"第一动力"的角色，不仅超越了物质世界的有限范围，还超出了人类感官的范围。作为上帝之子的化身，基督已经以肉身的形式出现在尘世当中，就像达·芬奇的画作一样，但他带有一种无法言喻的灵韵，一种我们浅薄智慧无法理解的东西，而达·芬奇笔下基督的那些难以捉摸的特征，正是为了唤起这种灵韵。我们能够看到它们，但它们却躲避着我们。正如达·芬奇的其他作品一样，形式和内容融为一体，很有新意。

我去了瓦尔堡研究所的照片图书馆，想了解其他艺术家在"救世主"主题中是如何描绘球体的。事实证明，表现方式确实各有不同。黄铜球是最常见的，有时顶部还会有一个十字。有些球体是以地球的样貌出现的，会大略表现出陆地和海洋，其他的大都是玻璃球，有些还融入了微缩的风景。在两个威尼斯的案例中，基督把他的手放在一个巨大的玻璃球上，以此展现威尼斯在玻璃制造上的卓越地位，但是上述画面中的球体似乎没有一个是水晶球。

我很想知道在这幅画中，为什么柔和虚化的部分与精确描绘的基督的右手会形成如此强烈的对比。仅仅是因为保存状况吗？的确，基督的脸部磨损得很厉害，但即使是保存得最完好的部分，比如基督的左眼，看起来仍然是模糊的。或者是摄影师眼中的景深问题？如果镜头在场景中的某个深度聚焦于某个物体，无论是手动还是自动，那么距离较近或较远的物体都会无法聚焦——距离聚焦的区域越远，形象就越模糊。

在观看文艺复兴时期的绘画时，摄影中的景深是一个"错视"的概念。然而，在达·芬奇1507年左右创作的题为《论眼睛》的小型手稿上，他探讨了为什么在不同环境下，视觉功能会出现差异。他说，如果距离太近，什么东西都看不清楚；如果距离太远，又会失去清晰度（尽管他还不知道眼睛中的"镜头"能够帮助我们聚焦）。所以他意识到存在一个最佳距离，能让我们看得最清晰。而基督的手就处在这个最佳距离上。基督距离我们较远的面部被画家进行了虚化，以此界定画面的深度，否则就会显得很浅，同时还能出色地表现基督目光的特殊性。如果这种解释是正确的，那么这幅画很好地证明了达·芬奇的科学观察服务于精神性的魔力。

当代科学技术也在研究中发挥了作用。罗伯特·西蒙给我发来了戴安娜·德怀尔·莫德斯提尼在纽约大学美术机构的同事尼卡·古特曼·里皮所进行的科学检测照片。与达·芬奇的其他案例一样，红外线检测总能带来最显著的效果。我们很高兴看到，在基督左眼上方黏着的颜料里，留下了画家按压的痕迹，这就是我们认为的达·芬奇的技巧特点。我们还观察到了达·芬奇在设计细节时留下的更清晰证据。最引人注目的是，在基督服装的衣带上有许多金色交错图案的纹样。比起我们现在看到的几何形，金线最初是以一种更弯曲的方式交错起来的。弯曲的绳结就像达·芬奇在米兰时设计的那样。我记得，达·芬奇于 1500 年在威尼斯这座伟大的商业化城市中，看到了以 45°和 90°进行十字交叉的伊斯兰纹样，意味着这幅画是在 1500 年后才开始上色的。

研究发现，最后一层涂层中的铅白混入了少量的黄色，而且在不同的涂层中都发现了被打磨过的玻璃颗粒——这是一项奇怪的技术，即使对达·芬奇来说也是如此。那么，他是想赋予这幅画一种特殊的光泽吗？

2008 年 11 月初，我写了一篇超过 8000 字的论文稿，并且还需要进行进一步的研究，论文的内容随着时间的推移而不断增加。从某一方面讲，我是在"旧瓶装新酒"，以论证达·芬奇赋予一种非常传统的形式以全新的面貌。冒着圣诞节前几天的寒冷天气，我前往纽约，再次拜访了罗伯特并且又看了这幅画，以此验证我的观察结果，顺便观摩了戴安娜最近的修复工作。

要怎么处理这篇内容不断充实的论文呢？它的命运一直被英国国家美术馆长期酝酿的计划影响着。早在 2007 年，精力充沛、开朗、雄心勃勃、负责意大利文艺复兴绘画的负责人卢克·西森就曾与我商讨，是否有可能在 2011 年秋天策划一场以达·芬奇为主题的展览。展览的主题是"达·芬奇在卢多维科·斯福尔扎的米兰宫廷里度过的时光"。我们需要尽可能多地借到达·芬奇在这一时期的画作，包括巴黎版本的《岩间圣母》，这可能是它有史以来第一次与伦敦版本并肩而立。

通常在这个阶段，我可能会有一些关于策展的意见，但后来我们一致决定，所有的策展工作都应该在内部进行。不出所料，《救世主》出现在租借清单上，准备首次向公众亮相。巴克卢版的《纺车边的圣母》也在其中，但没有《美丽公主》。彼得·西尔弗曼认为，这一遗漏是美术馆对董事和受托人的失职。他不明智地请一位律师给尼古拉斯·佩尼写了一封严肃的信，强调美术馆有公共义务展示比安卡·斯福尔扎的米兰肖像。在得知《救世主》将被展出后，彼得的律师提出《美丽公主》和《救世主》以及它们的所有者需要"一致和非歧视性的待遇"。

我向彼得解释说，如果我是英国国家美术馆的受托人，那么我一定会支持董事会的决议——这幅肖像显然处在"交易中"。因为我曾担任过苏格兰国家美术馆、维多利亚与艾尔伯特博物馆、大英博物馆的受托人，所以我很清楚该如何解决这类问题。尼古拉斯·佩尼在回信中强调，展览的内容应该由策展人决定，而不应该承受由作品所有者的个人意愿所带来的压力。虽然没有明说，但这意味着尼古拉斯·佩尼和卢克·西森都不确信《美丽公主》的作者为达·芬奇。

这一事件凸显出《救世主》被接纳的理由。它在出售吗？展示它是否意味着英国国家美术馆心照不宣地参与了一场巨大的商业推广活动？因为这幅作品很有可能也在"交易中"。那时我只知道《救世主》是由罗伯特·西蒙代理的，他告诉我《救世主》有一位很好的所有者，打算用它来做正确的事情，于是我也没有做进一步的调查。我更在意这幅画自身的权利，这和它的所有权无关。当然，我推测罗伯特可能有些经济上的利益，也许在《救世主》的所有权中有一定份额，因此，我假设他能够从这幅画作的相关工作中获得某种合法收入，但美术馆确信这幅画在市场上并不活跃——他们乐于接受这一点，因为他们非常希望能够展示这幅作品。

《救世主》注定要在一场轰动一时的展览中亮相，它改变了所有的事情，包括我关于它的研究和出版计划。罗伯特认为，出版一本包括玛格丽特·达利瓦尔和我在内的许多作家参与撰写的论文集，是一个不错的主意，连一般不出版研究单幅作品的专著的耶鲁大学出版社，也成为这本书的指定出版商。我倒很乐意这么做，但也对多位作者能否按时完成表示怀疑。学者们都是错过最后期限的"常客"，而且我不相信所有作者都有新观点可以发表。我的经验告诉我，如果两位作者合著，逾期交付书稿的可能性会增加20%，但如果有五位作者同时参与，这种可能性会达100%。如果整本书未能按时出版，失去了在展览期间大量出售的机会，耶鲁大学出版社就会退出。

因此，我倾向于采用能够及时赶上展览开幕的写作方式——不展开全面的研究，而是重点攻破。我最有把握的内容就是我在科学杂志《自然》上撰写的常规专栏，因为其中有足够的科学证据来得出结论：它不仅展现了科学检测的成果，更揭示出达·芬奇在水晶球上展现的光学观察和宇宙学研究。这篇文章发表于11月10日，也就是展览开幕一天后。

可能是在英国国家美术馆宣传人员的策划下，《星期日泰晤士报》有兴趣为其彩色期刊筹划一个内容翔实的专题。随行记者凯西·布鲁伊斯被分配到该项目，负责收集信息并对包括罗伯特·西蒙、卢克·西森在内的主要人物进行访谈。凯西在位于伦敦华莱士收藏机构带有屋顶的庭院中，对我进行了细致的采访。我回顾了自己所掌握的材料：素描稿、图像学研究、年表，以及最重要的科学证据。凯西是第一个公开发表画面中的球体是水晶球的人。征得玛格丽特的同意后，我总结了她的档案调查结果，尽管她只是以"我的团队"的名义出现在最后一部分。10月8日，凯西发表了一篇冗长但内容基本准确的文章，杂志封面上是一个强有力的"救世主"形象，标题很贴切——"祈祷"。

英国国家美术馆当然没有"祈祷"过有大量的游客前来参加"莱昂

纳多·达·芬奇：米兰宫廷画家"展览，而美术馆面临的问题是观众过多。我去了预展的开幕式，那里挤满了来自艺术界的各色人物，想要顺畅地看完展览几乎不可能。我还去参加了两场清晨开始的特别场，人甚至更多。为了看清作品，长时间驻足在这些小型展品前是很尴尬的。只有当我接受美术馆播客的采访时，我才能从容不迫地观看这些展品。

但我的不适和一般公众们相比，根本不值一提。门票在5月开始预售，第一周就全部售罄。观众蜂拥而至，安保人员只能把入场人数控制在每半小时180人，但他们无法控制参观者逗留的时间。展览开放时间延长到周日下午7点、周五和周六晚上10点（起码过去的两周都是每天晚上10点）。那些没有抢到机会入场的人该怎么办呢？一种选择是站在塞恩斯伯里门外的人行道上，顶着寒冷的天气排队，以购买当日限量的500张门票。就算在天气恶劣的一大早，专心排队的人也是不计其数。尽管伦敦天气变幻莫测，一些固执的人还是愿意接受漫长的等待。另一种选择就是去黑市，原价16英镑一张的门票已经不算便宜，但在eBay网和"抢手门票"网站上的售价甚至高达400英镑，与布鲁斯·斯普林斯汀的演唱会以及其他精彩演出"同台竞技"。

官方地讲，美术馆并没有允许倒卖门票。一位女发言人强调："对达·芬奇展览门票的二次销售已经违反了销售条款与相关条件，这些信息在门票上已经写得很清楚了。我们的网站清楚地表明，已转售的门票将被取消且不退款，持票人也将被拒绝入场。"尽管美术馆正在联系那些倒卖门票的人，要求他们立即停止这种行为，但实际上收效甚微，从未有过艺术展览能够产生如此强烈的反响，好像"莱昂纳多·达·芬奇：米兰宫廷画家"在这里参与了一次当下最受欢迎的流行事件。非官方地说，美术馆一定很满意。

从事艺术行业通常被归为少数人的追求，但事实并非如此。只是任何吸引工薪阶层群体的活动，往往被视作"大众娱乐"，而那些被视为"只

在英国国家美术馆门前排队等待参观达·芬奇展览的人

吸引中产阶级的活动"则被称作"少数人的追求",但这场数字游戏却证明了,这些依据社会阶层的假设并不成立,许多参观者显然不是艺术从业人员。

这场展览是卢克·西森的一次个人的胜利。策展成功的衡量标准之一,就是能否从国际渠道获得优质的借展品。显然,天轴厅和《最后的晚餐》两处壁画是不可能借出去展览的,但皇家艺术学院提供了《最后的晚餐》1:1比例的复制品。从1482～1499年,达·芬奇在米兰幸存下来的六幅左右的画作中,巴克卢公爵获得了八幅,这并不是一个数学错误。因为在这段时间里,达·芬奇有两幅委托在米兰创作的画作并没能交付。《纺车边的圣母》于1501年被记录在案,直到1507年才交付给弗洛里蒙德·罗伯泰特。事实上,在1499年法国逐出公爵,即达·芬奇离开米兰之前,没有确切的证据表明达·芬奇曾经见过罗伯泰特。而且奇怪的是,另一个版本也没有被记录,而这幅作品的重要性等同于巴克卢公爵所拥有的那幅——但是当时的作品账目(不是巴克卢公爵记录的)却刻意降低了

博塔费奥的宝贝？圣母子（丽塔圣母），乔瓦尼·安东尼奥·博塔费奥，1490年，布面油画，42厘米×33厘米

该幅作品的等级，其部分原因在于记录者并没有将这幅草创的画稿归到达·芬奇名下。这幅作品的匿名所有者为此感到不悦。另一幅投机取巧的、出自一位"米兰画家"的作品就是《救世主》。我们很难把《救世主》的创作年份推回到1500年以前，而且画面中织物上的伊斯兰元素也或多或少地排除了这种可能。所以最佳判断是，《救世主》可能是达·芬奇刚要准备离开米兰时创作的。

还有一些其他艺术史上的小问题。一个与《救世主》近似的、后经重新断代的案例是美术馆收藏的《圣母子与圣安妮和施洗约翰》的创作草图。多年来，人们逐渐达成了具有说服力的共识，即这幅精美的、与原作等尺幅的草图是在1507年左右完成的。大英博物馆认为这张草图的水力学研究与《莱斯特抄本》中的水利工程研究紧密相关，故认定与1507年的断代相一致。毫无疑问，展出的草稿已经是卢克馆内和馆外展览计划的一部分，而且我认为他已经由衷相信了这幅画的创作时间会更早。然而顽皮的是，展签上1499年这一日期尚未确定——直到今天，这个问题还出现在这幅草图的展签上，但在我看来，创作日期在1499年之后始终是一条关键信息。

另一个很难被多数参观者接受的怪异之处来自所谓的"丽塔圣母"，它曾属于米兰的丽塔家族，现藏于圣彼得堡的艾尔米塔什博物馆。正如我们此前看到的，地缘因素参与了判定归属的游戏。人们普遍认为，圣母哺乳的相关构想是达·芬奇的一种创新，是此画怪异的创新之一，而且在这幅画的创作过程中，最后接触这幅画的人可以追溯到乔瓦尼·安东尼奥·博塔费奥，即达·芬奇在米兰最优秀的助手。包括在伦敦展出的、出色的圣母衣服布料稿，也能够将博塔费奥的精致技法表现得淋漓尽致。然而，这幅画被认为是达·芬奇的杰作。如果我们查看图录，关于布料的研究确实被馆方列为博塔费奥的作品，但是在艾尔米塔什博物馆的研究员塔蒂亚娜·库斯托迪耶娃为这幅油画所写的条目中，却认为达·芬奇对于这幅画作的完整创作权不容置疑。这是唯一一条并非伦敦馆方所写的作品条目，但我可以想象事情的原委：艾尔米塔什博物馆的出借条件是将这幅圣母画像明确归属于达·芬奇，而且关于画作的介绍必须由其负责人亲自撰写。我对这种权宜之计非常熟悉。因为我曾经有过类似的经历，就是我们在波兰调查《美丽公主》侧面像时遭遇的那种固执的民族情结。

但这些都是吹毛求疵，它们都无法改变一个事实，即使这是一个真正意义非凡的展览，对于专家和普通观众而言，它都是有史以来值得纪念的展览之一。它让我沉迷其中，尤其是当两个版本的《岩间圣母》并肩而立的时候。

那么，《救世主》在首次公开亮相时的表现如何？在我看来，它好像已经自然地融入其中，在小小展厅里的各种作品当中，它能够带来一种独有的精神"震动"。其中的主要原因是，达·芬奇创作于 1500 年以后的那些画作这次并没有得到展出，其中著名的有《蒙娜·丽莎》和《施洗约翰》。模糊不清、难以捉摸的凝视并不是达·芬奇在米兰时期的艺术特质。以此来看，《救世主》与《蒙娜·丽莎》是一组对立面，一个唤起了人类和尘世中的自然魔力，另一个则指向了尘世之上的精神领域。

并不是所有看到《救世主》的人都能留下如此深刻的印象。德国艺术史学家弗兰克·佐尔纳出版了迄今为止最为完整的达·芬奇作品集，但他还没有给出最终定论。虽然他承认赐福手势的画法具有一种"非凡的精确性"，但也指出基督的面部特征偏长，不像是达·芬奇的画风。此外，在 2017 年版的作品集中，弗兰克·佐尔纳的质疑更加明显。查尔斯·霍普也表达了同样的怀疑，甚至更加强烈。这位最近退休的瓦尔堡研究所所长在《纽约书评》中撰文，对《救世主》和《音乐家像》提出同样的质疑，而且关于后者的看法已经被广泛接受：

在米兰安布罗西亚纳美术馆里，藏有一幅未完成的肖像画，画中一个男人手拿着一张乐谱,整个画面看起来毫无生机、卖弄技艺,甚至有点缺乏个性。这是唯一一幅被认为出自达·芬奇之手的男性肖像,但我和很多人一样,对此持保留意见。更令人怀疑的是,这幅刚刚经过清理的油画《救世主》是在私人收藏中发现的。它被记录在了17世纪中叶的印刷品中,而且人所共知,它还有其他版本存世,但是,就算忽略这幅画的保存条件带来的损害,它依然是一幅奇怪的、不起眼的作品,很难想象这种如此枯燥的东西出自达·芬奇之手。

同样的作品,却以如此不同的论述出现,任何人都会感到惊讶。

早些时候,最遗憾的否定来自卡罗·佩德莱蒂,即他在8月还没看到修复的画作时所发表的意见。那时他只看到了《救世主》的照片。佩德莱蒂在梵蒂冈报纸《罗马观察》上撰文称:

> 最近宣称的关于达·芬奇画作的新发现,已经启动了一个复杂的市场运作,它获得了专家团队的认可,建议把这幅画列为达·芬奇的真迹,并将于明年秋天在伦敦英国国家美术馆展出。唯一能够证明这种大师之作的方法,就是借助光谱仪以及实验室检测,揭示一个与画作完全不同的底层图像,但目前还没有关于检测结果的讨论;相反,支持者的论据只是一个虚无缥缈的作品来源:据说这幅《救世主》曾是英国王室收藏的一部分,位于里奇蒙德的库克收藏馆在19世纪末获得了这张画,归在了达·芬奇优秀的学生之一博塔费奥的名下,然后这幅画就在一系列时间未知的私人销售中消失了。
>
> 一个更好的、更接近于达·芬奇最终样式(合法性存疑)的版本,来自巴黎甘纳侯爵的收藏。几年前,在纽约的一场拍卖会上,甘纳侯爵的后人以几百美元的价格,将这幅画出售给了私人收藏家。正是这个版本,在20世纪80年代初由我策划的一场达·芬奇展览中,被乔安妮·斯诺-史密斯在相关专题中认定为达·芬奇的作品,然后在美国的十个博物馆巡展……艺术市场上的作品流动性很大,明智的做法是不要求新求异,就像"重新发现"的《救世主》一样,真伪有目共睹。看一下就知道。

我真希望佩德莱蒂能不急于一时，等看到修复后的画面再做判断，因为，他当时看到的绝不是《救世主》的最佳状态。而甘纳这幅作品属于比较成功的仿制品，它曾于 1999 年在苏富比拍卖行以 33.25 万英镑的价格售出。卡罗似乎非常坚定地认为这一件就是原作，至少达·芬奇参与了创作。我以为他还能改变主意，但他好像并没有这个意向。

2012 年下半年，当《救世主》在得克萨斯州达拉斯艺术博物馆进行检测时，馆方表现出了购买的意愿，但伦敦英国国家美术馆宣布该画不会立即出售，我猜测英国国家美术馆可能会在市场上出售它。据说这幅画价值 2 亿美元。达拉斯博物馆新上任的、雄心勃勃的馆长麦克斯韦·安德森希望当地的重要赞助人能为这项收购提供资金，但他的愿望没能实现。

在接下来的一年里，《救世主》确实被售出。买家是德米特里·雷波诺列夫——一位极其富有的俄罗斯人，他正在低调地组建庞大的收藏，他还收购了摩纳哥足球俱乐部，使其从他的巨大购买力中获益。雷波诺列夫的昂贵的大师收藏让人印象深刻，包括图卢兹 – 劳特累克、高更、克利姆特、毕加索、莫迪利亚尼、马格里特、罗斯科……

代表雷波诺列夫家族基金会进行收购的经纪人是伊夫·鲍威尔，被称作瑞士的"自由港之王"，他从世界各地节税的仓储设施中赚取大笔资金。据说仅在日内瓦，他在自由港仓库中就藏有价值 1000 亿美元的作品。他利用自己的人脉和职权去发掘那些可能在私下出售的艺术品，或是从所有者手中撬出商品——其实就是一名经销商。而雷波诺列夫最昂贵的一笔收购，可能就是斥资 1.275 亿美元向鲍威尔购买了达·芬奇的作品，苏富比公司曾在这场与鲍威尔有关的交易中担任代理。

对于这位俄罗斯人来说，《救世主》非常具有吸引力。雷波诺列夫早先收集过一些东正教的圣像画，不难看出，俄罗斯的宗教图像中那些相当传统的、正面表现的神圣形象，与《救世主》的传统构图和精神力量产生了强烈的共鸣。

然而，事情并不像这位收藏家想的那样简单。他之前已经向鲍威尔支付了 1.18 亿美元，购买了莫迪利亚尼的经典裸体画《倚着蓝色靠垫的裸女》，不过后来，他偶然发现鲍威尔只花了 9300 万美元就获得了此画，从中赚取了 2500 万美元的可观利润。达·芬奇作品的实际加价更是接近 5000 万美元，虽然鲍威尔和雷波诺列夫没有签订正式的合同，但鲍威尔抽取的金额实在出乎意料，让人难以接受。鲍威尔声称自己只是做了一个买方和卖方该做的事，这个价格是根据市场的承受力决定的，但雷波诺列夫还是在摩纳哥提起了刑事诉讼，并且安排与鲍威尔会面。实际上，"自由港之王"见到的却是八名警察，并因欺诈和洗钱罪被逮捕，保释金定为 1000 万美元。与此同时，据说鲍威尔卖给雷波诺列夫的毕加索作品也在调查中，毕加索的继女声称，其实有两幅油画和大约 58 幅素描都是从她的一个受托基金机构盗出的。这个故事还远远没有结束。

艺术市场就是一个不受管制的丛林，甚至比出价高昂的足球运动员的流动市场还要不可控。钱的多少并没有多大的不同，心怀鬼胎的经销商就像足球运动员的经纪人，但也存在差异。不少艺术市场上的领军人物很会利用他们的"绅士"地位，有时还会加上贵族家庭背景、上层阶级的翩翩风度，为自己的形象加分。拍卖行业尤其喜欢这种做派，所以很难从外表判断哪些是诚实的经纪人，哪些是市场的操纵者。罗伯特·西蒙和伊夫·鲍威尔的运作模式几乎没什么不同。我想罗伯特在与鲍威尔交易时做得很好，而且他也应该这样做。

回顾《救世主》与比安卡·斯福尔扎肖像在归属判定中的不同命运，一些明确的教训还是要吸取。首先就是艺术作品如何进入学术和公共领域。罗伯特悄悄地把《救世主》介绍给了一批精明的专家，而且重要的是，鉴于艺术界常有的空子，他们能够在三年内维持自己的判断。所以当这幅画公之于众时，就会有一大群具有影响力的声音来支持这幅画。相反，如果被新闻界钻了空子，就像比安卡肖像一样，专业评论家就会对眼前的作品抱有偏见。我很遗憾，没能对《美丽公主》出现的时间和方式产生更大的影响。

作品在哪里首次亮相也很关键——是在伦敦英国国家美术馆展出，还是在瑞典华丽的商业展览上首次亮相，将从根本上影响人们对它的看法。一幅作品一旦进入商业或半商业性的展览，尤其是在相对次要的地点亮相，它就越来越不可能受到主流公共博物馆的欢迎，并指责它处在"交易中"。

作品的所有者也会起到一定的作用。一方面，《救世主》的所有者们巧妙地玩弄手段，以此传递一种态度：面对达·芬奇的杰作，他们想做正确的事，并且很希望这幅画能够进入公共收藏。另一方面，彼得·西尔弗曼在艺术界已经是一个显赫的人物，他通过一系列投机性的收购，成功地获得了未经鉴定的高质量艺术品。在他的相关"发现"中，还有一个疑似米开朗琪罗的耶稣受难像，并将其慷慨地捐赠给了卢浮宫。他拥有一双人们俗称的"好眼睛"。所以我相信，长远来看，他对比安卡·斯福尔扎肖像的直觉是能够得到证实的，但不幸的是，他关于所有权的声明变化多端，即使是出于善意，也很难赢得信任，并让他经常受到媒体的批评。

还有一个重要的影响因素是，人们已经知道达·芬奇创作了一幅《救世主》（不一定是完全出自达·芬奇之手），得益于已有相关草图、霍拉尔的版画以及仿制品存世。然而，比安卡的侧面像直接来自一本私人收藏的书籍，并且被藏匿在波兰图书馆几个世纪，罕有人知。事实上，与《救世主》相比，我们更了解这幅肖像的诞生环境——只是此前没人能想象会出现一幅由达·芬奇用墨水和色粉绘制的侧面像，相反的是，我们十分清楚达·芬奇的《救世主》应该如何呈现。

如果在首次公开亮相之前，鲍威尔在《救世主》交易中的那些混乱销售和转售行为就已被曝光的话，它在公众心目中的分量会降低吗？事实证明，这一过程确实混乱异常。2016年11月，《纽约时报》的一篇文章报道了这幅画作交易的最新进展：三位"艺术商人"（罗伯特·西蒙、沃伦·阿德尔森和亚历山大·帕里什）困惑地发现，这幅画被鲍威尔以4750万美元的加价"倒卖"。那么，苏富比拍卖行是这次转售的知情方吗？拍卖行声称自己没有采取先发制人的法律行动来阻止这些"商人们"提起诉讼。然而，据透露，在为鲍威尔安排的首次销售中，苏富比拍卖行得到了300万美元的好处。

《救世主》的所有权尘埃落定了吗？事实证明，并非如此。据说雷波诺列夫损失了一些从鲍威尔那里购买的非常昂贵的画作。令人惊讶的是，《救世主》于2017年11月15日出现在纽约佳士得的一场现代知名艺术作品的拍卖会上。拍卖商将这幅画送到香港、旧金山和伦敦进行了一轮魅力四射的市场巡演。拍卖商向我确认了我的研究结果，在征得我的同意后，录制了一段采访视频以消除新闻媒体带来的误解，前提是我没有参与实际的销售过程。

这幅画的价格从不足1亿美元缓慢攀升至4.5亿美元，打破了艺术品售价的世界纪录，随之而来的是震耳欲聋的欢呼。我被要求我发表评论的媒体所包围。三周后，报道被传开了：两位沙特王子中的一位买走了这幅作品，佳士得就此宣布，《救世主》已经被阿布扎比文化旅游部购藏，将放在阿布扎比的卢浮宫新馆——令人瞩目的新世界博物馆，在那里，它将与达·芬奇的《美丽的费隆尼耶》会面。我希望《救世主》有朝一日能够出现在公众视野。

与此同时，罗伯特·西蒙、玛格丽特·达利瓦尔和我准备出版一本关于《救世主》的书，开篇就是以罗伯特对它的发现、保护和研究的详细、生动故事。无论《救世主》的所有权多么变幻莫测，能参与达·芬奇"新作"的面世都是一种莫大的荣幸。

第八章　科学与视觉

用 X 射线检测画作的方式最早出现在 1895 年，就在威廉·伦琴偶然发现 X 射线技术后不久。当时，一些有先见的艺术史家很快意识到，他们可以利用这项技术来发现老大师们隐藏在画作中的"秘密"——绘画过程中想法的转变和舍弃。意大利语中描述这种转变的词"pentimenti"带有"后悔"的意思。艺术家们会因为这些"秘密"被发现而高兴吗？不得而知。不过，学者和公众当然是高兴的。

我曾致力于成为一名科学家，因此，我对艺术作品的科学检测一直十分关注。然而，这样的关注点在艺术界并不普遍。至少在我参与的关于作品真实性的争论中，评论者很少会充分地讨论相关的科学性证据，甚至经常避而不谈。这类证据与其他证据一样，需要批判性地看待，绝不应该被驳回或忽视，而且它们在艺术史研究中的地位亟待阐明。

在格拉斯哥做青年讲师的时候，我第一次参与了画作的 X 射线检测。我从 1966 年到 1981 年担任的工作，其中包括亨特利亚美术馆的名誉助理保管员，负责策展。美术馆丰富的油画、印刷品和素描藏品均来自威廉·亨特博士。亨特博士既是乔治三世王后的助产士，也是皇家艺术学院初建时的第一位解剖学教授。当时我正在从事 18 世纪法国艺术方面的研究，并有了一些小的出版成果，在里奇蒙德教授和大学艺术收藏的管理员安德鲁·麦克拉伦·杨的鼓励下，我开始留意亨特利亚美术馆购买

达·芬奇年轻时的古怪野心：康乃馨圣母，约1470年，木板油画，62厘米×47.5厘米

的精美的夏尔丹画作。

　　安德鲁很有个性。他高大、喧闹、邋里邋遢，身上总有一种刺激性的顺百利雪茄气味，并带着一种适合以酒为喻的气质，即俗话说的"总能在聚会中发现潜藏的好威士忌"。他宣称自己的使命是"激发年轻人"，灵感源于一系列杂乱无章的演讲，内容则来自一本破旧的笔记，却总能从中见出一些新鲜的看法，所以他很受学生欢迎。安德鲁学识渊博，虽然做事有点杂乱无章，但招募了一批相当有能力的工作人员。在现代研究领域，他几乎没有发表过任何值得评价的作品，编辑的詹姆斯·麦克尼尔·惠斯勒的作品集也是在他去世后才出版的。出于安慰，格拉斯哥大学给了他一个文学硕士学位，因为他在第二次世界大战期间错失了这个机会。在当今的学术界，不会再有位置提供给古怪的人了，像安德鲁这样的人很难得到一个大学的职位。1975年，安德鲁因心脏病发作离世，当时他正在皇家美术学院参加一场透纳的大型展览，这是艺术史上最高等级的退场。

　　在让－巴蒂斯特－西梅翁·夏尔丹的三幅油画中，有两幅仆人主题的小画——《酒窖中的男仆》与《洗碗碟的女佣》，还有一幅尺幅更大的画作，描绘的是中产阶级生活中的《品茶淑女》。我不记得起因是什么，但我们决定用医疗设备对这些画作进行X射线检测，就在大学主楼山下的西医院。在一个病人离开后，这些画被搬了进来。在《酒窖中的男仆》中，男仆的身体与头部出现了一些底稿上的痕迹——这位年轻的男仆最初应该是将酒杯举到眼前，正在检测葡萄酒的成色。虽然是一小小的发现，但带给了我莫大的快乐。

　　《品茶淑女》随后也被送去修复，它被交给了爱丁堡苏格兰国家美术馆的哈里·伍尔福德和他的学徒约翰·迪克。他们来到格拉斯哥，检测这幅画并带走了它。哈里来自一所传统的学校。他身材高大，爱穿粗花呢大衣，为人温和而幽默，曾经以画家为目标进行学习和接受训练。

他是一个敏感而理智的人工修复师，而且在接触"病患"之前不喜欢看X射线检测结果，也不喜欢在画面中有目的地去寻找"线索"，而是想让图像告诉他需要做什么。其非常年轻的学徒约翰则给人一种完全相反的印象，他瘦小、黝黑而谨慎，总是跟在哈里身后，但他后来在《纺车边的圣母》的故事中扮演了重要的角色。

而《品茶淑女》被换了"衬里"，也就是说，画作后面有一块新的画布，用来支撑夏尔丹的原画布。哈利和约翰以外科手术的方式移除了添加的画布，然后发现夏尔丹在原画布背面留有一句题款：这幅画作于1735年2月。这很好，因为能够确定这幅画比之前推测创作时间还要早。虽然这是一个很小的发现，但足以鼓励我与博物馆和美术馆的修复人员进一步合作。后来，我们在国家美术馆为高年级学生举办了一场研讨会，其间，约翰和馆方负责人对他们的研究及技术性的发现做了深入的讲解。这个高年级班级也成为我教过的最好的。

第一幅接受X射线检查的达·芬奇绘画应该是吉涅弗拉·德·本奇肖像，当时属于维也纳利希特斯坦王子的收藏。德国艺术历史学家埃米尔·莫勒在1921年借助医用X射线设备，对这幅画进行了检测。莫勒是第一个发现画中指纹的人。1967年，在吉涅弗拉·德·本奇肖像被华盛顿特区的国家美术馆收购前后，进一步接受了一系列X射线和其他方法的检测。在每一代科学技术的检测下，达·芬奇非同寻常的技艺都能引起不断的关注。

对吉涅弗拉·德·本奇肖像的检测硕果累累，包括发现了更多的指纹和手印、明显的底稿以及达·芬奇把草稿转移到画板上时留下的点状痕迹。这个转印方法是沿着等尺寸草稿中的主要轮廓刺破或"猛扎"出小孔，然后将黑炭粉喷到其中来进行的。当时，我正在华盛顿的一个修复工作室里工作，联邦调查局的特工们（当时最好的专家）重新检测了这幅画上的指纹。两个剃着平头、身穿深色西装的威严男人侦测到了一些我们没有发现的、若隐若现的指纹痕迹,因为达·芬奇灵巧的双手几乎像笔刷一样使吉涅弗拉苍白皮肤上的明暗交界处自然过渡,但联邦调查局的特工因为把宝贵的侦测时间浪费在艺术活动上而受到了上级的责骂。

紧接着,兰斯顿版《纺车边的圣母》在 1911 年接受了科学检测。首先进行的就是一项有争议的程序,即将木板上的颜料层连同一些底层涂料一同转移到画布上,当时威尔登斯坦想要让这幅画变得更畅销。莫勒报告说,这种效果"令人愉快,但有些过度修饰了,使这个新版本在很大程度上丧失原始的价值",所以他认为巴克卢版才是最初始的版本。1928 年,蒙特利尔航运巨头罗伯特·雷福德从威尔登斯坦那里购买了兰斯顿版《纺车边的圣母》,并将其寄给了维也纳的威廉·苏伊达,让他用 X 射线和紫外线对其进行研究,以期提高作品的归属地位。威尔登斯坦买下它的时候,认为作者是索多玛,他曾是拉斐尔的一位同事,也深受达·芬奇的影响。雷福德的愿望在一定程度上实现了,因为 X 射线照片首次展现出底稿的模糊痕迹。最终,苏伊达在 1931 年公布了结果,他有理有据地说明达·芬奇参与了兰斯顿版的创作,并把巴卢克版贬低为其学徒的作品。

我们已经讲过了 1992 年爱丁堡展览前后,对两幅《纺车边的圣母》相继进行检测的故事。检测的流程是先用一套设备对一幅画进行检测,再用更先进的技术对另一幅画进行检测,如此往复,就像蛙跳游戏一样。这样的检测方式凸显出作品受科学检测的困扰:当采用的技术明显不同时,不可能有效地比较两组结果。即使是相似的设备也可以进行不同的设置,从而呈现出不同的检测结果和图像效果。在主流科学界,这种缺乏匹配技术和相关协议的现象是很难让人满意的。

为了克服这种不同步,玛丽娜·华莱士和我在我们的"世界的达·芬奇"项目中设置了"达·芬奇实验室"。该实验室由特蕾莎·威尔斯发起,并且负责协调工作,旨在使用相同或功能相近的设备,在同等的条件下,尽可能多地促进达·芬奇作品的科学检测，并且坚持结果共享的原则。在欧洲委员会的资助下，在伦敦的实验室建立之后，我们又于2003年12月在巴黎设立了工作坊。我们雄心勃勃，但并非不切实际，因为达·芬奇的画作数量相对较少（如果要检测世界上所有的拉斐尔的作品，那就是一个不可行的提议了）。

我们起初以为，个别机构会秉着国际合作的精神支持这一做法，但事实并非如此简单。在大多数情况下，博物馆和美术馆相关部门的科学工作者对这个项目很感兴趣，但负责人却对项目中的信息共享持谨慎态度——好像在担心会失去自己的宝贵领地。他们建议我们将协议拟定得更加正式，附加一系列的义务和保障措施，为此，伦敦高等教育学院（在"世界的达·芬奇"项目允许的法律范围内）起草了一份冗长而复杂的"联合协议"，大约有15页。每个参与的组织将派出代表，组成一个"大委员会"，以便对研究项目进行监督。在这个委员会之下，还有一个艺术史家小组和一个科学家小组。对于"交付项目成果"会也有详细的规范，而且有一个最明显的好处，就是承诺退还"合理"的费用。

或许在意料之中，在"世界的达·芬奇"项目的组成机构中，实验室可能是最明显没能达到最初目标的一个。不过从长远来看，它所取得的成果要比最开始的时候多得多。

实验室最早的成果是奥皮菲西奥对兰斯顿版《纺车边的圣母》的开创性检测，以及在慕尼黑举办的一场以《康乃馨圣母》的技术性分析为主的展览。慕尼黑老绘画陈列馆是世界上伟大的美术馆之一，它与附近的杜尔纳研究所合作，采用一系列最新的手段，对这幅达·芬奇最早的、有些执拗的圣母子像进行检测，如X射线、红外反射、显微镜，以及对于颜料横截面的各种分析。发表在展览图录上的研究结果表明，达·芬奇的种种原创性探索、技术性实验，早在其作画之初就已经显现，我们观察到达·芬奇对于新材料的应用已经达到了极致，他将颜料与蛋彩以及各种各样的油结合在一起，用画笔一层层涂上轻薄的颜料，最终使得油画表面严重起皱。画面中有很多几何构造，包括在背景窗户上方的圆窗中有一些复杂的放射式线图，但这些并没有出现在最终的画面中。这项实验是为了揭示那些画家非常坚持的局部描绘——对空间、可塑的自然形态的描绘，在这里，这位年轻的艺术家会过于执着地表现真实的细节，几乎牺牲了整体效果。曾经，这幅圣母子像的作者被认定为德国艺术家老克拉纳赫，或者是韦罗基奥画派的画家，但那种古怪的野心却明确地指向了年轻的达·芬奇。

从表面上看，《纺车边的圣母》和慕尼黑的圣母像是借助项目的实验室得到检测的两件作品。因为我们的检测工作面临一个严重的障碍，即大多数博物馆和美术馆都认为他们既不需要外部机构的支援，也不需要引进其他设备。伦敦英国国家美术馆表示，其工作人员具备检测工作所需要的一切设备和专业知识。然后，大约在2007年，我接到一个电话，说英国国家美术馆的工作室已经引进了INOVA（位于佛罗伦萨的国家应用光学研究所）的扫描仪，并在达·芬奇大展的筹备阶段用它扫描了《岩间圣母》。这是帮助奥皮菲西奥取得过有效进展的一种设备，它能够提供一个与作品等大、无须拼贴的高清红外反射图像。这次检测也收获颇丰。

我们很清楚，在1483年，达·芬奇为米兰的大型祭坛做的装饰工作是一项多么艰难的委托。这幅画本来可能是为剧团设计的，但在1494年，卢多维科·斯福尔扎将这幅画（卢浮宫的版本）送给比安卡·玛利亚·斯福尔扎，作为她与神圣罗马皇帝马克西米利安的结婚礼物。这催促着行动缓慢的达·芬奇尽快完成这项委托。我们知道，伦敦版《岩间圣母》的最终目的是装饰在祭坛画的中心。与上一个版本相比，这件作品的改动相对较少。然而，扫描图像依然揭示出了一个存在很大差异的底稿。我们可以看到有一只很大的左手，手指位于圣母的鼻子、下巴、脖子和肩膀处。在圣母光环的右上方，有一只很容易辨认的眼睛，还有一些依

《岩间圣母》中圣母头部的红外反射图像

稀可辨的面部轮廓。美术馆的工作人员将这些痕迹和其他底稿的笔迹拼凑在一起，勾勒出一个不完整的跪着的圣母轮廓，比画面中的形象要大得多。可以看出，圣母的姿势曾不止一次地出现在达·芬奇的草稿当中，同时还有在圣母面前玩耍的孩子们。而且在这幅底稿中，圣母的眼睛、面孔以及姿势与1497年前后，达·芬奇在《最后的晚餐》中描绘的圣腓力非常相似。

对于第二版的《岩间圣母》，达·芬奇的创造力蠢蠢欲动，考虑对构图进行彻底的修改。然后，出于一种反常的务实意识，他又决定与至

终于交付的第二版本：岩间圣母，约1491/1492~1499年及1506~1508年，白杨木板油画，189.5厘米×120厘米

少一名助手合作完成，为委托方提供与第一个版本相似的作品。即便如此，伦敦的这幅画进度也很慢，直到 1508 年，也就是达·芬奇签署最初的委托合同的 25 年后，这幅画才诞生。

卢浮宫对于达·芬奇实验室项目也是犹豫不决。历任负责人们都避开了清理达·芬奇画作的工作，主要是因为这项工作太容易引起公众的愤怒。《圣母子与圣安妮》是最适合进行修复的作品，因为画作表面斑驳的亮光漆已经变色，修复过的部分也已经变暗。在 20 世纪 90 年代，我曾在馆内看到工作人员对画作的天空区域进行了清理测试，但是新浮现的鲜艳蓝色阻碍了负责人的脚步，被清理过的部分又一次得到重绘。

渐渐地，情况出现了好转，主要是响应卢浮宫对达·芬奇作品所展开的科学检测行动。在法国博物馆研究与修复中心（C2RMF），一名正在执行这项任务的工作人员私下告诉特蕾莎·威尔斯："如果没有你们（达·芬奇实验室），这些事情都不会展开。"尽管他们所做的事情，即使是非官方的工作，也并不在我们的计划范围内。

随后，修复《圣母子与圣安妮》的计划再次启动，卢浮宫在 2010 年春天的一个周末展开了讨论与磋商。星期六，他们安排了一个由全球达·芬奇研究者参加的研讨会，一同检验迄今为止的检测成果。达·芬奇作品被摆放在方形展厅中的画架上，并且去除了画框。值得一提的是，在这个在法国举办的活动中，被邀请的发言者需用自己的母语讨论问题。为此，这种多语种的讨论变得很复杂，但相关专家们都分享了他们检测达·芬奇及其追随者的绘画作品的经验。

星期天，卢浮宫的大讲堂内举行了一个公共活动——在大舞台上设立了一个演讲小组，向公众简述我们所讨论的内容。很明显，这是一个为了下一步修复《圣母子与圣安妮》而提前进行的"安抚"工作，而且卢浮宫希望公众能够看到馆方与外界广泛协商的态度。

不出所料，任何清理达·芬奇画作的计划都会遭到反对。其中，执着的反对者之一是雅克·弗兰克。他巧妙地宣称,达·芬奇著名的晕染效果是通过点彩手法来实现的,这些点微乎其微,很难被检测出来,达·芬奇将其称为"微点法"。他表示,达·芬奇的画作表面过于脆弱,以至于是"不可修复的"。尽管达·芬奇肯定会用一些细小、精微的笔触来创造一种经过糅合的肉色色调,但高分辨率的扫描图像并没有揭示出雅克宣称的那种细微的点画法。雅克曾被称作"像达·芬奇那样作画的人",但当他自己尝试用"微点法"来重现达·芬奇笔下人物肌肤难以捉摸的柔和色调时,得到的效果却像是20世纪30～40年代电影明星照片上的那种灰蒙蒙的柔焦效果。

我们可能会察觉到,在众多讨论中,达·芬奇晕染法的重要性被夸大了。它已经被视为达·芬奇"柔和"或"烟熏"效果形成的关键,也是他绘画技法的标志性特征,但实际上,"晕染法"是一个后来的术语。达·芬奇曾在许多地方谈过这种柔化效果(sfumose/sfumate/sfumato),而且大力倡导"明暗交界处应该进行雾化的处理",但他却不提倡将晕染法作为自己艺术创作的某种秘密,甚至把它当作一个特殊术语。达·芬奇对晕染法的使用与琴尼诺·琴尼尼的两次介绍没有本质上的不同。在1400年左右问世的《艺术之书》中,琴尼诺·琴尼尼认为阴影经过柔化处理,像是"一团朦胧的烟雾"。虽然晕染法作为一个简洁的术语足以描述达·芬奇笔下的明暗融合效果,但它的真实地位并不高。

后来,《圣母子与圣安妮》还是得到了修复,并于2012年在文森特·德莱文策划的精彩展览"圣安妮:莱奥纳多·达·芬奇的终极杰作"上闪亮登场。卢浮宫宣布:

> 在C2RMF(法国博物馆研究与修复中心)的帮助下,莱奥纳多·达·芬奇的杰作《圣母子与圣安妮》已经完成修复,成为这次特殊展览的主角,这次展览首次将所有留存的相关作品汇集起来……构思设计、预备草图、风景研究和伦敦英国国家美术馆所藏的大量草稿,这些作品是在艺术家去世后的

首次齐聚，希望能够呈现达·芬奇漫长的沉思，揭示其应对方案的内在延续性。

修复报告表明，去除画作表面的污垢、变色的亮光漆和斑点状的修复痕迹依然是比较保守的，并没有将画面完全恢复至"初始"的样子。最有问题的区域是圣母的蓝色裙子，其中明亮的天青石颜料使得原本用来表现褶皱的阴影开始"脱色"。虽然画作表面明显留下了一层薄薄的旧亮光漆，可以缓和这些明亮而平面化的蓝色区域，但它仍然让人感到不安。总体而言，修复的成果是相当可观的，但是任何一幅饱经沧桑的画作的修复都涉及一些困难的选择和妥协，而且难免会受到"我们设想的这幅画的样子"的制约。修复前后的差异非常明显（见后两页图）。

无法使每个人都满意。专家咨询委员会的两名资深成员已经辞职了。不出所料，最具攻击性的评论来自英国的"艺术观察"。他们在网站上写道：

上周的巴黎让人惊叹：博物馆的绘画修复工作已成为一台赚钱的机器，艺术的分量却没有增加。卢浮宫最新修复的达·芬奇的《圣母子与圣安妮》再次亮相"圣安妮：莱奥纳多·达·芬奇的终极杰作"的系列开幕式，这一时髦的"展览–庆典"由意大利时装公司萨尔瓦托·菲拉格慕赞助（其 2012 年的时装秀将在卢浮宫内举行）。

鉴于机械复制图像的色彩和色调的千变万化，使用前后对比的照片进行细致比较是非常不可靠的，但"艺术观察"却认为卢浮宫的修复师们改变了画作的基本样貌。在其网站上，他们谴责"修复工作使得《圣母子与圣安妮》愈发背离原貌，画面上漂浮不定、突兀、显眼的天青石色布料，早已不是原初的表现"。修复后的《圣母子与圣安妮》确实令人震惊，就像清理后的《最后的晚餐》一样，但我们会感到震惊，大部分是因为我们习惯看到达·芬奇笔下的暗部表现都是乌黑不清、半明半暗的，从未想过会有一种明亮的柔和效果。而达·芬奇对暗部色彩特性的个人看法却更倾向后者，而非前者。我仍然对人们未来将如何定义"正

修复之前：圣母子与圣安妮，约1503年，木板油画，168厘米×112厘米

第八章　科学与视觉 • 221

修复之后：圣母子与圣安妮

确的行为"而感到紧张。

  与此同时，欧洲的一项举措或多或少地实现了达·芬奇实验室的初衷。在一项获得欧盟大笔资金赞助的名为"文化遗产高级研究基础建设——保护/修复的多学科协同办法（CHARISMA）"计划的支持下，成立了一个由修复师和科学检测专家组成的联盟。虽然名字比较烦琐，但事实证明这是一项杰出的举措。

  CHARISMA计划的其中一个工作坊是专为达·芬奇开设的，于2012年1月13日～14日由伦敦英国国家美术馆发起。工作坊活动当天人山人海，包括很多直接参与达·芬奇相关工作的重要的馆方负责人和修复师等，这是我参加过的优秀的活动之一。到场人员对丰富的新证据展开讨论，十分具有合作精神。特蕾莎绘声绘色地讲述了《纺车边的圣母》的修复史和科学检测工作；戴安娜·德怀尔·莫德斯提尼第一次向公众介绍了《救世主》的相关研究；文森特及其同事则介绍了卢浮宫的《岩间圣母》，并指出天使明显伸出的右手是后来添加在达·芬奇的设计上的。此外，还有很多有趣的东西。[1]

  2014年3月5日～6日，我应邀参加了在佛罗伦萨圣阿波罗尼亚修道院举办的最后一场CHARISMA计划的活动。圣阿波罗尼亚修道院因安德里亚·德·卡斯塔尼奥创作的《最后的晚餐》而闻名，达·芬奇还曾仔细地观察过它。讲堂位于老教堂的主体建筑内。建筑尽头的高处是私密的长廊，修女们可以从那里观看宗教仪式，而我们信仰的是科学应用于艺术。我分享的内容是前一年我作为访问教授在普林斯顿所做的一次演讲的补充版。这是我在处理一系列艺术历史问题（尤其是归属问题）时，首次尝试系统地去确定不同类型证据的分量，而且我谈论的主要研究案例也与达·芬奇绘画的科学检测相关。

---

[1] 相关文章在2014年的巴黎发表，载C2RMF的迈克尔·曼组编《莱奥纳多·达·芬奇的技术实践》。

我越来越关注经自己过目的艺术品混乱的归属问题，以及科学证据在其中发挥的作用。在判断作者是谁、做了什么以及什么时候做的等问题上，人们几乎没有或根本没有意识到各种证据的分量和效力。因没有公认的方法而众说纷纭。鉴赏力应该成为主导吗？科学是决定性的吗？文献资料是否胜过其他类型的证据？来源是关键吗？艺术界的各个部门就是这样以完全不同的标准和偏好工作着，不管在过去还是现在。

对于几个世纪前的绘画来说，形成没有时间间隔、不确定要素和矛盾的连贯证据链是十分罕见的。在达·芬奇的所有画作中，只有《最后的晚餐》在历史上有连贯的记录，但即使在这种情况下，正如我们所看到的，分辨眼前画面是否属于原貌依然非常困难。关于《蒙娜·丽莎》画面人物的身份争论表明，哪怕是再严密的证据体系，也永远有可能被重新定义——在达·芬奇逝世之后，"她"的出处刚好留出足够的时间间隔让投机者自由发挥。没有一个新出现的达·芬奇作品会有着连贯的历史记录，也不存在很可能具有决定性的单一证据，尽管会有反向的证据直接否定作品。我的研究目的是衡量不同类型、功能证据之间的互相关系，以此得出一个合理的历史判断过程。

这次的演讲后来被发表在艺术品鉴网上，这是海牙的米尔科·登·莱乌设立的国际倡议平台，旨在帮助混乱的私人艺术品鉴定建立公共秩序。2014年5月，我还在《艺术报》发表了上述观点的简化版本，提出用"眼睛的判断"取代"鉴赏力"的说法：

> 对作品的归属判断技术是以特殊的方式形成的。首先是鉴赏力，正如18世纪初乔纳森·理查森定义的那样。然后在19世纪后期，莫雷利勇敢地尝试在判断的基础上进行视觉比较，艺术史家们像犯罪现场中的侦探一样，调查着艺术家双手的活动迹象。而科学检验，包括对射线的使用，则出现在19世纪后期，于20世纪20年代中期开始被频繁使用。随后又出现了各种材料分析、光学、化学、红外反射成像和各种扫描技

术，使成像的精确度不断提高。大家可能会觉得，我们现在已经有了一些方法，可以通过证据间的相互关系并将其置于各种艺术—历史分析的语境下，衡量各种证据所占的分量。很可惜，我们没有。一方面，我们好像拥有"硬"科学带来的无可辩驳的数据，但另一方面，鉴赏力又显得高高在上。这是一种错误的二分法。如果我们用"眼睛的判断"取代"鉴赏力"这一负载过重的说法，就能明白其中缘由。面对 X 射线或红外反射图带来的难以捕捉的视觉信息，肉眼判断会开始发挥主要作用，而这种判断是由解释这些复杂图像的专家所主导的。通常，我们会看到一张不太清晰的 X 射线照片或反射图，然后听到那句"如您所见……"。即便我们并没有真的"看见"，也很可能会表示同意。这就是我的牙医给我看蛀牙的 X 射线照片时我的反应。

在观察电脑生成的遥远星系图像或者乳腺肿瘤的 X 射线成像时，眼睛的判断工作不亚于审查艺术品的视觉证据。眼睛的判断包含了各种因素：身体的、心理的、认知的、个人的和环境的，它们都干预并指导着我们的观看行为。

我们认为，最可靠的视觉判断方法其实建立于一系列假设之上，即艺术作品在制作和观看中什么才是重要的。这绝对不是一件简单的、一拍即合的事情。因为那些我们所认为的在艺术中具有重要意义的东西，背后往往隐藏着复杂的因果关系，甚至比解释一场车祸还要复杂，这是我在很多场合使用过的一个例子。

让我们想象一下，一辆汽车在弯道滑出湿滑的路面，然后撞到了一棵树，车子被撞坏了。不同部门人开始介入这次车祸的调查：最重要的（至少在经济上）是保险公司的代表，他们会想办法找到不予赔款的理由，比如注意到其中一个轮胎的胎面花纹已经低于法定限度，这成为车祸的原因，驾驶员的保险索赔无效；一位地方当局的道路工程师指出，弯道处的路面有向错误方向倾斜的迹象，对于任何经过这处弯道的车辆来说，这棵树都非常碍事;气象学家解释说,几分钟前有一场轻微的阵雨,因为两周都没有下雨了,所以道路变得异常湿滑;精神病理学家称司机过于冒险,以非常危险的速度驾驶车辆;而司机本人则说有只猫突然从车前经过,他必须急刹车……诸如此类。此外,还有一系列更为常识性的原因,例如车轮是圆的、速度很快,汽油和空气混合会发生爆炸等。[2] 上面关于事故的解释没有一个是完全错误的,但也没有一个能够单独成立。所有原因汇集在一起才造成了整个事故,而每个观察者都根据自己的立场而选择了不同类型的证据,并做出了自己的判断。

如果我们把"观察者立场"这一概念引入艺术作品中,就会发现两者存在诸多可比之处。比如关注艺术社会学的人会对艺术品所引发的经济效益和带来的社会信息等感兴趣,达·芬奇遗失的壁画《安吉亚里之战》就非常适合这种分析。一个女权主义者可能会把注意力集中在对性别问题的处理上,比如为了迎合男性的窥视欲而表现的裸体女性形象,我们可能会联想到遗失的《丽达与天鹅》。图像学者可能会在文本提供的语境下,对一幅画的象征性、寓言性内容进行深入分析,比如《救世主》。而风格学家则会把一件作品置于风格发展的庞大序列当中,卢浮宫后来对馆藏的《圣母子与圣安妮》的断代在很大程度上就是取决于风格因素。专著作者会把每一件作品都看作是艺术家个人创作和原创性的体现。鉴赏家会强调这幅画的美学要素。收藏者,甚至是博物馆负责人,会对自己的藏品感到骄傲,眼中的画作也自然会带有特殊的光环(比如彼得·西尔弗曼在看他购买的侧面像时,就很难抵御这种看法)。拍卖师或经销商会抓住那些最能促进交易的作品特征。修复师会关心作品的现状,密切关注那些丑陋的重绘部分。揭示出画作表象背后"秘密"的科学检测师,重在强调画作的诞生过程。第一个发现一幅作品以及对此发表重要研究

---

[2] 在海牙的会议由梅赛德斯赞助。巧合的是,我的演讲中因为侧滑而被撞坏的汽车恰好是一辆宝马,会场还有梅赛德斯的高层参加。所以我调侃,梅赛德斯就不会像那样偏离道路。

的人，列举出最能支持其归属的证据；反对者则不会放过证据中的任何漏洞。而媒体只会努力去寻找"故事"。

这并不是说每个观察者一定会漠视其他人强调的视觉特质，每个人都可以养成不同的观察模式，而一种模式并不一定比另一种要正确，因为每个观察角度都会受到当事人的想象、兴趣和观察技巧的影响。

简而言之，正如我上文提到的，我们看到什么并不是随心所欲的。在车祸的例子中，看到汽车前部被压坏的每个人都知道发生了事故，然而，这些人做出的解释会受到自身追求的目标的影响。判断作品的归属问题也是一样，我们相信的因果关系或逻辑，会影响对于关键信息的判断。

在面对不同种类的证据——艺术史与科学检验——的时候，我会努力进行两类测试。第一类涉及科学哲学中所谓的"可证伪性"。意思是，如果一个理论确实能够站得住脚，那么它同样能够以一种"可以被证明是错误的方式"来表述，即一个观点如果也能够被证明是错误的，那么它才是一个清晰的、成熟的观点。它表明，这种"正确"只是暂时的。以归属判定为例：一幅声称是文艺复兴时期的绘画，若使用了镉黄颜料，那么这幅画不可能来自文艺复兴时期，因为镉黄颜料是19世纪才出现的。如果我们发现使用的颜料是铅锡黄，起码可以说该幅作品的年代与文艺复兴时期一致，但它并不能作为断代的绝对证据，因为一个有见识的伪造者完全有可能在画中使用铅锡黄。在对达·芬奇（以及更广泛的人文学科）的研究中，有许多观点并不能得到系统的验证，比如有人声称《蒙娜·丽莎》描绘的是乌尔比诺的一位妓女。如果"证据"本身不能被证明是错误的话，那么这个理论就无法判断是对或错，它只是一个似是而非或者根本不合理的假设。

第二类测试涉及我在第三章对于《蒙娜·丽莎》的讨论，我在其中提到了对于奥卡姆剃刀理论的看法，它是一种"简约法则"，这种法则认为推测成分最少、与最契合证据链的假设——比如最直接的假设——

往往是更好的选择。当一个假设需要太多值得商榷的、不可验证的理论支撑时，那么应该怀疑的是这个假设本身。一个很好的例子是，哥白尼曾对"为挽救托勒密宇宙学体系而诞生的愈发复杂的作用机制"提出了挑战，因为在这个体系中，所有的天体都以地球为中心旋转。而哥白尼却一反传统，将太阳放在中心位置，这种解释要直接得多。最简约的解释不一定是对的，但这是推进研究唯一的系统的方法。

我们使用的各种论据可被分为两类：建设性的和宽容性的。一个建设性的论据对于特定归属判定有着积极的补充作用，而宽容性的论据只是不会对这一判断造成阻碍。这两种论据在判断归属的过程中经常混淆，甚至合并起来使用。

我们先要看看一幅经过科学分析的作品有哪些特质，很明显，支撑它的大部分证据都是"宽容性的"。画作的保存条件（经历过重绘等）、背景材质、使用的颜料和黏合剂等，这些证据能让我们评估一幅画不可能是什么样子的，但是它们远远不能证明这幅画出自哪一位特定的艺术家之手。

在达·芬奇的案例中，画家非同寻常的手法对于作品的判定就起到很大作用——即使不是决定性的证据。达·芬奇用铅白（有时是其他色）浅浅地在底稿上作画的方法并没有被广泛应用，此外，他把铅白直接用在没有石膏作底的木板上，这是他的一种怪癖。同样，如果我们能从底稿和颜料的早期涂层中，发现现达·芬奇独有的颠覆性想法，就能够为在归属判定中提供有力的证据。除此之外，他用手去融合皮肤色调的技法，也是其一大个人特质，尽管不是绝对。

如果我们真的从科学检测本身来看，会发现判断归属方面最有说服力的证据，正是那些最需要用眼睛进行判断的信息。多光谱扫描能为我们带来大量的数据，尤其是隐藏在表面下的信息，但它有两个主要问题：首先，我们不清楚不同波长的光是如何与颜料和黏合剂发生相互作用的，这极大增加了理解扫描图像的难度；其次，不同颜料层/涂层的数据是混合在一张图里的，很难区分开。虽然 X 射线成像没有那么复杂，但它也会有不同层次数据叠加的问题。

这种分析颜料和黏合剂的各种光学与物理方法，在判断达·芬奇是否是某件作品的绘制者时，只能提供"宽容性的"而非积极的"建设性的"证据。而针对有机材料的碳-14 断代法，尤其是对于画板的检测，则被称作"游戏规则的改变者"，它只能提供某种可能性，但是因为无法缩小年代范围，只能提供有限的支持。以后或许会出现更精确、更具有决定性的"司法鉴定"技术，如 DNA 分析。这样画家留在画板上的指纹也许会比作画方式更有用。

回到传统的艺术史领域，我们接触到的证据大约有三类。在判断作品归属时，能够提供最确切说法的一类证据就是来自"眼睛的判断"——从我们对作品的整体印象到细节特征，如笔触、对眼睛的个性表现等。长期的经验告诉我们，视觉判断是很重要的，但我们也需要谨慎对待，因为我们的观看是会被引导的。比如，因为吉涅弗拉·德·本奇的肖像画一直被认为是达·芬奇所作，我们就自然接受了这一"奇怪"的作品。

与作品"创作背景"相关的证据也有很多，一些来自作者的艺术生涯，一些来自更广的领域。我把这些证据叫作"轨道因素"。比较幸运的是，在达·芬奇的研究中，我们能够看到达·芬奇所有的笔记，尤其是那些研究"观看的科学"的手稿。那些归属得到肯定的作品不仅符合轨道环境，还能够丰富我们对艺术家成就的认识。同时还会有"外部因素"，即不属于标准艺术史证据的因素。服装史研究就是一个例子，它在确定《美丽公主》的年代、画中人物身份和创作者上发挥了重要的作用。

当然，我们也可以借助大量的基础文献证据，如契约、书信、备忘录等。一部作品的流传史和来源至关重要。清单记录对于追溯这段历史非常有用，但是记录者只是为了注明各个条目，而不是给历史学家提供完备的信息。所以对于历史学家来说最理想的情况是,基础文献能够与作品的流传过程相互印证,但这种情况在老大师们的独立绘画中十分罕见,流传过程中的细小偏差都有可能引起很大怀疑。

最后,我在论文中得出了以下结论:对归属的判定在本质上是一个混合的过程,使用的论据在方法上是"不能比较"[3]的;眼睛的判断很容易受各种偏好的影响,而且只能够利用外部因素对其进行证伪;视觉技术,无论是"艺术史的"还是"科学的",在鉴定过程中最能提供确切说法的是那些最容易受影响的。最后想要强调的是,我们应该努力去判断各种证据和论点的实际分量,而不要过度强调某一种,甚至使其占据垄断地位。我们应该永远对自己视觉的可塑性保持警惕,对于有针对性地影响我们视觉判断的各种个人因素和环境因素保持警惕。最重要的是,在观察中我们应该始终保持一种谦虚而谨慎的态度。

《蒙娜·丽莎》的科学检测就很能说明上述这些方法的问题。帕斯卡·柯特的这一近期工作同时展现出科学观察带来的惊喜和面临的困境。他的 LAM(分层放大技术)能够进行最先进的多光谱扫描分析,扫描技术的终极目标是将每一层很薄的颜料和底稿的相应数据单独分离出来,帕斯卡正朝着这一方向英勇前进。

帕斯卡·柯特的相机能够收集 13 个不同光谱带的数据,范围涵盖可见光谱以及红外线与紫外线间的所有区域。当帕斯卡得到允许去检测《蒙娜·丽莎》时,他收集了大约 32 亿比特的数据,其中包括对于画作表面和更深的颜料层的扫描。光的波长越长,穿透力就越强。红外波段的光比可见光更具有穿透力。紫外线则能提取画作的表面图像,尤其是后世添加的部分。不同的颜料和黏合剂根据被光穿透的程度,形成不同层次的图像。

---

3 在此,"不能比较",意为证据间缺乏共同的比较条件或"衡量标准",不能进行直接比较或方法上的调和。

帕斯卡·柯特：《蒙娜·丽莎》的六张的LAM技术成像

为了解释这些数据，帕斯卡使用了现代信号处理方法，类似于应用在模糊的闭路电视图像的方法，以便追踪银行劫匪的数据。这些技术使用算法来识别可能被图像主要特征掩盖的细节。

在帕斯卡看来，我们能看到的就是"真实的"。对于现实中的图像来说没有问题，但我们不能说所看到的图像就是达·芬奇画作完成前的"真实"图像。因为扫描图像提取的是不同厚度、颜料密度和类型的涂层，其中可能受到不同程度的损坏、开裂和修复层的影响。一些丽莎头部的LAM图像加深了明暗对比，其中明亮的部分使用铅白较多，暗的部分主要在于用棕色来表现的皮肤阴影，集中于脸颊两侧。丽莎的面部外轮廓好像受到挤压，在向现在的轮廓内部移动。

帕斯卡的图像很有说服力，展现出达·芬奇在绘制过程中是如何掌控他的构想的。画中人物的服饰其实是经过明显调整的，但无论我们怎么看，都无法在《蒙娜·丽莎》的画面下方看到种种画作的完成版本。在最初的平面草图上，我们得到一些新的证据，以证明达·芬奇的创作过程很流畅。不同的想法来来去去，转瞬即逝，是典型的达·芬奇式做派，而且贯穿其实验性创作的每一个阶段——从起稿、铺底到上色。

帕斯卡和我能在得到的出色图像上看到截然不同的东西，这凸显了一种原则，即任何证据——无论是科学证据还是其他证据，只有经过阐释的过程才能获得意义。无论我们如何将"观看"付诸技术，到最后，眼睛的判断仍然起着决定性作用。科学能提供给我们的仅仅是相关问题的框架，而问题的答案的获得还需依赖于我们寻找的特定目标。

在艺术界，人们对待科学检测的态度经历了一次转变——从不加批判的接受（"因为是科学，所以肯定是正确的"）到彻头彻尾的贬低，认为应该用"一双经验丰富的眼睛"取而代之。这一立场的转变与评论者从事的专业密切相关。在这些人中，最受欢迎的是那些受雇于机构或私人的科学检测专家，他们多数拥有科学和技术领域的专业背景，却没有艺术实践经验，但是，他们的专业知识可能会导致过度看重自己的发现，而忽略其他类型的历史证据。多年来，在主要的艺术机构中，文物保护部门的负责人开始热情地将科学检测列为最重要的技术支持，虽然他们可能非常清楚，当检测结果与其他类型的证据相悖时，局面会相当紧张。

拍卖商和经销商也越来越认可科学检测，将其视作证明在售艺术品价值的一种手段。当证据表明一件不起眼的"仿制品"实际上是一件昂贵的"原作"时，检测就非常有意义；相反，当检测结果不太有利时，有时就会销声匿迹。提供科学检测的私人公司可能会签署保密协议，以免产生负面作用。在商业界，鉴赏力一直享有很高的特权，经过科学检查的作品比例远远低于博物馆和美术馆。拍卖商和经销商的行事风格更偏向鉴赏家的感性判断，而科学检测向来处在边缘位置。不过最近，在发生了多起高价出售伪造品的惨痛案件之后，业界的关注点开始发生明显转移。[4]

在艺术新闻和网络中，很多人却开始公开仇视科学检测，在他们眼里，快评、故事和引发轰动才是主旋律。而在博物馆和美术馆，科学检测分析绝大部分是为了配合画面的清理工作，因此那些反对现代修复计划的人认为，科学正在严重阻碍恢复"原貌"。我能够理解这种观点，因为在观看《最后的晚餐》的修复过程时深有体会。因此，我希望单纯为了发现作品创作过程、历史变化而进行的科学检测，能够始终和实际的修复工作保持一定距离。

而现代学者们的立场是什么呢？他们通常没有立场。其首要任务是揭示作品的社会背景、意义和接受过程，这是当前艺术史研究的主旋律，而科学检测显得非常边缘化。我恰恰认为这是被误导的，举个例子，两

---

[4] 而这种变化的标志性事件，是苏富比宣布正在组建一个科学研究部门。

个主要版本的《纺车边的圣母》的历史情况信息主要来自红外反射成像技术的成果，它能够告诉我们关于工作室中小型宗教画订件生产的大量信息，但现实是，即使学者们在一个重要的艺术史部门任职，参加了一整年的研讨会，却见不到一张 X 射线或红外反射图像，也接触不到任何颜料分析的相关数据。

从这一系列的事态转变来看，正如那些一直在重复的、被视为"有效"的知识，在很大程度上取决于知识的来源，以及发布者的专业视角和立场。纵观全局，在现代艺术史界，远远不止"两种文化"。

第九章　古抄本与计算机

西雅图艺术博物馆坐落于第一大道，它的对面是一家著名的俱乐部（现在是一家精品酒店）。舞女们不会错过营销的机会，会在自己的透光板上为两个特别的节目做广告："莱奥纳多多多多……"（我忘了有多少个"多"字）和"古抄本本本本……"（同上）。

1997～1998年的冬天，俱乐部对面正好举办了一场比尔·盖茨收藏的《莱斯特抄本》展览，全称是"《莱斯特抄本》与达·芬奇的艺术与科学遗产"。手抄本本身就巧妙地展现出其同时代追随者、后世的老大师及当代艺术家对达·芬奇艺术的敬意。西雅图艺术博物馆馆长是米米·盖茨，她既是著名的亚洲艺术专家，也是比尔·盖茨的父亲威廉·亨利·盖茨的妻子。微软公司其中一个主要的办公大楼设在贝尔维尤，与西雅图一湖之隔，因此这次展览是一场当地的家族活动，其中有两位艺术史和数字文化史上的大人物参与。

贝尔维尤是比尔·盖茨另一家公司"考比斯"的所在地，该公司正在组建一个巨大的视觉图像档案，仅供授权使用。此外，考比斯公司最近还制作了一张高规格的莱奥纳多·达·芬奇光盘，我是这一项目的顾问和部分内容的作者，这是我参与的为数不多的涉及达·芬奇"计算机化"的项目之一。这一项目并不是为了建立达·芬奇作品和图像的数据库（尽管它们可能很有用），而是考虑到他所处时代的媒介有限，这种做法可

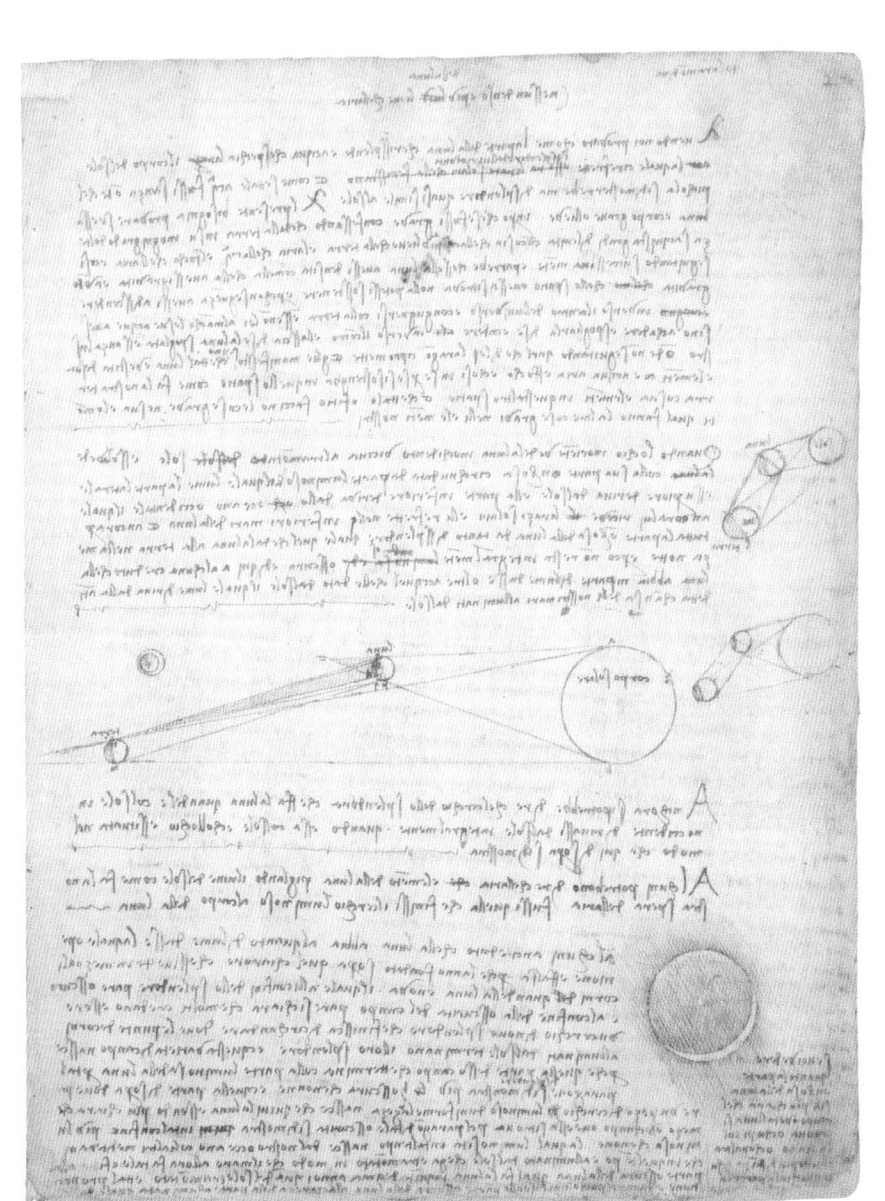

关于月亮照明研究，莱斯特抄本，约1506～1508年

以满足达·芬奇遥不可及的图像愿望。我强烈地感受到，达·芬奇的思想和作品中有一种"非线性"的特质，他展现出一种惊人的流动性，一举跨越了我们对于精神和视觉边界的固有认知，因此在数字化环境中，这种特质能够得到最有效的展现。而我的目标就是在计算机屏幕上，重现达·芬奇的这种流动性特质。

在我看来，达·芬奇是希望他的手稿进行动态展现的，当你看到他的作品，就能直接感受到。他开创了一种"头脑风暴"式的线描模式，用迅速的"涂鸦"展现出运动中的物体的一系列位置变化。达·芬奇还始终坚持，画家所达到的流畅程度，能与诗人一较高下：

你可曾思考过，诗人在创作时，总是不想删掉一些句子，以便在此基础上，进一步提升诗歌的韵味。而画家在描绘人物的时候，会大概确定四肢的位置，然后表现的是人物在画面叙事中的精神特质，而不是关注四肢的完整性和美感。你要明白，如果这样一幅草图就已经符合你的意图，那么等你进一步完善它，并将其融入画面后，结果会更加令人满意。我过去还在云中或墙上看到过色彩的痕迹，它们激发了我在很多方面的美妙创造。

我们在观看达·芬奇描绘的动态素描时，会忍不住把它们看成是模糊的连续性动作。在他之前，从来没有人这样来表现，但是，我们是否受到现在视觉习惯的影响？显然，我们无法具备文艺复兴时期的眼光，我认为，无论在过去还是现在，从视觉感知的角度看，我们不可能不被画面中的动态所吸引，只是看到马腿和马头的一系列位置变化而已。我觉得运动感是不可抗拒的。达·芬奇也意识到，我们能够将一种强有力的图像投射到画家随手勾画的草图上，而这些并不是艺术家有意识地控制的，而是属于一种视觉上的偶然。

我逐渐发现，"连续值"的概念是达·芬奇"空间中的运动"思想的核心。他始终相信，"运动的动作是无限的"。这是因为空间中没有单独的点，几何的点本身没有维度。当我们需要捕捉并记录运动中的某个物体时，我们所描绘的静止瞬间是人为的，因为"运动发生在空间当中，这个空间将会是一个连续值，而每一个连续值都是可以无限分割的"。一个"连续值"就像一条线或一个平面（或空间本身），是无法被分割成离散的部分的。这种迷人的连续性来自几何学，而演算才是用单独的数字来缓慢进行的。因此，达·芬奇将几何学视为数学的最高分支。

　　在这种运动的"连续值"中，达·芬奇展现出同一事物在不同位置的连续性。他强调："同样的动作会展现出自身无穷无尽的变化，因为这个动作可以在无穷无尽的位置上被看到。这些位置带有连续值……所以从各种角度看，人的每一个行为本身是无限的。"在达·芬奇的手稿中，尤其是那些与雕塑相关的，经常从多个角度去描绘同一种结构，这些角度有时候会带有明显的连续性。达·芬奇对于"运动物体的无限位置""观看它们的无限角度"的看法完全是影视化的。他清楚地意识到自己心爱的绘画必须将动作和视角固定下来。正是为了突破这两种因素的限制，我才提议让达·芬奇的手稿和理念以动态形式展现出来。

　　达·芬奇致力于按照自然的运行规律以及人对自然的看法来进行再现。我们可能认为他是试图以"摄影"般的视角来看待自然的，但其实不然。摄影记录了自然的种种影响，而达·芬奇却试图从根本上创造这些影响。

　　计算机辅助设计（CAD）程序可以从构建空间的三个轴开始，自下而上地建构图像，这种方式基本与文艺复兴时期相同。身体在空间中被构建成"线网"框架，在一个或多个预设光源的光影之中，于表面渲染相应的颜色和肌理。当我们从一个特定的角度来看物体时，电脑屏幕就充当了距画面最近的平面。这种合成过程和文艺复兴时期艺术家的工作十分类似。不同之处在于，现代CAD图像可以在空间中任意旋转，与达·芬奇的无限视点相呼应，而图像中的组件（如人的手臂或腿）被设置在一系列连续的位置上，以这样的方式适时观察，就能够顺着达·芬奇的"连

运动起来：马的动态研究，约1503年，纸本，墨水笔、粉笔，15.3厘米×14.2厘米

续值"产生一种运动中的错觉。

我并不是想要展现达·芬奇"超前地"认识到影像或者 CAD 技术。相反，我在努力使他留下的这份遗产与现代技术展开创造性的对话，以此展示其探索和记录空间运动的独特方式。

我第一次尝试建立这样的对话是在 1989 年，当时在伦敦海沃德美术馆举办了一场名为"莱奥纳多·达·芬奇：艺术家、科学家与发明家"的展览。这场展览的赞助商是计算机巨头 IBM（国际商业机器公司）。因展览所需的创新性设计而和 IBM 展开了愉快的合作。虽然我认为达·芬奇的计算机化是美术馆向 IBM 进行推介的一部分，但总的来说，展览赞助商在展览中发挥积极作用，这样已经很好了。

我的想法包括两个方面：第一，借助计算机动画凸显达·芬奇的创造性表现和流动性的可视化过程；第二，利用编程，展现相关物理过程的规律，如水的流动，或者流体运动系统的分支现象，然后运行这些程序，与达·芬奇的结果进行比较。我们向 IBM 研究中心的工作人员解释说，我们希望将达·芬奇的一些想法以计算机动画的形式呈现出来。起初，他们以为这不会占用自己太多的时间和资源。实际上，我们计划的这项工作让 IBM 团队感到非常艰难，不过他们努力造就了当时最先进的计算机图形学。

在我的合作者菲利普·斯特德曼[1]的帮助下，我简述了五种可以在海沃德美术馆展览上用计算机建立模型的达·芬奇的理念。第一，展示由五种独特的规则固体（或称作"柏拉图固体"）组成的、出色的雕塑类作品，它的每一个面都是相同的规则多边形。第二，简要演示《最后的晚餐》的空间透视，这样我们就可以看到画面"上层"的空间是如何使餐厅的真实空间得以扩展。第三，展示达·芬奇对光影细致、系统的阐

---

1 菲利普是一名建筑师，他于 1979 年出版的《设计的革命：建筑的生物类推与艺术运用》深受达·芬奇思想的启发。

述。第四，由于各种原因，最终不得不用图形动画代替计算机建模来呈现达·芬奇关于"分支规律"的创见。第五，我们选择了达·芬奇在15世纪90年代为中心式教堂所做的设计，因为它是几何排列的奇迹，已经趋向了当时技术的极限。这些工作让我们觉得完成了一项崭新的、有意义的工作——达·芬奇会为此而感到高兴的。

达·芬奇计算机化的首次实践，激发了我展开类似工作的兴趣。在一段时间后，我很高兴考比斯公司又找到我，向我咨询以《莱斯特抄本》为基础开发光盘的可能性。

之所以被称作《莱斯特抄本》，是因为它是在1719年由第一任莱斯特伯爵托马斯·科克在意大利的旅行中买回来的，而且当他还在意大利的时候，就制作了一份更为清晰的摹本。后来，托马斯·科克就去诺福克建造了候克汉厅，作为他气派的乡间别墅。最初的手抄本由18张双页纸（36张折页，共72页）组成，即一张叠在另一张里面，后来又装订了一个纸板封面，日期未知。《莱斯特抄本》的主题是探讨水在地球上的作用——当时的水利工程师和地质学先驱对此都很感兴趣，所以手抄本有很多准确记录的文本。

20世纪70年代，候克汉庄园的托管人需要筹集资金，于是他决定出售手抄本。1980年12月，手抄本在佳士得进行拍卖，并以512万美元的价格售出。在卡罗·佩德莱蒂的建议下，美国商人兼艺术收藏家、西方石油公司总裁兼董事长阿尔芒·哈默成为新的买主。在20世纪初，哈默是一名医生，后来逐渐与列宁时代的苏联建立起贸易关系，获利颇丰。

20世纪30年代，当哈默在纽约时，与曾在普林斯顿大学学习艺术史的兄弟维克多开设了一家艺术画廊。1971年，他还收购了久负盛名的国际艺术经销商诺德勒画廊。他依靠自己的财力进行大量的收藏工作，侧中于印象派和后印象派的绘画作品，以及许多品质参差不齐、流转信息不明的俄罗斯艺术作品，当然，还有在富人收藏中不可或缺的老大师

"不像"老大师的手稿:《莱斯特抄本》中的双页纸,第6页左,第31页右

作品,其中有两幅伦勃朗的作品,且相当不错,还有大量杜米埃的讽刺画。此外,哈默还得到了一个重要艺术收藏机构的"遗赠",其中包括达·芬奇的画作,以求保证它们传承永续。

购买《莱斯特抄本》后,哈默和佩德莱蒂准备将其拆分,理由是它本质上就是一系列独立的页面。这样,手抄本就可以以一系列单独装订的双面纸进行展示,每张四页,就像昆虫收藏家钉在木板上的16只蝴蝶一样。此外,《莱斯特抄本》还被堂而皇之地改名为《哈默抄本》。[2]

为了形成一本图录,卡罗将这些页面进行了混乱的编号,并且附有一份新的复制品。达·芬奇的双页叠法——在折叠纸张前插入另一页纸——并不是常规的装订方式,而且他肯定没有完全遵循从第一张对页

---

2 我在加利福尼亚见过哈默一次。在我的印象里,他自负傲慢,希望每个人都崇拜他、附和他。而且他负责管理藏品的手下似乎害怕说出自己的判断。

纸（第一右页）到最后一张对页纸的装订顺序，反之亦然。即便如此，违反达·芬奇偏爱的编号顺序，并不影响手抄本的真实性和内容。因此，哈默的手抄本的好处是能够随时参加展览，尽管它并不属于老大师的那类引人瞩目的手稿。手抄本的每一页都密密麻麻地排列着上千个难以辨认的镜像文字，边缘通常还附有技术性的小插图。它在巡回展览中吸引了大量的参观者，达·芬奇的作品展向来如此，但我不知道其中有多少人能够真的看懂。

哈默的手抄本最终被加利福尼亚大学购藏，却陷入了与哈默家族的法律纠纷。为了筹集资金，加利福尼亚大学宣布在佳士得拍卖该手抄本。比尔·盖茨以3080万美元的高价购得——几乎是哈默当初收购价格的六倍，而且据说他为拿下这件拍品而准备的资金还要多。比尔·盖茨决定恢复《莱斯特抄本》的历史定名，这是一个喜讯。毫无疑问，它表明盖茨对达·芬奇抱有深深的敬意，也十分愿意将那些禁锢在令人费解的页面中的思想财富和图像与更多的人分享。从这个层面来说，比尔·盖茨的表现与哈默截然不同。我不能说自己很了解盖茨，但我与他有过几次接触。他给人的印象是，虽然知道自己处在非凡的位置上，但却尽力过着平凡的生活。他有着活跃而广博的思维，会被任何他感兴趣的事物所吸引，这就需要在相对较短的时间内从事许多不同的事情。在这一方面，盖茨是否与达·芬奇有着几分相似？

负责我计划的手抄本光盘项目的，是考比斯公司的科提斯·王。科提斯非常擅长数据的可视化，他能以清晰的方式展现复杂的事物。他在1980年第一次看到了手抄本，而现在则希望借助光盘让任何人都有机会看到它。考比斯公司已经发布了许多类似的产品，毫无疑问，这家公司正在设立行业标准，发展前景让人期待。我们在伦敦会面，经过讨论后制订了一个计划，即力图以手抄本为中心，围绕达·芬奇的"全能"进行动态探索。

这一项目的核心目标,是让手抄本的每一页都能面向公众开放浏览。这个目标可以借助一种"代码探测窗口"得到实现,它是科提斯的一项标志性发明,也是其才华的重要体现。其中,一个方形窗口可以在每一张页面上移动,而且可以同时执行三项任务:一是翻转达·芬奇的镜面书写,使之更易阅读;二是呈现更清晰的图像;三是翻译文本。把这三项任务放在同一个窗口当中,需要项目设计者具备很强的创造力。这个"代码探测窗口"运作良好,很有可能成为任何想要掌握达·芬奇笔法的人的学习工具。这很有趣。屏幕当中的每一页抄本都有相应链接,指向当页的各种注释和图解。比如,第一页中的注释解释了为什么月球会亮度不均匀:月球不是一个光滑的、如镜面的球体,它的表面崎岖不平,还有起伏的月海。因此,它所反射的一部分太阳光会分散或者削弱,这就是为什么月球的光芒会相对微弱。

为了进一步展示手抄本的内容,我们借助动画来帮助观众理解达·芬奇试图展现的种种构想。它们比海沃德美术馆展览当中的设计更简洁、更生动。其中有一项的效果极佳:地球围绕太阳旋转,月球围绕地球旋转,展现出太阳光的直射和反射以及由此产生的阴影(见下页图)。然而,达·芬奇笔下极其复杂的、对急速水流的研究,用动画根本无法呈现。所以考比斯公司委托华盛顿大学的哈里斯水力学实验室,复原了达·芬奇对于水动力的观察和实验,并将整个过程录制成CD。值得注意的是,达·芬奇500年前的观察结果同样经得起现代实验的验证。对我来说,这就是我一直坚持的初衷。

这张光盘于1996年开始销售,虽然人们对它的评价都不错,但可惜时机不对——这种高水准的光盘当时显然不是一个好的商机。

因为制作这张光盘的初衷是提供线上教育性内容,而不仅仅是在笔记本电脑的侧面插入一张闪亮的光盘,所以,光盘的生产和销售很快就停止了,逐渐淡出了公共市场,但这项工作的"后续生命"很有意义,

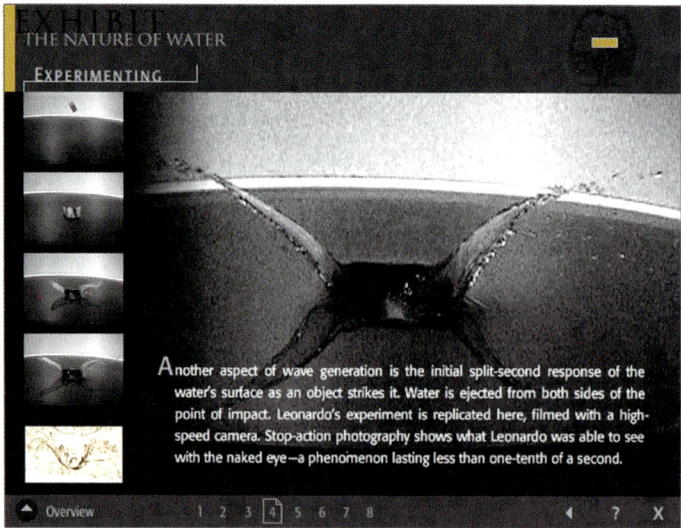

上图：《莱奥纳多·达·芬奇》光盘中的"代码探测窗口"以及"神庙美术馆"
下图：水花飞溅！

比如展览：比尔把手抄本的折页借给从世界各地精选出的场馆，每个场馆都为此制订了相应的展览计划，并且配合着艺术性、科学性和技术性的展示，纽约自然历史博物馆真的用水制作了一些巧妙的水动力演示，"代码探测窗口"对于这些演示设计起到了很大的帮助。

十多年后，这个项目居然再次启动了。这一次的新想法（还是由科提斯·王提出的）是创建一个网站，对我们已经完成的工作进行扩展和更新。该网站以经过转录、翻译后的全新版本的手抄本为基础，辅以非常有用的注释帮助理解——卡罗·佩德莱蒂为哈默制作的只是一个昂贵的摹本，所以还有很多的基础工作需要完成。我建议聘用多年前结识的多梅尼科·劳伦扎，当时他正在研究达·芬奇的解剖图。他翻译了英国所有关于达·芬奇以及其"圈子"的手稿（藏在温莎的除外）。³

多梅尼科和我因为合作而被捆绑在一起，开始"攀登"达·芬奇这座艺术高峰，探索"高峰"的岩石峭壁、隐蔽的角落和缝隙、随着时间的推移而沉积的岩层，此外，还有湍急的水流及其形态的转变、突发的强光、陡直的峭壁，以及震撼人心的视野——这些不仅是隐喻，也是现实。在开始的时候，我觉得自己对手抄本已经相当熟悉，但事实证明并非如此。

我们特别关心这些折页的编辑方式，尤其是每一张纸上的文字和插图的顺序，以及它们后来是如何组合成交叉装订的抄本的，这触及达·芬奇工作的核心。多梅尼科指出，虽然外侧七页纸涉及太阳、月球和地球之间的光线传递，以及更普遍的关于宇宙学与地球物质的研究，但这些内容与手抄本主要探讨的水的研究，从源头上存在着差异——虽然这一部分将月球视作有着海洋与陆地的类地球行星，能够在主题上与前文联系起来。只有深入达·芬奇所使用原语言，才能理解他真正想要表达的东西。他所讨论的地质问题，之前只在拉丁语文本中有所提及，而意大

---

3 多梅尼科与我的一位优秀的研究生朱丽亚娜·巴龙共同完成了《大不列颠收藏：达·芬奇及其圈子的手稿》，于 2011 年出版。

利语文本中鲜见。多梅尼科对达·芬奇与古代和中世纪作家的关系进行了清晰的梳理,这几乎都是达·芬奇的功劳。虽然这些都是学术性的细节和技术问题,但它们为我们得出更大的结论奠定了重要基础。

达·芬奇在地球历史研究上的智慧,还展现在他的思辨能力中。他最直接的证据来自对化石层的观察,它证明了埋藏在地层中的贝壳类生物在漫长的历史阶段中,会在不同的生物群落中繁衍生息,而《圣经》里短暂的洪水是不可能造成这种结果的。达·芬奇认为,这些变化不仅是当地水位变化的结果,而且会伴随着地壳的剧烈运动,乃至崩塌。这意味着不规则的陆地以及部分被水环绕的地区会在全球范围内不断发生变化。他甚至推测直布罗陀海峡会不断扩张,连地中海最终都会消失,而成为尼罗河的延伸。虽然我以前读过各种各样的文本,但只有在整体性的视野下,对手抄本展开细致的审阅,达·芬奇的宏大图景才能在我的脑海当中展开。

多年来,当我在各种出版物上看到《蒙娜·丽莎》时,脑海中浮现的正是这种图景。在更详细地翻看了我早期著作中关于小宇宙的重要论述后,我意识到早期的翻译错失了很多重要的意涵,整篇文章都对达·芬奇想要表达的东西做出了不同的解释。在此,可以将多梅尼科和我早先翻译的相关文本进行比较,我并不会觉得丢脸,因为这反而是有益的:

在一个既没有感性生物和植物,也没有理性生物的地方,什么都不会生长。鸟类每年都会生长和更换羽毛;动物每年都会生长和更换毛发,除了狮子和猫的胡须之类;地上的草、树上的叶子每年也都会生长和凋落。所以可以说,地球有着促使万物生长的灵魂。土壤是它的肉体;那些形成山脉的岩石构架是它的骨头;凝灰岩(一种多孔的石灰岩)是它的软骨;流水是它的血液,其中,海洋是流经它的心脏的大量血液。它的呼吸节奏和血液流速都跟随着地球的脉动——海洋的潮起潮落——而变化。在大地下方涌动的火为世界的灵魂带来温度,每个生长的灵魂的根基就是火,它通过浴场、硫矿等在大地上呼吸，就像在西西里的埃特纳火山和很多其他地方一样。

达·芬奇不仅是在描述细节，而是描绘了一幅生动的、富有生机的、统一的画面，展现出他所谓的万物"焕发生机"——无论它强大还是微弱。地球上的一切事物都被赋予生命的精神和灵魂（无论是动物、植物，还是人类），但是它们在整体上，又带有一种远远超出人类应对能力的破坏力。死亡和灾难总是存在于地球上的生命中。

我们再看丽莎背后的风景，对生命与死亡、出生与衰竭的认识——正如达·芬奇在"伟大的女士"笔记中神秘讨论的——就会更为深入与迫切，远远超出小宇宙的哲学细节。山脉隐隐的不稳定性、右侧湖泊的危险水位，都揭示出被水环绕的土地不会永久存在。再一次，我们可以说，达·芬奇画的绝不仅仅是一幅肖像画。

2011年夏天，我和多梅尼科已经完成了对手抄本全部的转录和翻译工作，但紧接着就是一个爆炸性消息：12月，整个项目将会被暂且搁置。因为比尔·盖茨重新审视了优先处理的工作，决定把重心放在更紧迫的问题上。面对比尔和梅琳达在健康及教育方面的慈善活动，我们很难再去争取优先建立达·芬奇网站一事。无论如何，这于我们而言是一个打击，但是大家一致认为，我们应该完成新版本的工作，而且我们会去探索一种新的方式，使我们的工作进入公众视野。[4]

我们回到正题。在回顾我们尽量逐字逐句翻译的译文时，我突然想到，用更现代的语言进行全文释义可能会对读者有更大的帮助。我开始着手这项工作，不过我大大低估了这项工作的难度和耗时程度，但我深信这项工作是有意义的，它将会成为这一"同类型中最完整的一版手抄本"里很有价值的一部分。多年来，比尔·盖茨一直在推进公众对手抄本的

---

[4] 其中一种选择是，我们可以与牛津大学出版社合作出版一系列丛书，以此展现抄本的内容，我们也正在做这件事，并且准备发行电子本。

理解，让我们有动力做出长期的努力，这对于在现代学术界任职的研究者来说极为罕见。

在我们的工作过程中，多梅尼科还研究了意大利人所说的"手抄本的命运"。人们普遍认为，达·芬奇在科学和技术类手稿中的惊人创新，直到几个世纪后才被重新发现。这给了科学史家们一个借口，将达·芬奇从传统的科学研究者当中除名。然而，多梅尼科利用工程学和地质学的技术，追踪到了手抄本的所有者身份，他不屈不挠地调查，至少发现了五份完整的摹本和三份有删节的摹本。在一次激动人心的候克汉厅之行中，我们看到了一件非常精致的摹本，带有优美的插图，这是托马斯·科克在拿着手抄本返回前在意大利制作的摹本。而多梅尼科能够证明，在17～19世纪这段时间里，手抄本及一系列清晰的摹本在地质科学的剧烈改革中发挥过积极作用。佛罗伦萨、罗马、那不勒斯、伦敦和魏玛的读者可以在特定的场所研究这一抄本。一路走来，多梅尼科发现了大量的证据，足以证明达·芬奇科学研究的整体影响力超出任何人的想象。[5]

最好的总是在最后，至少，我们把达·芬奇的手稿的形式和内容全都带入公众生活。我总是犹豫不决，考虑是否要将计算机图形和达·芬奇的手稿并置。可以想象，这种反差会太过明显。然而，当时在科斯格罗夫·霍尔制作公司工作的动画师兼导演史蒂夫·马赫尔用才华征服了我。

在2006年，维多利亚与艾尔伯特博物馆举办了一场"莱奥纳多·达·芬奇：经验、实验与设计"展览，目的是使展览中的一些关键手稿动起来。见面后，我和史蒂夫立即达成某种共识。他很高兴接受将手稿动画化的挑战，并且借助手稿中的图形语言完成这项工作，达·芬奇笔下的那种

---

5 另一个值得注意的数字化计划，即第四章讨论的"世界的达·芬奇"项目的目标之一，是创建一个达·芬奇的网站。这是一个综合性的可靠的网络资源，可以及时纠正网上那些不准确的垃圾信息。这项工作是由我和中央圣马丁艺术学院的玛丽娜·华莱士创办的一家独立公司阿尔塔克承担的。我们从2000年开始制作，最终在2006年推出。在写作本书的时候，它也发挥了很大的作用，尽管网站内容需要更新，但我相信它仍是全网最好的达·芬奇教育性网站。

特殊线条、加重阴影的手法，以及呈现其思想的方式，都在页面上变得清晰可见。

我们确定了八个动画序列，但在这里我仅仅介绍其中一个，它的基础图像是达·芬奇为了解释文本而快速地用小笔（墨水笔）所描画的人体动态，线条简洁而准确，极为生动。这些都是他准备在《论绘画》当中展示的主要形象。这些墨水小人动作各异，如站、坐、走、跑、停、爬、抬、扛、推、拉、挖、锤、扔……有时候还会在同一个页面上进行动画展示。

在此，选择展示一个我最喜欢的案例：温莎的一份双页光学研究手稿，上面有五个连续的小人。一个拇指大小的人正在锤或者砍东西。在"A"点，他把沉重的工具举到背后，然后向前迈了一大步，踮起脚尖尽可能地伸展自己，接着，他猛地将工具打到地上。他的惯性让身体收缩成了一个蜷缩的蹲姿，位于"B"点（记住达·芬奇的镜像书写）。史蒂夫发现了很值得注意的一点，即达·芬奇能够准确无误地确定这一系列动作中的关键阶段，借助这些选取的画面，展现特定物象在时间和空间当中的流畅运动，即达·芬奇的"连续值"。最后呈现的动画展现出了想象中气喘吁吁的挥锤者。而接着的第二段动画呈现了一个爬到膝盖高的木块上的人、一个奔跑的人，以及一个正在用铁锹和镐挖东西的人。达·芬奇能够捕捉到人物在挥锤过程中的关键动态，完全是一个奇迹。

在对达·芬奇做出的所有数字化的解读中，我都在努力寻找他的工作方式中最能和计算机发生创造性交互的地方。我一直专注于视觉性的手段——虽然很多智能计算机都能做到数据库的集合和大规模的数据分析，而我认为，对于一些主题来说，发挥关键作用的核心证据仍然是视觉证据，尤其在艺术史和科学史领域，但是几乎没有对数字图像进行创造性利用。技术的发展瞬息万变，必定会为研究工作带来更多振奋人心的想法。

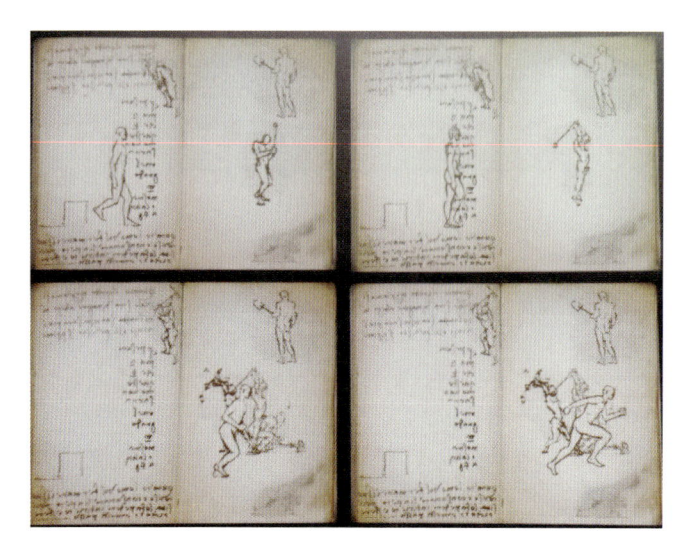

史蒂夫·马赫尔创作的"挥锤者"动画的静止画面

达·芬奇的动画：光学研究手稿（挥锤人物的细节），约1508年，纸本，红、黑粉笔，墨水，43.8厘米×32厘米

第十章　展览

策划展览总是让人兴奋，但也费时费力。它与学术之外的真实世界有着千丝万缕的联系。作为一名曲棍球运动爱好者，我向来喜欢与不同背景的人展开团队合作，他们的技能和观点与长期接触到的学术界人士有所不同。展览或许是与公众进行广泛交流的主要媒介。

但是，观众们是看不到展览背后的精心筹备和管理工作的，看到的只有一系列精美的展品，并且已经组装完成，悬挂于展墙或放置在展柜当中。此外，在良好的国际合作的表象下，隐藏着复杂的外交、筹款、投机取巧和阿谀奉承的因素。

策划展览首先要准备的是展览大纲。即使有馆长级别的人物为展览做宣传，一份详细的大纲也是必不可少的，而且需要付出很大努力使之具有说服力。展览大纲必须要清楚说明为什么展览要在特定时间、特定地点举办，它的主要卖点是什么，为什么它应该得到高度重视，它与以前的展览有什么关系，它的预期观众是谁，它的主要内容、主旨和分主题各是什么；此外，还标明了展品的数量、大小、展示需求，以及相关出版物和其他宣传媒介。

那么，展览到底推销给谁？最初，展览就是为展览机构盈利的，受益的不只是工作人员，还有机构负责人及其背后的董事会。一场展览还需要争取建立一个展览委员会。这可能需要策展人组织一场演讲，以激发展览方的热情。有时，策展人眼中那些显而易见或者确信无疑的事情，心存疑虑的馆方人员或董事会成员却未必同意。比如我之前准备的一个大纲就被批评"空无一物"。如果一项提案能解决资金和赞助问题，就

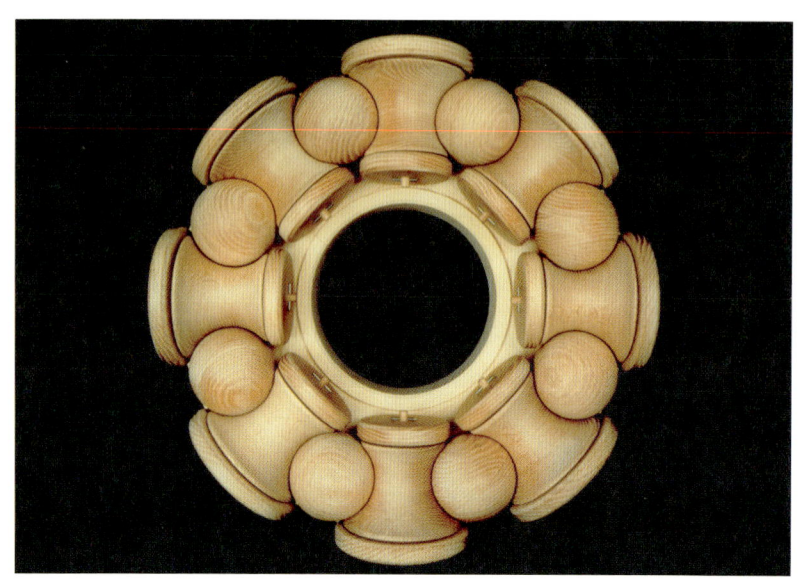

美丽的正确性：达·芬奇的环状轴承木质模型，依据《马德里抄本》第一卷，第20页左，出自"莱奥纳多·达·芬奇：艺术家、科学家与发明家"展，1989年，海沃德美术馆

能对展览产生很大的帮助。至少在达·芬奇的展览项目中，我们在任何时候都不用担心出现"谁是主角"以及"有人会感兴趣吗"等顾虑。

如果场馆问题不大，那么接下来就要计划好时间。一个真正的大型或者复杂的展览可能需要超过三年的筹备期，而不同展览在一年中与其相匹配的相应时段展出才会有最好的效果。所以在得到任何赞助、信托基金之前，就应该就资金问题得到场馆的长期承诺。这时就需要签订合同了——就我而言，会交由我的代理人卡罗琳来办理。即使有了卡罗琳的倾力相助，策展得到的报酬也从来没有高过（我曾经提议向策展人预先支付一小笔启动资金，后加门票收入的抽成，但是徒劳无获）。配合展览的出版物通常需要单独签署合同。设计师和其他受雇于场馆的工作人员，通常会比策展人获得更高的报酬。人们总认为学者不需要太高的经济回报，好像这是他们分内的事，而且很容易从中获得自我满足。

我一直认为尽早让设计师参与工作是很重要的。展览是一场视觉性的活动，它就像一出戏剧，所以展览的形式和内容都应该完全融入空间和时间当中，并且遵循所在空间的具体规划。即使如此，出于对展览预算的担忧，馆方常常会在后期才会聘请设计师，希望他们能在已经确定的策展理念上拼尽全力地工作。

我将展览策划的一个重要阶段称为"影印大厅"，即一个堆满作品影印文件的大型房间，所有可能参展的展品都需要有影印文件（之前是影印文件，现在是扫描图像），并且大量地散落在地板上，我们则从中寻找展品之间可能存在的关联。它们会被分成互相关联的小组，被不断调动，以期待形成新的组合后会发生什么。每件展品会在不同的地方，以不同的方式发挥着作用，效果有时很出色，有时差一点，既有预料之中，也有意料外。当然，我们还必须考虑作品的尺寸，但是布展中的各种步行、搬运、放置和争执都是"已知"当中的"未知"。展览的实际过程和空间因素是计算机无法模拟的，如果关联建立得当，在几年后的"终极演出"中，"影印大厅"的基本特征会依然清晰可辨。

接下来，我们需要确定展览的标题。我不记得有什么标题可以一开始就被确定了下来，尽管策展人很早就会有一些想法，即使后来放弃，也会一直存留在策展人的头脑中。正式的标题既要准确，又要通俗易懂。这并不容易，因为不同部门的人员都会有自己的想法。

在这一过程中，借展清单逐渐成形。这时策展人已经与主要的借展方有过非正式的接触，以此判断对方感兴趣的程度，如果颇有意向，就邀请"合谋"。在与借展方接触的同时，还要继续进行研究，发现新的展品——不仅对于策展人，而且对每个人而言可能都非常新颖的展品。在这一过程中，人际关系就显得至关重要，在其他方面亦是如此。然后，此前的非正式讨论会转为正式的借展申请，包括一份关于展览目的的声明和每件展品的展出目的，这时策展人便会写道："贵馆的达·芬奇藏品是这次展览完美的选择,我们不能缺少它……"

场馆的专业工作人员要处理所有烦琐的细节问题:交通、保险、安保、展示条件(尤其是温度和灯光)、摄影和图像的版权问题、宣传、媒体报道、紧急情况处理、时间安排,以及向借展方支付各项费用,如装裱、安装及借展费等。在每一个场馆的达·芬奇展览中,我们都能从英国政府的保障计划中受益,这项计划能够在不购买昂贵的商业保险的前提下,有效地保证每件展品不受损失或损害。用业内话说,预算可能要"从钉子到钉子"地考虑每件展品的专递费。而专递员通常是借展方的工作人员。理想情况下,每件展品都会按计划到达美术馆,在监督下进行开箱和安装,而且所有独立展品到达展馆的时间会有一定间隔。事实上,鉴于庞大的物流工作,一直会有同时抵达的展品积压于馆内,让人感到焦虑。有时候还需要应对一些特殊情况,我曾亲眼看到有一组手稿是在警察护送下到达场馆的。

特殊处理团队将参与开箱、悬挂,或在专递员焦躁的目光中摆放展品。此时,展品的详细情况将被记录在案,并且逐一核对,以便及时记下新的划痕或者未曾注意的瑕疵。策展团队和场馆内部工作人员(有时包括专递员)会讨论每件展品展陈的最佳位置。有时,一幅小心悬挂完成的画作,会因为摆放的其他展品而需要临时调整。画作悬挂的位置及其周围放置的展品,会从根本上影响画作的展示效果。在这个过程中,策展人也会不断地改变主意,这对操作团队的耐心是极大的考验。令人紧张的是,一些资深人物,比如负责人,可能会前来视察,指出每件展品的位置几乎都不对,但是也会不知何故,一切好像又突然各得其位了——灯光师在其中发挥了关键性的作用。

与此同时,赞助也是不得不提的一个部分。发展部的人员会去确认展览的"前景"。此前赞助过博物馆、美术馆或是特定公司的赞助商,可能会成为某个展览的绝佳选择。这时就需要至少有一位赞助方的资深人士主动将想法推介给同事们。我们不能假设所有的赞助商都有同样的需求。他们有的可能会对媒体的曝光及大量参观者感兴趣，有的可能会优先为其当下的客户举办展览活动，有的则可能会专注于几个想要拉拢的重要客户。所以，策展人最好能向潜在赞助商进行一次很有吸引力的现场演示。

同时，策展人还要撰写展签，设计内容更为丰富的展墙。接着一定会有制作图录的环节——如今，图录更像是一本用亮光纸印刷的"展览之书"，而不是对每一个展品进行详细的专业说明。我们还需要设计一本小册子，为每一位参观者提供导览。此外，还有新闻稿以及为媒体撰写的文章——可能是一个指定的媒体合作伙伴。策展人同时作为作者，一定要有足够的耐心，因为自己珍爱的文章可能会被调整，被使用在不同的语境中。而且千万不要让人听到你说"低级"一词。

完成上述工作之后，策展人还要确定展览海报和邀请函使用的文本与图片：赞助商的商标大小是否合适？邀请函的措辞是否正确，是否有喧宾夺主的内容？所有该邀请的业内人士和团体代表是否都被邀请到了？

在过去，一个长期待在象牙塔中的学者可能需要忍受整个展览当中必要的各种商业和宣传工作，尤其是当公共美术馆的资金不足时。但如今，策展已经成为一种职业，所以我们更倾向于主动筹款。其实，达·芬奇应该很能理解商业层面的需求：他是一个被雇佣的人，而且非常为自己在意大利和法国宫廷有偿工作时扮演的角色而自豪。以至于在职业生涯的最后，达·芬奇已经成为弗朗西斯一世在昂布瓦斯的宫廷的一处"景点"，吸引社会上层人士前来拜访。他十分享受声名远扬的感觉。

最后，我们终于迎来了展览的开幕。未清理完的箱子、未上漆的隔板、拖拽的电线、不起作用的灯、不受控制的显示器和丢失的展签……这些没有尽头的混乱场面好像突然有了秩序。而那些拿着油漆刷和一盒盒叮当作响工具的脾气暴躁的工作人员，也已经干完活回家了。

媒体是第一个要接待的对象。馆方负责人和策展人会向聚集的记者们致意。专栏评论员们也会到场,如果幸运的话,你还能看到一些专题作家,他们需要找到足够有吸引力的"故事",才能在艺术版面之外缘找到一席之地。理想情况下,展览方会提前预订周末的彩色副刊版面。评论员是这一圈子的一部分,他们互相之间,以及与策展人都很熟悉,其中的大多数人都尽职尽责,觉得有责任引导他们的读者参观展览。当然,总会有一两个批评——但如果一个展览得到了一位大名鼎鼎的评论家的正面评论,让我怀疑自己是不是在哪里出了问题。我们和记者们一同进入展场,说着重复过很多次的话,还要努力让它们听起来像第一次那样新鲜,这是一门艺术。有些记者准备了有理有据的问题,它们很难回答,会让人不安,但是有益的。电台和电视采访会被安排在指定的时间段。策展人需要牢牢记住:完成一个简短的新闻报道,与围绕一件展品完成一档艺术类节目截然不同(后者需要一定的媒体训练),和媒体打交道,首要的一点就是保持积极的态度而不要心存戒备。

曾经,开幕式要做得像"大爆炸"一样盛大,上层人士、绅士名媛、阿谀奉承者齐聚一堂。不仅提供葡萄酒,还会设有演讲环节(容易被一部分与会者忽视,因为我们经常会在嘈杂的声音中低声交谈)。预展的参观者很少会专心致志地看展,他们主要目的是让人看见,以及喝酒闲聊。

而如今在展前,可能会有两个甚至更多的有针对性的开幕活动,甚至持续几天。活动中,有馆方熟悉的赞助者和朋友们,也有一些艺术界人士(包括像我这样的学者)。馆方会借此寻求资金和政治上的支持,因而会特别关注大公司的首席执行官和董事们。在开幕前后,博物馆或美术馆可能已经为他们准备有专属活动。重要的是,展览的直接赞助商会受到接待,并且很可能得到邀请,参加在馆内或附近餐厅举办的晚宴。开场演讲往往过于冗长,建议还得简明扼要,同时需要一些幽默感来调节气氛。达·芬奇就发明过各种东西为高档晚宴增加乐趣,例如在白葡萄酒中放入野苹果和硫酸(一种亚硫酸盐),让酒变成红色(但他没有说明最后能不能喝）。

然后是关于展览的评论。做达·芬奇的展览有一个巨大的优势，那就是无论策展人做什么，卓越的作品都会让展览大放异彩（尽管在维多利亚与艾尔伯特博物馆展览上，有一位评论家将达·芬奇视作一个不切实际的梦想家，真正实现的设计很少）。我发现读评论是一个奇怪的客观的过程，好像它们与我所做的工作无关似的。在大多数情况下我都不能抱怨，也不曾抱怨——至少在公共场合。

我专门为达·芬奇策划过三个展览。第一个是1989年与简·罗伯茨在伦敦海沃德美术馆合作的"莱奥纳多·达·芬奇：艺术家、科学家与发明家"展；第二个是1992年在爱丁堡国家美术馆举办的备受关注的"莱奥纳多·达·芬奇：《纺车边的圣母》中的秘密"展览；第三个则是2006年在维多利亚与艾尔伯特博物馆举办的"莱奥纳多·达·芬奇：经验、实验与设计"。此外，1991～1992年的冬季，作为庆祝哥伦布发现美洲500周年纪念活动的一部分，华盛顿国家美术馆举办了大型展览"1492年前后：地理发现时代的艺术"，我负责其中的意大利文艺复兴时期的绘画、雕塑、图形和应用艺术部分的策划。

回顾过去，1989年在海沃德美术馆举办展览时，一切都比现在简单，更加纯真。在美术馆作为独立机构（最初由艺术委员会直接管理），举办达·芬奇展览的机会就出现了。当时担任艺术委员会艺术部主席的罗伊·斯特朗爵士写道："新移交的中心需要一个'重磅炸弹'，谁能比达·芬奇更合适呢？"美术馆负责人乔安娜·德鲁与我和简（简妮）·罗伯茨有过试探性的接触，简是温莎皇家图书馆印刷室的负责人，看管关于达·芬奇素描手稿的庞大收藏。

此次展览的核心是展示达·芬奇大量的素描系列。我们应该如何获得更多的绘画作品呢？美术馆没有自己的藏品，它就是德国人口中的"Kunsthalle"——一个"艺术厅"，这意味着它不可能向那些出借展品的博物馆和美术馆提供互惠的借贷项目。当时我总有一种感觉,可能那回展览只拿得到一两幅画。我们试探性地向国家美术馆提出借展《岩间圣母》的请求,毕竟距离不远。我们请求说:"需要一幅伟大的画作……能够从中见出达·芬奇的创造性构想。"这一要求并没有被立即拒绝,一位国家美术馆的工作人员上交了借展报告,但美术馆最终决定不外借。我没有那么遗憾,如果只出现一幅油画才会让人感到愧疚。

这些素描作品不仅引人入胜,还生动地呈现出达·芬奇的思维方式。虽然展览的第一部分是由简设计的,以此呈现达·芬奇主要的人生轨迹,但是这次展览应该按照主题来组织展品,而不是按照时间。如果我们能够在布展时考虑到作品之间的共鸣,就能够展现出达·芬奇艺术构想的统一性。经过坚持不懈的努力,"影印大厅"中的大部分展品的主题逐渐固定下来。第一个主题是"人类的时代",对于像达·芬奇一样,对人类生活的时间流逝有着敏锐感觉的人们来说,这是再合适不过的。这里还包括两幅描绘播种植物的素描,以补充达·芬奇对妊娠子宫的想象。这就自然过渡到围绕植物和动物的"自然世界"主题。接着是"地球与人的身体"主题,主要围绕达·芬奇关于大宇宙与小宇宙的核心概念展开。然后进入"旋涡"主题,包括心脏内的血液流动、螺旋形的布料褶皱、螺旋叶序中的叶面纹理、《丽达与天鹅》中的复杂编发、永动机以及汇聚成旋涡状的湍流。而由《大洪水》连接至下一个主题,即专门介绍"(人类与自然的)破坏力"。"艺术和想象"深深地融入具体的展示之中,因为达·芬奇对于绘画和雕塑的构想就是从思考万事万物中诞生的。最后两个主题关注的是"能够度量的双眼"和"结构与机械":前者展示了达·芬奇如何将几何光学带入自身对于基督教宇宙秩序的认识;后者则展现了达·芬奇的人体力学研究及其发明的机械装置,即通过对于神造之物的模仿与推进而创造的"第二自然"。

我们衷心希望,能够利用一切手段为参观者展示这些小型手稿。而模型就是一种有效的既定方式。我们设法借到了 14 个达·芬奇发明的模型，其中包括 8 个非常宏伟的"机械元件模型"，原本是保罗·盖鲁齐为了 1987 年蒙特利尔美术博物馆的展览"莱奥纳多·达·芬奇：工程师与建筑师"而制作的大型复原模型。随着关于达·芬奇机械设计的现代商业性展览激增，对这类模型的使用也频繁出现。来自蒙特利尔的环形轴承带着一个个凹陷的滑道，上面滑动着相应滚珠，它表明所有真正伟大的设计都具有正确的美感。我们还展出了保罗制作的两个达·芬奇建筑设计模型：一个是中心式教堂，另一个是一个柱廊。

为了达到"演出"的高潮，我们准备自己设计一个模型——达·芬奇的人力飞行器"巨鸢"。我们并不是想做一个真的能够拍打翅膀飞行的东西（因为会与达·芬奇手稿中的设计相去甚远），只是想通过还原达·芬奇在 1490 年前后的各种手稿，以他自己的方式来展现他的种种构想。所以每一个部分都必须出自达·芬奇本人的设计。最后我们制作出了一个仿生机械装置，它的翅膀真的能够依靠达·芬奇设计的"拇指"摆动，肩部和两翼的中部也可以转动。这种奇妙的摆动被拍摄下来，投射到意大利的湛蓝天空上。它不仅超出了人们的预期，而且看起来完全符合达·芬奇展现的雄心壮志：

> 大鸟是一种根据数学规律工作的仪器。人类有能力制作这样的仪器，并且实现所有的动作，只是无法完全发挥它的威力；但是这种限制仅仅体现在平衡自身上。所以我们可以说，人类制造的这种机器，除了没有人类的灵魂，什么都不差。

展览结束后，飞行器模型被卖给了克洛·吕斯城堡——弗朗西斯一世授予达·芬奇的位于昂布瓦斯的宅邸，和城堡中收藏的许多模型放在一起。

这次手稿展示的真正创新之处在于借助计算机图形实现了达·芬奇的雄心壮志，展现出他的思想动态及其构想的动力。我们可以从赞助商

詹姆斯·温科制作的飞行器,"莱奥纳多·达·芬奇:艺术家、科学家与发明家"展,伦敦海沃德美术馆

IBM 那里获得帮助,这对于这次的展览内容来说非常重要。

展览设计师是美术馆在前期就引荐的保罗·威廉姆斯。他的创意渗透到展览的各个方面,是一个不可多得的合作伙伴。美术馆的工作人员也给我们提供了许多创意上的支持。最近,我查看了 11 个装满行政档案、内容丰富的档案箱,了解到他们所做的大量工作——尤其是在与借贷机构及其管理者打交道时,工作程序、关系处理往往极其烦琐,使用恰到好处的态度和口吻至关重要。有一次,我们的展览组织者茱莉亚·佩顿-琼斯不得不耐心地解释,伦敦的南岸中心并不开展金融业务。

我们最终拿到了让人心满意足的贷款,投入保罗的设计当中。按照他一直在坚持的,我们定制了精致的展柜,带有可以倚靠的挡板,而且带有水晶般的透明度。考虑到手稿和抄本的小尺寸,天花板的高度有所降低,并且挂上降落伞般的绸缎,让展览空间泛着丝一般的柔光。纸制神庙部分展厅，几何体、电源和照明设计，"莱奥纳多·达·芬奇：艺术家、科学家与发明家"，由斯坦通·威廉姆斯建筑公司的保罗·威廉姆斯设计

品采用标准的低照度（50勒克斯），使其变得光彩照人，而不是像测试一样模糊不清。上图的例子展示了"神庙"部分和来自"能够度量的双眼"部分的一些展品，以及"人类的时代"部分其中一个精美的展示柜和相关布景。

展览的路线设计是逆时针的，一个深的独立空间包含了连接上、下两个展厅的廊道，并且作为展览的结束部分，展示悬挂的飞行器，从而在科幻电影般的天空影像当中，让观众眼前一亮。这似乎很符合达·芬奇的设想，因为他的"大鸟"将使"天地万物为之沉迷，所有的文字都将歌颂它的声名，并将荣耀带回到它出生的巢中"。

达·芬奇非常成功。他不仅吸引了一般的艺术爱好者，还令医生、工程师、科学家都沉迷于他的"全能"。在不到三个月的时间里，展览共吸引约26.2万名游客。我们在入口门外的露台上竖起了一个蛇形的遮阳篷，为排队的人们遮风挡雨。展览图录的销量很高，三周后还又雇了一辆卡车从意大利的印厂运来临时加印的版本。画册最终售出了3万多册，销售量完全出乎意料。

两年后，在华盛顿特区，我作为客座策展人参与了一个涉猎广泛的展览"1492年前后：地理发现时代的艺术"。这个展览展出了达·芬奇著名的素描系列，以及美术馆馆藏的吉涅弗拉·德·本奇肖像。我们还从克拉科夫借来了塞西莉亚·加莱拉尼的肖像，这是美国国务卿乔治·舒尔茨协商借来的一件展品，当时的波兰总统莱赫·瓦文萨正向他借一大笔钱，于是这幅波兰最著名的油画就成了谈判中的一个筹码。

当涉及国际要务时，借展申请可能会发生一些意想不到的事情。在"1492年前后：地理发现时代的艺术"展览中的人像部分，我们希望能够借来米开朗琪罗早期的大理石浮雕作品《半人马之战》，作品存放于艺术家在佛罗伦萨的宅邸——布纳罗蒂之家当中。这件雕塑准备放在米开朗琪罗的老师贝尔托尔多创作的"骑马战斗"主题青铜浮雕旁。大理石浮雕是一件很难出借的作品，但国家美术馆负责人卡特·布朗很有自信和冒险精神，打算处理此事。布朗出身于一个富有的、曾资助过布朗大学的家庭，他拥有一系列无可挑剔的国际人脉。在米开朗琪罗宅邸，布朗却被告知这件雕塑并不具备外借的条件，但可以借给我们米开朗琪罗的另一件《楼梯上的圣母》。卡特对于这个调整很满意，激动地把消息告诉了我，并问我是否可行。我很难拒绝，但我的展品图录需要采取一些手段，让它的出现变得合理。据我所知，没有游客或评论家会因为米开朗琪罗年轻时期的杰作出现在这里而产生疑问。策展人往往比观众更关心展览主题的连贯性。不过最后，《楼梯上的圣母》成了展览当中的亮点。

随后不久，我便迎来了第二个达·芬奇特展，这是一个与众不同的项目：1992年，苏格兰国家美术馆围绕两个版本的《纺车边的圣母》策划了展览。它不仅涉及达·芬奇的艺术创作，还揭示出他是如何制作小型宗教画的。如第四章所述，该展览于5月15日开幕，即达·芬奇540周年诞辰的一个月后。而且早在开幕之前，美术馆的宣传部门就已经开始工作。

不出所料，苏格兰媒体关注的是苏格兰公爵的这件藏品的未来将会如何，格拉斯哥的《每日记录》宣布了"公爵的验证时刻"：

> 苏格兰首富目前正处于一场价值 5000 万的艺术争夺战的中心。巴克卢公爵的一件珍藏油画马上要接受严格的科学检测。而另一位美国藏家却宣称自己拥有的那一幅才是达·芬奇的真正杰作。

《观察家报》的记者马丁·贝利（过早地）报道说："巴克卢公爵刚被告知，他已经成了达·芬奇最受欢迎画作的真迹的幸运所有者。他的报道还引用了我的"意见"："证据表明，巴克卢公爵拥有的是原始版本的作品。"（我确定我不会这么说，因为在我看来，肯定不会存在单一的原始版本）而《泰晤士报》的理查德·科克开篇便提出了一个夸张的看法，即在两幅画之间会有一场殊死搏斗，他期待着一个"绝对的赢家"，不过，他至少是以一种公平的眼光来审视这些复杂证据的。甚至连苏格兰国家美术馆也在 4～5 月的宣传册中宣称："国家美术馆的参观者将有机会探索达·芬奇引人瞩目谜题之———哪一个才是真正的《纺车边的圣母》？" 6～7 月的宣传册又称："专家们越来越确信，巴克卢公爵拥有的《纺车边的圣母》才是莱奥纳多·达·芬奇的原作。"而纽约版则显得无足轻重。

展览开幕前的日子充斥着狂热的活动、危机感、压力和紧张情绪。多数展品都没能提前到达，延迟抵达的展品更是引发了严重焦虑。通往两个展厅的入口均设有临时空间，展品挂在墙上或者锁在柜子里。在距离开展不足 36 个小时的时候，展厅还到处都是布展的碎片。而当一切都安排妥当时，一些媒体和特邀记者开始鱼贯而入。

展览往往会激发媒体摄影师的艺术本能。他们花了很长时间来安置设备，将柔光灯放在高高的看台上。最后，一名美术馆的工作人员不耐烦地拔掉了灯上的插头——这时摄影师伊恩·卢瑟福却突然看到了他想

策展人与两幅圣母子像合影

要的画面：我站在黑暗的画廊中，被两幅画上打的灯光勾勒出轮廓。伊恩的照片登上了《苏格兰人》的头版，另一张由《泰晤士报》的摄影师拍摄的照片也是如此。

展览占据了美术馆一楼的两个八角形房间，是由威廉·亨利·普莱费尔在1822年设计的一座优雅的古典建筑。左边的房间是献给罗伯泰特的，他是达·芬奇的赞助人，而里面也营造一种法国风格；达·芬奇的油画和素描则被安排在了右边的房间，虽然布展过程非常忙乱，但最终呈现的效果很棒。

关于这次展览的报道很多，远远超过了对于爱丁堡中等规模展览的一般预期。多数报纸都想要构建一个"发现达·芬奇不知名或长期被忽视的作品"的故事。巴克卢版和兰斯顿版的两幅绘画将在美术馆的墙面上"决一死战",而我作为"专家",则需要明确宣布哪一幅才是真正的原作。我只能不断重申,两者中的任何一件都不是"丢失的原作",但是精妙的学术问题不一定是成功的新闻报道,而且那些出现在专题报道中的作品需要不断激发人们的兴趣,就像在市政厅阁楼上发现了伦勃朗的画作一样老套(虽然德鲁姆兰德城堡算不上简陋的阁楼,但原理是一样的)。当然,我知道记者必须做好本职工作。我总是要求他们提前反馈文中任何引用过我的话,而我总是这样安慰自己:一个放错重点的故事总比没有故事好。

苏格兰艺术评论家自然希望这次展览最终能把巴卢克版画作奉为苏格兰真正的达·芬奇名作。比如《苏格兰人》评论家爱德华·盖奇明确表示支持公爵的画:"我有一种强烈的直觉,加上那种很有说服力的晕染法——达·芬奇对色调最微妙的处理,让我感触很深。我会把赌注压在巴卢克版上。"马丁·盖福德在《电讯报》上回顾了这些观点,带着一贯的谨慎,但他最后得出了近似的结论。其中的一个重要原因是,修复后的兰斯顿版色调过于明亮,与竞争对手的娴熟稳重比较起来,会稍稍处于劣势。

不出意料,人们对于展览借了一幅私人藏的兰斯顿版提出了疑问。杰拉尔丁·诺曼是一位不知疲倦的艺术市场侦探,他在周日的《独立报》上撰文,认为画作的所有权归威尔登斯坦公司:"根据我在纽约的调查,兰斯顿版圣母子像为威尔登斯坦公司所有,这家艺术经销商收藏的大师之作令人叹为观止。"威尔登斯坦公司的约瑟夫·巴利里奥无奈地写信给苏格兰国家美术馆:"我们显然没有办法阻止杰拉尔丁·诺曼在大西洋另一侧提出质疑。"

达·芬奇的资深研究者、伦敦英国国家美术馆前馆长塞西尔·古尔德在《阿波罗》艺术杂志上的一篇重要评论中承认:"在最后一刻出现的科学检测信息,彻底摧毁了'非此即彼'的理论,并且实际情况比预想的复杂得多。"古尔德在自己早期的达·芬奇专著中,就已经认识到巴克卢版圣母子像的珍贵品质,他表示:

> 长期以来,我始终认为这幅画明显是出自达·芬奇之手。它之所以没有得到普遍认可,可能是因为达·芬奇成熟时期的签名作品过于深入人心,以至于现在很难有作品能与之媲美。

他说的基本没错。

展览正式开幕几天后,查尔斯王子准备参观展览。皇室工作人员努力将这件事安排进他繁忙的日程当中。查尔斯王子的确对此感兴趣,他不仅有一些水彩画天赋,还懂得欣赏历史中的艺术品。当然,他已大致知晓,展览中至少有九件展品为其母亲所有。他在展览上热切地谈论着陈列的展品,非常投入。当皇室工作人员催促他离开时,他显得恋恋不舍,但时间表必须恪守。我感觉王子的身份并不适合他,他可能更适合在切尔西经营一家高档的艺术品和古董店。王位继承人的身份对他而言一定是一种挑战。

到7月12日闭幕时,展览已经吸引了超过6.6万名有记录的访客——这对于伦敦以外的小型展览来说是一个很不错的数字,但有一个未曾预料到的法律问题,即我们展出的其中一幅素描作品归私人所有,画面描绘了圣母子、圣安妮和一只羊羔,而且与1501年曾在佛罗伦萨展出的后来不知所踪的草稿非常接近。在图录中,我简述了三种可能性较大的情况:完全由达·芬奇创作、由达·芬奇的学徒创作或者是伪造的。总的来说,我当时更倾向把它看作是经过他人修改的一幅达·芬奇的素描作品。这幅作品当然值得展示出来,但一旦把它与温莎城堡和大英博物馆收藏的达·芬奇素描共同展出时,就会显得勉强。虽然我不是特别认可,但也没有做好完全删除它的准备。

我听到的下一个消息是,这幅画被委托给了一位名叫戴尼安娜·卢

出自达·芬奇还是模仿者?《圣母子与圣安妮》研究稿

森堡的十分进取的国际经销商。我在朱丽亚娜·巴龙的陪同下,前往戴尼安娜位于伦敦的工作地,再次看到了这幅《圣母子与圣安妮》。朱丽亚娜随后写了一份报告,做出了深入的分析和贴切的风格对比,但归属问题依然悬而未决。它一直让人费解。我曾试着把这件作品的创作时间放到达·芬奇的职业生涯后期,当作对早期构想的重现。虽然我几乎说服了自己,但其中的不确定性依然让我犹豫不决。

接下来的事情完全出乎我的意料,这幅画居然成为一个庭审案件的中心。当时,戴尼安娜和另一个经销商西蒙·迪金森共同协商把《圣母子与圣安妮》出售给一个美国买主，而迪金森的公司在没有通知卖方（列支敦士登的阿昔迪亚基金会）的前提下收取了非法佣金100万美元。出于对其归属的担忧，买方随后归还了这幅画。所以这幅素描现在似乎处于进退两难的境地。如果让我进一步调查，那么一定会先询问可以找到什么确凿的证据排除它是伪造的。

我第三次策划达·芬奇的展览是在2006年。在维多利亚与艾尔伯特博物馆举办的这一展览的契机是它属于欧洲委员会"世界的达·芬奇"项目的一部分。对于达·芬奇来说，在一个设计博物馆举办展览似乎顺理成章，因为纵观达·芬奇涉猎的各种领域，绝对是一位无与伦比的"设计师"。[1]

英国同样有推行"世界的达·芬奇"项目的理由：维多利亚与艾尔伯特博物馆拥有福斯特捐赠的三部手抄本，即《福斯特抄本》（福斯特是维多利亚时代的文学家、记者、编辑和狄更斯传记的作者）。这厚厚的三部手抄本体型却不大，用套索扣紧锁着，其中包含五份达·芬奇手稿，涉及从几何学到服装设计等一系列涉猎广泛的主题。而策划这个展览的其中一个乐趣，就是确定在展示时要打开哪些页面。它们能够让人感到好像走进了大师的生活。我在一个管理员的密切注视下，坐在博物馆历史悠久的阅览室里，那里有旧的木制书柜、皮面的桌子、铁艺阳台，还有一股古书的霉味，我费了很大劲儿才翻开了那些装订得很紧的已经僵硬的书页。我戴着不合尺寸的白手套，前面至少比我的手指长半英寸（1.27厘米），翻阅着这本珍贵的书籍，我甚至担心这对书页造成的伤害可能

---

[1] 1986年，我被任命为维多利亚与艾尔伯特博物馆的托管人，但我在那里的工作结束得比预期早了许多。1989年，在撒切尔政府的领导下，英国国家博物馆因为藏品的管理问题，被国家审计委员会追究责任，尤其是他们收藏了如此多的藏品。审计人员显然对藏品价值的参考视而不见，而且做出的报告相当愚钝，但下议院公共账目委员会还是认可了该报告，后者随后召集各博物馆的馆长进行盘问。随后，至少八名维多利亚与艾尔伯特博物馆的高级管理人员被解雇，这是一个在大多数托管人（包括我自己）背后酝酿的计划，让我觉得已经别无选择，只能辞去职务。

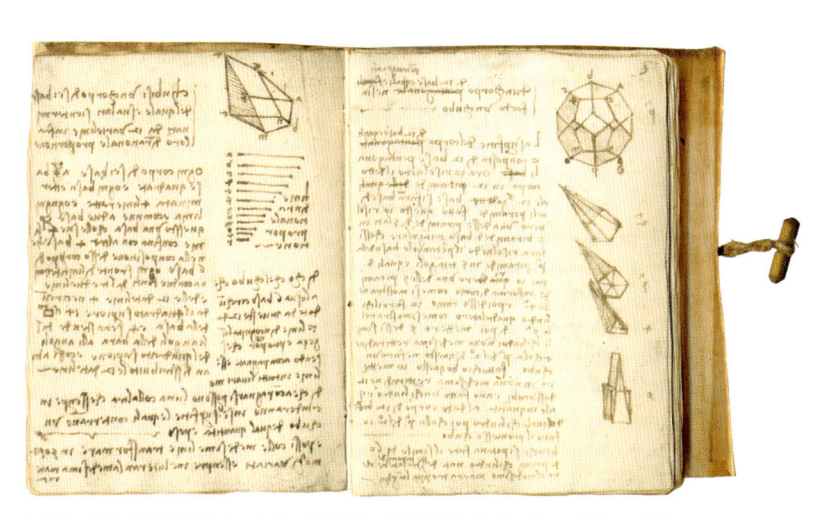

厚重的小开本《福斯特抄本》：几何体体积研究，《福斯特抄本》第一卷，16页左~17页右

比我用洗干净的手去翻还要多。

我们向维多利亚与艾尔伯特博物馆负责人马克·琼斯提交了展览策划方案，而我们得到的反应与他对博物馆同事们的热情洋溢形成了巨大反差。我们最初设想的展览规模更大，而且会有更多的模型展示——从博物馆入口一直延伸到馆内。我对于达·芬奇展览的基本理念已经足够熟悉了，但这次在设计上的取舍都是由馆方决定的：

> 这次展览是关于达·芬奇在纸上展现的种种构想，包含了他最复杂和最具挑战性的设计。尽管其他许多艺术家、科学家与发明家都曾在纸上进行过"头脑风暴"，但他的前辈、同辈或者后辈从来没有实现过这样的画面。仅仅在一张纸上，就能够展现如此强烈、丰富而难以预测的图景，真可谓前无古人后无来者。
>
> 然而，在这种难以预测的丰富图景背后，却是达·芬奇对于世界秩序的统一认知……素描是展示分析的基本工具，也是揭示自然万物内在统一性最有效的方法。人类中的设计师，无论是画家、雕塑家、建筑师还是工程师，

都是世界上的"第二自然",能够创造出符合自然规律的作品。

在筹备这本书的过程中,我翻阅了最近的展览档案,这让我对当时的维多利亚与艾尔伯特博物馆工作人员如何看待我的古怪要求有了迟来的理解。我的同事曾收到一封电子邮件,提问道:"你有空坐下了吗?"就因为我之前提出,要在门厅圆顶上悬挂至少三架飞行器模型(后来只展示了其中的两架)。

我们决定用达·芬奇的肖像作为开场——但不是都灵那个留着胡须、脾气暴躁的老人形象,那不是达·芬奇的自画像,甚至不是他的形象,而是在温莎收藏中选择了一幅由达·芬奇的学徒绘制的素描,是用红粉笔精心为其创作的侧面肖像,有着飘逸的头发和修剪过的胡须(见扉页对页)。接下来是展览的四个部分:第一部分是"思维之眼",展示了几何学方面的内容;第二部分是我们所熟悉的"大世界和小世界";第三部分是"力量",从人体动态主题开始,以毁灭性场景结束;第四部分是"创造事物",着眼于建筑、精妙的装置和舞台设计。正如展览标题所示,这场展览是关于"经验、实验与设计"的,而不是艺术家达·芬奇。展览的核心部分还是来自温莎收藏,展示的是《阿伦德尔抄本》的13页内容,这一手抄本最近才得到大英图书馆的整理,而且进行单独装裱。从整体来看,展览只有62件达·芬奇的作品,但是从达·芬奇的广泛视野上看,展览的方方面面都与其相关。

保罗·威廉姆斯从一开始就是此次展览的设计师,他想出了一个办法,能够融入一些为展览设计的出色动画,并且使其与相关的手稿结合起来,而又不会影响展示的效果。那些展柜需要大型玻璃板进行铰接,技术难度堪比达·芬奇的工作。当参观者后退一步,就可以在展柜上方和后方看到动画,感受到它散发的魅力。能够使达·芬奇的构想同时在时间和空间当中展开,为展览增加了一个新的维度,这是带有展签的那种"静

"莱奥纳多·达·芬奇：经验、实验与设计"展览现场照片（左图）以及展厅入口（右图），由斯坦通·威廉姆斯建筑公司的保罗·威廉姆斯设计

态展示"难以企及的。

如果让观众挤在展厅当中观看那些小型展品，那么展览的组织工作是有问题的。于是保罗决定取消给观众倚靠的栏杆，因为在相对狭窄的空间当中，它们会阻碍人群流动。同时，现场管理员还会告知观众没有特定的观看队列，以免在展览开始时就出现常见的拥堵。

飞行器戏剧性地悬挂在博物馆巨大门厅的穹顶上，力图让达·芬奇的设计看起来真的能够在上空飞翔。维多利亚与艾尔伯特博物馆的飞行器是之前为两档电视节目中的其中一个制作的，该节目由保罗·萨宾在2003年为英国独立电视新闻执导，叫作《达·芬奇的梦想机器》。我们与专门从事老式飞机修复工作的"天空运动"公司合作，制造了这个装置。当时我们的策略是在悬挂式滑翔机上安装达·芬奇的机翼设计，这也是达·芬奇自己考虑过的方式。我们为"天空运动"公司提供了各种各样的机翼以供选择，他们最后采用了《大西洋古抄本》中早期的蝙蝠式设计。他们还询问从双翼上表面的后方、前侧边缘延伸到表面中点的线是什么。

这条线被贴上了"布"的标签,而且是典型的反向字体。我回答说,达·芬奇打算用一层布覆盖机翼。事实证明,这个之前被忽视的细节其实非常关键,因为这块布能够帮助双翼前侧产生上升力。

飞行器模型的测试状况良好,而且最后只使用了达·芬奇当时能够使用的材料进行了 1∶1 的复原。不得不说这是一个完美的结果,但它真的会飞吗?2002 年 10 月的一个寒冷却晴朗的早晨,一架等尺寸的"大鸟"被运到苏塞克斯丘陵的一个长山坡上,面对着海上的微风,准备进行试飞。飞行员是朱迪·莱登,她是女子悬挂式滑翔运动的世界冠军,但试飞的风险很大——飞行器可能会升到高处然后失速,最后直冲地面;还可能会突然机头坠地;也可能会发生灾难性的翻滚,无法升起。在飞行助理用绳索控制住机翼的情况下,飞行员进行了几次短暂、有限的试飞。这架飞行器的动力足以让它顺利升空并飞行,但问题是,飞行器的控制模式与现代滑翔机不太一样。朱迪需要学会如何通过微小、准确、可控的身体动作来驾驭它。渐渐地,飞行员的思想和身体变得与"大鸟"的翅膀协调一致,最高飞行至距离地面约 914.4 厘米高度,超过了 1903 年莱特兄弟的划时代飞行。

模型制作作为验证历史的一种方式,对历史学家提出了非同寻常的要求。研究者和制作者需要在正统的历史研究中,回答一些极其缜密的问题。现代工程师几乎本能地追求精确,不允许有任何"假如""但是"或"可能"的情况存在,但这些又是历史学家的惯用思维。这些严格的要求可与达·芬奇对自己提出的要求不相上下,前提是他的飞行器计划没有在实验当中毁掉。

在博物馆门厅的通透空间当中,飞行器与达·芬奇设计的金字塔式降落伞共同展示。2000 年夏天,勇敢的极限飞行员艾德里安·尼古拉斯建造并且测试了这个降落伞。达·芬奇留下了一些研究鹰的翅膀如何运作的草图,艾德里安便从其中得到了灵感,达·芬奇在笔记中曾做出描述:

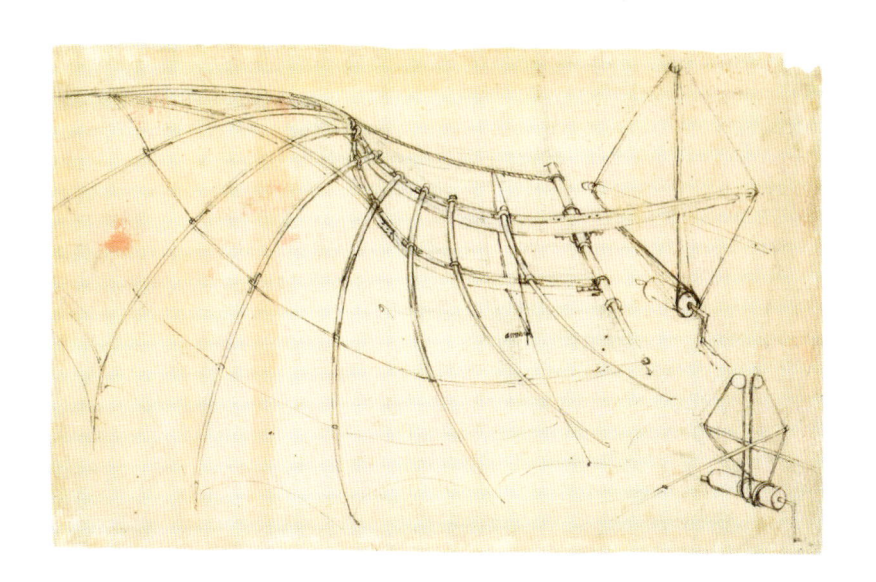

上图：飞翔的翅膀：飞行器的翅膀手稿（细节），《大西洋古抄本》，858页
下图："天空运动"公司制作的飞行器，悬挂在维多利亚与艾尔伯特博物馆的门厅

如果有一个人能找到一个亚麻的篷，不仅封住了所有开口，还有12个横臂、12个纵臂作为支撑，那么他从任何高度跳下去，都不会受到任何伤害。

艾德里安的降落伞用达·芬奇可用的同时代材料制成，重84.9千克。他从南非姆普马兰加省上空3048米处的气球上一跃而下，证明这一带有方形框架的布面金字塔比18世纪晚期最早的降落伞还要出色。他得意扬扬地宣称："这是一个由有史以来最伟大的头脑设计出来的飞行器，但花了500年的时间才找到一个头脑足够小的人真的去驾驶它。"[2]

在博物馆展示的第三个模型就小了许多，而且与众不同，它是达·芬奇自主设计的颈部主动脉玻璃模型，旨在帮助他了解三尖瓣是如何在心脏中运作的。他意识到瓣膜不是靠肌肉运动打开的，而是靠血液涌入主动脉狭窄的颈部时引发的涡流开合的。达·芬奇利用自己对于水动力的认识，推断出从心室排出的血液会盘旋回到尖瓣，在下一次输送前，颈部的主动脉会关闭。这个模型是由加州理工学院的航空和生物工程教授莫蒂扎（莫瑞）·加莱布创建的。在2001年我第一次见到加莱布时，他已经建立了一个玻璃模型，但还没有制作瓣膜。利用现代成像技术，便能够看到达·芬奇假想中的涡流。这确实很令人兴奋，但更激动的是加莱布对于瓣膜的介绍，正如我在维多利亚与艾尔伯特博物馆的书中所写：

看着达·芬奇小小的瓣膜鲜活的样子，随着血液流动关闭又打开，它脆弱而完美地工作着，令人动容，而在模型周围，都是21世纪实验室里的高科技设备。多亏了流体力学研究者现在所使用的成像技术，让我们能够见识到那些只存在于达·芬奇"思维之眼"的奥秘。

对于这一切，我最在意的并不是能够证明达·芬奇是对的（当然这样会很好），而是看到他是如何将水力学知识当成一种有力的工具应用

---

[2] 遗憾的是，2005年，艾德里安在一次跳伞过程中丧生。他是一个充满魅力、活力与勇气的男人。

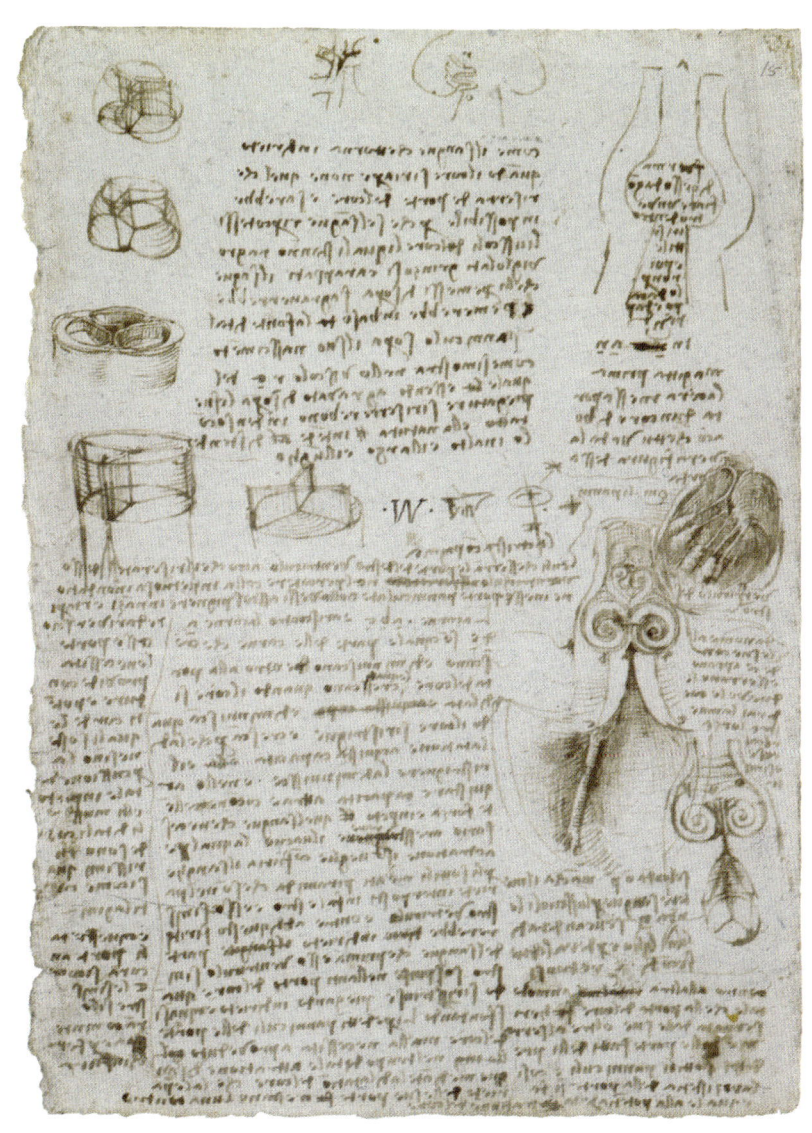

主动脉瓣的结构与几何构成研究，以及玻璃模型草图，约1512~1513年，蓝色纸本，墨水笔，28.3厘米×20.4厘米

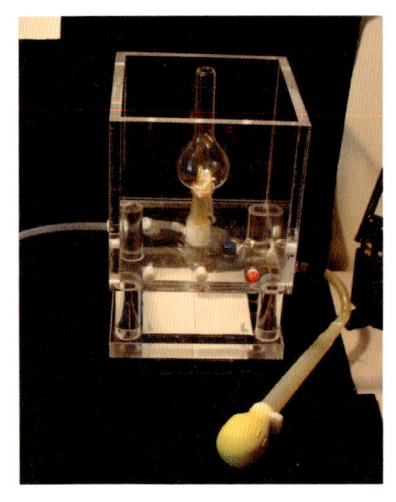

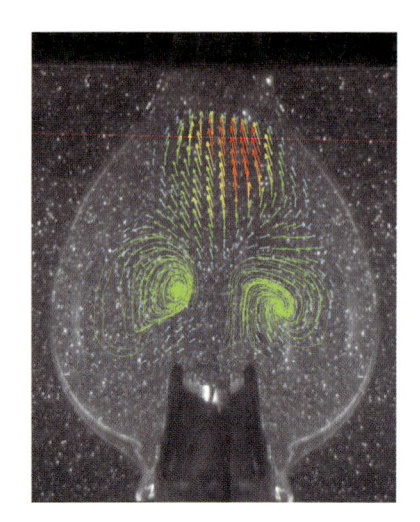

左图：莫瑞·加莱布建造的颈部动脉模型
右图：模拟颈部动脉血液流动的图像

到心脏研究。他的心脏瓣膜模型就是我所说的"理论机器"。达·芬奇进行着一种循环验证：上帝的创造→自然→人的观察→分析→理论假设→通过模型重建上帝的创造。这种循环，是他艺术的核心，也是他科学的核心。

在博物馆巨大门厅举办的开幕式人声鼎沸，达·芬奇的"大鸟"和降落伞在高耸的穹顶上不动声色地注视着人群。赞助商（德勤）及其邀请的嘉宾，还有其他重要的客人得到了特别的招待。在那里，每个人都拿到了一本展览介绍册，用白纸包装，还系着蓝色蝴蝶结。这场展览历时 113 天，接待了 122418 名参观者，这大约是在一个出售时段票的小型手稿展中，在观展体验较为舒适的范围内所能接纳的最大观众量了。而精美的展览介绍册也展现出独特的价值。

第十一章　密码与谣言

任何场合下，要是一句话中同时提到"达·芬奇"和"密码"这两个词，都只能说明一件事——丹·布朗的《达·芬奇密码》一书非常成功。2003年，即这本书出版两年后，它在全世界的销量达到4000万册。在一些排行榜上，它被列为有史以来第九大畅销书，而我能找到的最终销量是8000万册。2006年，根据这本书改编而成的电影，首映的周末票房累计达2.24亿英镑，是当年票房收入排名第二的电影。

尽管到最后，《达·芬奇密码》的书籍和电影既没有得到学界的认可，也没有受到文艺界的欢迎，但是在全球范围内掀起的"密码热"却让人无法忽视，而且我可以肯定地说，在过去的15年中，它在我对达·芬奇的研究历程中占据着重要位置。

这本书的影响非常直接，我经常会被问到是否读过这本书或看过这部电影。我的回答都是肯定的，而且电影还看了两次：一次是在牛津大学和众多学术界人士一起看的，观影时，我听到了和观看梅尔·布鲁克斯的《制作人》一样多的笑声；还有一次是和非学术界的观众观看的，他们似乎更能沉浸在曲折的故事情节中。如果要问我见过丹·布朗吗？那么，答案是否定的。虽然有人说一家电视公司要安排一场我们之间的辩论，但这件事从来没有发生过。电影上映前后，我还在伍德斯托克的家中接受了一些电视和电台的采访。当被问到对于《达·芬奇密码》的看法时，我回答说，它促进了我的书的销售——其实能占到丹·布朗图书销量的一小部分就已经很好了。

当然，其中会有一些间接影响。《达·芬奇密码》让人们突然认识到，500 年前的艺术品也可能会包含着秘密的信息、伪装的文字、隐藏的图像、神秘的几何图形和深奥的数字……这些都等待着聪明的现代侦探前去破译。一个"神秘学"流派已经开始围绕达·芬奇和《蒙娜·丽莎》发展起来，出现了很多关于艺术家忠于秘密教派及其神秘异端信仰的猜测，它吸引了很多人想要凭借一己之力破解作品中的密码，而这带给我的问题比这本书或这部电影还要多。

但在布朗的悬疑故事背后，还隐藏着大量的历史细节，以至于他在法庭上被指控剽窃。1996 年，当我被邀请参加 BBC（英国广播公司）系列节目《争分夺秒》中名为《一段神秘的历史》的其中一集时，曾接触了一部分这样隐藏的历史。这个节目以 20 世纪 90 年代出版的一系列轰动而畅销的伪历史著作为中心，主要讲述了不可告人的巨大阴谋，涉及天主教会的权威人士和势力强大的秘密教派。

所有故事都始于贝朗格·索尼埃，他是雷恩堡教区教堂的一位牧师，该教堂位于比利牛斯山东部山脚下的一个法国小村庄。1897 年，索尼埃宣称在教堂里发现了一些隐藏的古老秘密文件，但人们发现他一直在周围的墓地里非法挖掘坟墓。后来他赚到一大笔钱，金额大到难以置信，传说他要么在其中一个坟墓里偶然发现了圣殿骑士团遗失的宝藏，要么就是获得了某种轰动性的文件，以至于教会上层不得不付钱让他保持沉默。索尼埃于 1917 年去世。最终，卡尔卡松主教通过调查，发现他的财富实际上来自大量非法交易，他从捐助者那里收下了本应分给成千上万人的钱款，但大部分都没有记录在案。

但这些真实的证据并没有阻止法国绘图员皮埃尔·普兰特（生于

1920年）有所作为，他是一位极端民族主义者和空想家，围绕着索尼埃"发现的文件"构建了一个巨大的阴谋论。普兰特（后来被称作普兰特·德·圣克莱尔）声称法国合法的国王原本一直都来自墨洛温王朝，但他们于751年遭到加洛林人驱逐。因此，法国王位的真正继承人应该是一位还在世的墨洛温王朝的后代，即普兰特本人。墨洛温王朝的秘密一直被一个叫作郇山隐修会的神秘组织严密地保护着。这个隐修会坐落在此前的锡安山圣母升天修道院，后者于1099年在耶路撒冷建立，1291年又被穆斯林摧毁。而圣殿骑士团就被视作是隐修会的武装力量。

普兰特招募了一位名叫菲利普·德·切里塞托的贫困法国贵族帮助自己伪造重要文件，并且在20世纪60年代把这些文件作为"秘密卷宗"存放在国家图书馆。普兰特还与杰拉德·德·塞德合作。塞德是一位超现实主义贵族作家，著有《雷恩的黄金》，或称为《雷恩堡牧师贝朗格·索尼埃的奇异人生》（1967年出版平装本，名为《雷恩堡被诅咒的宝藏》）。

在这些可疑的文件中有"两张羊皮纸"，上面的文本已经加密，据称是索尼埃在他的教堂里发现的。上面列出了"郇山隐修会会长"的名单，其中一些人的名字会让人瞠目结舌：

让·德·吉索斯（1188～1220）
玛丽·德·圣克莱尔（1220～1266）
纪尧姆·德·吉索斯（1266～1307）
爱德华·德·巴尔（1307～1336）
珍妮·德·巴尔（1336～1351）
让·德·圣-克莱尔（1351～1366）
布兰奇·德·埃夫鲁克斯（1366～1398）
尼古拉斯·勒梅（1398～1418）
雷内·德·安茹（1418～1480）
奥朗德·德·巴尔（1480～1483）

桑德罗·菲利佩皮（1483～1510）

莱奥纳多·达·芬奇（1510～1519）

科内泰布拉·德·波旁（1519～1527）

费迪南·德·贡萨格（1527～1575）

路易斯·德·内弗斯（1575～1595）

罗伯特·弗拉德（1595～1637）

J.瓦伦丁·安德里亚（1637～1654）

罗伯特·博伊尔（1654～1691）

艾萨克·牛顿（1691～1727）

查尔斯·雷德克里夫（1727～1746）

查尔斯·德·洛林（1746～1780）

马克西米利安·德·洛林（1780～1801）

查尔斯·诺迪埃（1801～1844）

维克多·雨果（1844～1885）

克劳德·德彪西（1885～1918）

让·科克图（1918～1963）

达·芬奇被任命为第12位会长，排在桑德罗·菲利佩皮（更多被人称为波提切利）之后。那么为什么在任何关于会长的生平记载中都没有隐修会的痕迹？当然了，原因在于一切都是保密的。"神秘学"能够战胜证据。

在丹·布朗虚构的阴谋网络中，另一个伪历史部分就是骇人的秘密，即耶稣与抹大拉的玛利亚成婚，因此延续了墨洛温王朝的王室血脉（也就是说，普兰特定了基督的直系后裔）。据说，耶稣和抹大拉的玛利亚的结合遭天主教会极力压制，这一情节曾出现在演员、作家亨利·林肯与迈克尔·贝金特、理查德·利在1982年合著的畅销书《神圣血脉与圣杯》当中。在这个故事中，圣杯同时象征着抹大拉的玛利亚的子宫以及法国王室的血脉，而不是像亚瑟王的传说中在"最后的晚餐"中丢失的酒杯，也不是基督受难时收集其血液的器皿。后来，林肯继续为英国广播公司的《编年史系列》撰写和演绎了三部关于雷恩堡秘密的纪录片。

在林肯1991年的著作《圣地：索尼埃与雷恩堡之谜》中，他试图以索尼埃的"两张羊皮纸"连线来寻找其中的意义，直到找到其中的神秘几何图形。"解码"后的结果表明，尼古拉斯·普桑的《阿卡迪亚的牧人》和大卫·泰尼尔斯的另一幅画作才是"揭开谜团的钥匙"。通过对比，索尼埃的羊皮纸上的几何图形（人物和坟墓的连线可得出五边形），恰好是从卢浮宫的普桑画作中提取出来的。它也成为另一本书——理查德·安德鲁斯和保罗·谢伦伯格于1996年出版的《上帝之墓》的缘起。在这本书中，虽然他们对林肯草率的几何图形进行了修正，但也很有想象力，把它投射到了雷恩堡周围乡村的地图上。而由此发现的"线索"指向了卡杜山。因此，安德鲁斯和谢伦伯格宣称，这才是基督真正的埋葬地。显然，圣殿骑士团负责把基督的尸体运到了法国。

我参与的英国广播公司的电视节目《一段神秘的历史》审查了安德鲁斯和谢伦伯格的说法。这个节目是由一位出色的调查类节目制作人比尔·克兰编写和执导的。在节目的前半部分，先是讲述了两位作者他们的故事，然后，在总时长为48分钟的节目后27分钟，比尔开始一一拆解他们编织的历史，但是，他们连最基础的研究工作都没做，就开始将整件五颜六色的衣服拆解了。

因此，我在出场时指出，不管是在普桑的众多手稿还是经过科学检测的油画当中，都没办法证实林肯以及《上帝之墓》作者关于画面几何形的设想。在普桑的同代人或文艺复兴前辈们的油画和手稿中，也不存在这样的证据。他们确实有很多描绘的角度，对人体比例的数学问题也很感兴趣，但绝对不会把神秘的几何学隐晦地表现在画板和画布上。

在节目的结尾，我还对林肯与其团队所写的那类书籍表达了总体看法：

发现五边形：阿卡迪亚的牧羊人（阿卡迪亚也有我），尼古拉斯·普桑，1637~1638年，布面油画，87厘米×120厘米

有一些历史问题确实存在着"真空地带"——缺乏确凿的证据,都灵的裹尸布就是其中之一。在这些历史真空(自然厌恶真空,历史推测厌恶真空)中,什么都可以乘虚而入……但你最终得不到任何可靠、实际的东西。最开始,你提出一个假设,然后用其他的假设或多或少地证明它,接着在此基础上,再提出新的假设,最后你就会得到一个用猜测、假设堆砌的高塔——如果你问"高塔的基石在哪里"?那么答案是它们并不存在。这就像在沙子上建造的房子,当你回应真正棘手的问题时,就会发现它不堪一击。

20世纪90年代那些依赖于索尼埃故事的畅销书,混淆了想象式的重构和实证的一手材料。作者们盲目地从志趣相投的书目中提炼相关的"真理"。当然,历史学家无法核查他们引用的每一份文献,但是历史研究有一条准则,就是那些支撑其论点的核心材料,都应该验证其真实的来源,或者从可信度较高的出版物中寻找出处严谨的信息。历史学家有义务减少潜在的可能性,只保留稳固的根基。在此过程中,对历史信息的分析和解释会不可避免地涉及各种想象式的重构,但应该有明确的意识,对两者进行区分,而不是将事实与模仿事实的推测混为一谈。

面对伪造关键历史材料的指责,阴谋论的拥护者转而断言伪造者本身就是一切的"源头",并为此提供真诚的线索——尽管还是用伪造的方式。所以他们是永远无法被说服的……

林肯和其他作者笔下的历史一度被称作"伪历史",而这个术语也可以应用于任何基于历史的小说。正如我们有"历史小说"一样,我们也有所谓的"小说类的历史"。《达·芬奇密码》不仅都做到了,还成功占据了一般小说的优势和资源。

让我们来看看《达·芬奇密码》是如何展开的。在标题页之后,是关于出版社、版权等的标准信息。班塔姆出版社还补充了一个标准的免责声明:"文中出现的人物、地点和事件,均来自作者想象或纯属虚构。"说法好像没错,就像封面上注明本书是一本"小说"一样。之后是布朗对妻子布莱斯的致谢。布朗称妻子是一位"艺术史家和画家",是妻子将关于达·芬奇的"史实"告诉了他。而这部小说也以一页描述"史实"的前言开始:

> 郇山隐修会是一个确实存在的组织,是一个成立于1099年的欧洲秘密社团。1975年,巴黎国家图书馆发现了被称为"秘密卷宗"的羊皮纸文献,记录了郇山隐修会的许多成员,包括艾萨克·牛顿爵士、桑德罗·波提切利、维克多·雨果和莱奥纳多·达·芬奇。
>
> 人们所知的"天主事工会"是一个梵蒂冈教派一个极度虔诚的罗马天主教派。该教派近来引起了诸多争议,因为有报道说它实施了洗脑、高压统治和一种称作"肉体苦行"的危险修行方法。天主事工会耗资4700万美元刚刚在纽约市莱克星顿大街243号建成了自己的总部。
>
> 这部小说对艺术品、建筑、文献和秘密仪式的描述都是准确的。

这很狡猾。当读者看到这一页,是把它当作小说的一部分,还是看作初步确认的史实呢?大多数读者似乎都认为布朗是在陈述有据可查的史实。如果布朗相信上述说法,他的研究就是疏忽大意的;如果他自己都不相信,那么就是在欺骗读者。

在前言的下一页,我们立即遇到了卢浮宫"著名"的馆长雅克·索尼埃,他恰巧和雷恩堡那个声名狼藉的牧师同名——他快要死了,以一种残暴、狼狈、饱受折磨的方式。不知何故,这位身受重伤的馆长脱掉了衣服,以维特鲁威人的姿势躺在木地板上,并用自己的鲜血在肉体上写下了神秘的线索。

对于林肯、贝金特和利的《神圣血脉与圣杯》的"回应"还在继续。接着,我们在书中又遇到了疯狂的阴谋论者——英国贵族利·提宾爵士,他的名字结合了"利"和"贝金特"的变位词。布朗的核心主题是郇山隐修会以及基督与抹大拉的玛利亚的血脉,与之前的书是相同的。因此,在2006年，贝金特和利起诉英国兰登书屋出版公司（下设班塔姆出版社）侵犯版权。不过林肯并没有参与这次维权行动。法官裁定：

> 即使中心主题出现重合，但相关内容都过于笼统，抽象程度过低，因此无法受到版权法的保护……因此，在中心主题上，不存在对于《神圣血脉与圣杯》大部分内容的文本或非文本抄袭这一侵权行为。

布朗的情节以惊人的速度进行一系列的冲刺，多达600页的篇幅当中却被分为断断续续的章节。这绝对是一个精心包装的流行惊悚片，它这是一本引人入胜的书，凭借一己之力取得巨大的成就。剧情在主角们的行动与其他复杂的线索之间被拼凑起来。两位主人公分别是哈佛大学的符号学家罗伯特·兰登和法国女警察、密码破译专家索菲·奈芙，在整个故事中被称为"兰登"和"索菲"，带有一种性别优越感，他们是这个故事的参与者，但基本上没有对人物的内心活动进行描述。这给饰演者汤姆·汉克斯和奥黛丽·塔图的电影表演造成了很大困扰，只能依靠自己来丰富人物的个性。而面对同样的问题，扮演利·提宾爵士的伊恩·麦凯伦爵士决定进行夸张的表演，自己从中也得到很多乐趣。

那么达·芬奇本人是如何在《达·芬奇密码》当中出现的？布朗在其网站上对达·芬奇做出以下描述：

> 作为一个恶作剧者和天才，达·芬奇总是会被认为在许多艺术作品中隐藏一些秘密信息。大多数学者都认为，即使是达·芬奇的著名作品——《蒙娜·丽莎》《最后的晚餐》和《岩间圣母》等——也会出现惊人的"异常"表现，好像在低语着同样的神秘信息……这条信息暗示了一个令人震惊的历史秘密，1099年以来，它一直被一个称作郇山隐修会的欧洲秘密组织守护着……虽然没有确凿证据，但传言法国前总统弗朗索瓦·密特朗已经成了修会的一名成员。

影片中，根据哈佛大学"送教育进监狱"项目，兰登向一批囚犯听众解释说:"《蒙娜·丽莎》实际上是世界上记录最多的一个业内笑话。"这个笑话关乎同性恋和双性人,被一个囚犯称之为"有男性生殖器的小姐"。这位符号学家回答说:"达·芬奇是一个恶作剧者,我们对《蒙娜·丽莎》及其自画像的电脑分析证实,两者的面孔存在着一些惊人的共性。"兰登接着透露,画面人物的名字是埃及男神阿蒙和女神伊西斯的结合——阿蒙·丽莎:"我的朋友们,抹大拉的玛利亚就是达·芬奇的小秘密,也是蒙娜·丽莎会心一笑的原因。"这种对于双性人的隐晦表达,暗示了达·芬奇曾是郇山隐修会的成员之一。以此来看,深受爱戴的抹大拉的玛丽亚作为"圣女",生下了耶稣的孩子,因此她比那些男性门徒们受到了更大的尊重。

这条信息在《最后的晚餐》中表达得更为直接。为了摆脱警察和残暴教派的追捕,奈芙和兰登躲进了提宾的维莱特城堡(这是一座真正的城堡,而且离巴黎不远)。在他们眼前,无知的隐喻面纱被他们喋喋不休的主人揭开。提宾的重点是达·芬奇壁画背后的真正意义:"你会惊讶地发现,达·芬奇在画中的异常表现,大多数学者要么没有看见,要么视而不见。实际上,这幅壁画是解开圣杯之谜的唯一钥匙。"这种对于圣杯的暗示,体现在基督及其左边的同伴形成的"V"字形上。"它就是圣杯,与女人子宫的形状相似。"提宾引导着奈芙。"索菲仔细观察了耶稣右侧人物的形象……惊诧万分。那人长着一头飘逸的红发,两只手纤细白皙,乳房的轮廓隐约可见。没错,那是个女人。"她就是抹大拉的玛丽亚,她的子宫就是圣杯。

提宾还强调,画面构图的中心是一个"M"字形,或在暗示抹大拉的玛利亚。这种将构图解读成几何组合的习惯,不禁使我想起了学生时代流行的形式分析。哈佛大学的西德尼·弗里德伯格就因为在文艺复兴时期盛期的绘画中探寻几何式的布局而声名狼藉。比如,拉斐尔笔下以圣母为首的群像一定是呈金字塔形的,但我怀疑在文艺复兴时期关于视

寻找画面中的女性：指涉圣杯的"V"字形，指涉抹大拉的玛利亚"M"字形，《最后的晚餐》中的圣约翰与耶稣局部

觉艺术的记述中，并没这种现代形式主义的暗示。

而基督的同伴是抹大拉的玛丽亚的看法毫无根据。一直以来，福音约翰——"基督敬爱的人"——通常会被描绘成一个俊美的没有胡子的年轻人。他的长发一般会比其他门徒的头发颜色更浅，而且经常以睡着的样子出现，但这只是因为达·芬奇仔细观察过佛罗伦萨卡斯塔尼奥的《最后的晚餐》。达·芬奇笔下的圣约翰好像能够感知到一种潜在的叙事性，他在听到圣彼得的惊叹时，恰好从睡梦中醒来。

卢浮宫藏的《岩间圣母》同样卷进了这场阴谋。就像布朗在网站上解释的那样：

达·芬奇著名的《岩间圣母》的委托最初是来自一个名为"无玷始胎兄弟

会"的组织,他们正好需要一幅作品,用来装饰米兰圣方济各教堂的祭坛三联画的中心部分。修女们提供给达·芬奇具体的尺寸和理想的主题——圣母玛利亚、小施洗约翰、大天使乌里叶和躲在洞窟中的小基督。虽然达·芬奇只是按照要求创作,但当他提交这幅作品的时候,兄弟会却感到了恐慌。这幅画中似乎存在着一些异常现象,传递了某种隐藏的信息和另一种意义。达·芬奇为了安抚兄弟会,便绘制了第二版的《岩间圣母》。这幅《岩间圣母》现在挂在英国国家美术馆,而达·芬奇的最初版本则藏在巴黎的卢浮宫。

这种说法漏洞百出,教堂中有着雕花外框的祭坛可以装饰许多画作,而不仅仅是一个三联屏。兄弟会是由一群平民信徒组成的,而不是修女。关于祭坛画的委托中也没有提及施洗约翰、大天使乌里叶或洞窟,而且在大量的材料中,没有发现关于画家与兄弟会之间纠纷的记载,表明卢浮宫的版本出于教义等原因而遭到拒绝。

在书中,画作所隐藏的信息与"约翰尼特异端"有关,他们将施洗约翰视作大祭司弥赛亚,比基督的地位还高出一层,是弥赛亚国王的化身。布朗错把重点放在了小施洗约翰身上——认为他是右边那位给他的同伴赐福的孩子,而接受赐福的孩子则是位于圣母斗篷下小基督。他甚至认为,玛利亚做出了一个明显具有威胁性的手势——她的手指看起来像鹰爪一样,抓着一个看不见的头颅(据说是抹大拉的玛利亚的头颅)。最后,最显眼的可怖的画面出现了:在玛利亚弯曲的手指下面,大天使乌里叶用手做了一个切割的手势,像是斩断了玛利亚用鹰爪般的手抓住的头颅的脖子,就好像达·芬奇想要向世人展示教会是如何联合起来处置抹大拉的玛利亚的。

对于一个严肃的历史学家来说,这种虚构的大杂烩如果不是因为引发了广泛影响,根本就不值一提。目前在海外,尤其是学生群体,都普遍相信卢浮宫版本的《岩间圣母》是因为异端内容而被委托方拒绝,即使只是因为作品没有画上人物的光环,但那些重复出现的虚构的东西,

鹰爪状的手，切割的手势，或是神圣谈话？岩间圣母，达·芬奇，1483~1485年，木板油画（后转移到画布上），199厘米×122厘米

只要隐藏起它的真实来源，就能慢慢变成事实。

把布朗的书当成一部史学专著是很可笑的，有人以此特别创作了一本滑稽的仿作《瓦·芬奇鳕鱼》，作者是伦敦皇家霍洛威学院英语系的教授A.R.R.R.（亚当）罗伯茨。这部小说以卢浮宫馆长雅克·桑纳-卢克的死亡为开端，这位不幸的馆长因"一条三英尺（约91.44厘米）长的鳕鱼插入食道"致死。他被谋杀是因为守住一个黑暗的秘密吗？传闻，达·芬奇还有一个双胞胎妹妹埃达，"是一个比他还要出色的画家"，但她的存在一直被宗派主义者和主教势力严重压制着。埃达才是真正的"蒙娜·丽莎"，而《蒙娜·丽莎》就是埃达一幅自画像的摹本，只是没有画上埃达抱着的神秘鳕鱼，因为这条富有深意的鳕鱼会暴露真相：

"世界上的所有阴谋都是天主事工会（C.O.D.）蓄意的伪装，以此隐藏他们的存在。人们忙于追寻光明会、共济会或黑手党时，却不知道自己已经远离了世界上真正的秘密力量。"

"黑手党？"罗伯特说："他们也置身其中？"

索菲说："黑手党的字意就是'我的信仰'。这是一个宗教称谓，早期跟教皇及天主教会有关系，但它的背后还有一个更强大的秘密组织。它的触角无处不在：在好莱坞，那里是制作电影《教父》的地方；在美国国家航空航天局，登月是伪造的；而在英国，王室都不过是一个复杂的骗局。"

除了罗伯茨所嘲笑的布朗的惊悚故事中虚假混乱的阴谋，达·芬奇被塑造成了一个什么样的人呢？布朗笔下的达·芬奇是一个信仰异教的恶作剧者、黑暗神学秘密的传播者、能将铅变成金子的炼金术士、用炼金药来欺骗死神的策划者——完全不符合手稿中的达·芬奇形象，但这与电子游戏《刺客信条II》公然虚构的达·芬奇形象有着许多相似之处——在这个游戏中，这位画家、发明家完全沉迷于魔法的力量与神秘的数字。

真正的达·芬奇与炼金术、占星术和手相学等神秘领域关联极少。

他坚信由至高的力量创造了奇妙的世界，世界的系统运行遵循着数学逻辑，而科学和艺术是上帝在尘世中的仆人。正如布朗所说，这种信念使他不会"一直以罪人的心态对立上帝"。在他与赞助人的交往中，没有任何文献记载过教义上的冲突。哪里有能够支撑达·芬奇"奢华生活方式"的"数百个梵蒂冈高额委托"，甚至还"融入……绝对非基督教的隐晦象征"？在达·芬奇生命的最后，他的遗嘱完全是符合正统教义的，他希望在昂布瓦斯的三个教堂里举行"三个高等级弥撒"和"三十个格里高利低等级弥撒"。

再强调一下，如果"密码"没有对公众"正确了解达·芬奇"产生如此大的影响，这一切都无可厚非。卢浮宫甚至已经准备好利用布朗式的设定，规划了一条以"达·芬奇密码，虚构与现实"为名的游览路线，邀请观众跟随小说和电影《达·芬奇密码》中的英雄们的脚步参观卢浮宫，探索故事中的重要地点、作品和主题。

受到布朗的小说的启发，网上掀起一股诡异理论的浪潮。通过精心制作的网站和大量的图形设计、视频分析，以解说来自敏锐的特殊侦探们的奇妙发现。网站的基调一般是反权威，指责规范的文献和学术专家没有看到显而易见的真相与事实。这些吸引了喜欢看到专家出丑的非专业人士。不少侦探都出版了书籍，因为出版物似乎能够确立某种合法性。

学术界一般都认为这种无赖一样的历史著述不值一提。但在世界文化中，它不仅是"传奇的莱奥纳多·达·芬奇"这一非凡现象的一部分，本身具有可观的商业价值。媒体总是乐于接受达·芬奇或《蒙娜·丽莎》的故事。通常，越是让人好奇、证据有限的理论，越容易获得更多的媒体关注。好像存在另外一个达·芬奇世界，独立于博物馆和学术界之外。不过从个人角度看，我与这个世界保持的距离还远远不够。一直以来，有太多侦探直接联系我，希望自己的发现能让我大吃一惊，而我也开始期待媒体经常联系我，让我有机会对那些大多很奇怪的猜测发表评论。

我曾试着礼貌地回应这些侦探们，并坚决表达我对各种观点的看法，但没有人喜欢被告知自己是错误的，对于我的批评，他们的态度从默许变成公开辱骂，威胁也时有发生。

我不知道你是否意识到，在过去的一周里，这样与你开诚布公地交流多么令人不安。在发给你跨越几千年的艺术发现之后，已经两天多没有收到任何回复了。我知道你不想草率地做出判断，但我对这份沉默感到不安。鉴于我还没有得到任何对于画面的确认，我已经自行展开法律咨询。

有时与一个人的沟通会拖上好几年，最后已经变成了各说各话。曾有一位彬彬有礼的人，将手上一幅17世纪的风景画归为达·芬奇的作品，在2008～2009年间，他不断用证据轰炸我，认为所谓的达·芬奇的这幅风景画中肯定隐藏了一些秘密图像。同样的事情在2012年和2017年接连不断地出现。我不想变得粗鲁，这些事情都源于自己被视作一位达·芬奇专家。

在达·芬奇的画作中，显然不会有那种极其广泛的、特定图像中的"密码"亟待发现。因此，根据隐藏的图像，也能够判断哪些画作不可能归属于达·芬奇。在发现《蒙娜·丽莎》画作中的秘密数字和字符的人中，最突出的可能就是席尔瓦诺·文切蒂，他自诩国家历史、文化和环境遗产促进委员会（也被称为CONVAB）的主席。这个委员会听起来很正式，好像是罗马的意大利文化和环境遗产部下设的一个组织，然而，意大利政府已经申明CONVAB并没有得到官方认可。文切蒂作为"一名畅销作家和评论员"，在揭示丽莎及其肖像秘密方面广为人知，言论流传甚广。文切蒂在自己的网站上自称"不依附于任何人的一位独行侠，一个掌握最新技术的夏洛克·福尔摩斯"，与"那些被大学和相关学科束缚、思想25年来没有革新的傲慢老艺术史家"截然不同。

2010年12月，文切蒂探查到了蒙娜·丽莎眼睛中的神秘字符：其右眼中写有字母"L"和"V",似乎在告诉人们作者是谁;左眼中写着"B"或"S"或"C",还有"E"。这就是《纽约邮报》题为《蒙娜·丽莎眼中惊人的达·芬奇密码》一文的内容。文切蒂还声称在白杨木板的背面看到了日期149(?),这一发现将排除以丽莎为模特的可能性。大约一年后,文切蒂又指出,"S"代表撒莱,一个俊美的同性恋青年,他才是真正的画中人物。卢浮宫负责人指出,无论是在画作伤痕累累的表面还是背面,即使使用高精度的成像设备,都没有发现这样的字符或数字,但文切蒂指责他们视而不见。

与此同时,这位 CONVAB 主席还希望能够获得允许,挖掘据说位于昂布瓦斯的达·芬奇遗骸,以此证明《蒙娜·丽莎》是一幅隐晦的自画像。他不是第一个这么提议的人。后来,文切蒂似乎将这种野心转移到了寻找丽莎的头骨上,后者葬于佛罗伦萨前圣奥索拉修道院的遭到破坏的墓地。这具头骨将会与葬于圣母领报大殿乔孔多地下墓室中的丽萨后代遗骨进行 DNA 对比,以此证明身份。那么,这个故事与撒莱有什么关系?这幅肖像画最初描绘的是丽莎,但后来又改成了身着女装的撒莱形象。再次强调,如果不是因为引发了广泛、轰动的媒体报道,而且文切蒂真的取得了挖掘墓地的许可,这件事根本无足轻重,我更不会去严肃对待。打个比方说,如果文切蒂真的找到了丽莎的头骨,然后怎么办?就算法医据此重塑了丽莎的面容,证明她与肖像中的形象相似,也只能核实我们早已知道或应该知道的信息。然而,这种情况不太可能会发生,因为在文艺复兴时期,凭借高超的技艺来美化画面中的女性司空见惯。

第二个"细读"《蒙娜·丽莎》的案例,涉及对于其中生物类图像的反复研究,足以让人瞠目结舌。引发这种趣味想象的先驱其实是西格蒙德·弗洛伊德,他在卢浮宫的《圣母子与圣安妮》中,将一只难以置信的秃鹫形象投射到了人物的衣物上。在他 1910 年完成的著名短篇小说《达·芬奇与他的童年记忆》中,弗洛伊德将这一观察归功于他的一个

发现秃鹫:《圣母子与圣安妮》中的"秃鹫"示意图,奥斯卡·费斯特

追随者奥斯卡·费斯特。弗洛伊德将费斯特的秃鹫视作达·芬奇提到的梦中那只把尾巴插进自己嘴里的鸟(一只鸢)。暂且不论弗洛伊德解析中存在的其他问题,只是因为《圣母子与圣安妮》中衣物部分的天青石颜料变淡了,才单单显示出了秃鹫的形状(而且是暂时的)。

与之类似,罗恩·皮奇里洛在他的网站"隐藏的马头"上宣称,借助"视错觉"的原理,在许多著名文艺复兴绘画当中,都能发现"隐藏了500年的图像"。皮奇里洛最著名的图像细读就是,从一侧观看《蒙娜·丽莎》时,可以在背景的风景中看到狮子、猿和水牛的头。此外,从近似的角度,还能看到人物头部、颈部和胸部组合成骡子的头部。然后，他进一步将画面中的人物解读为"嫉妒"的化身（尽管达·芬奇把嫉妒描绘成一个瘦骨嶙峋、胸部下垂的老妇人）。不出所料，这一"发现"被记者们争相报道，因为他们料到这个故事会使自己获得一些专栏版面。

还有一种"细读"那些想象的方法是借助镜像来创建对称图像。如果一面镜子沿着穿过肖像顶部和底部的中心轴垂直放置，那么镜中就会构建出具有暗示性的形象。这项技术经常会被用来重构画面中的景观，让它看起来接近一个真实地点，或者借此强调达·芬奇是在模拟双眼视觉的效果。在这种镜像研究中，最奇怪的案例来自一个名叫"灵异的熔炉"的网站。该网站宣称，通过镜像反转，丽莎展现出的背对背的形象，呈现出一个戴着华丽头饰的外星祭司。

我曾参与过一个电视节目，称入侵地球的外星人控制了一批地球人，达·芬奇就是其中之一。"灵异的熔炉"告诉我们：

> 在许多神学家看来，莱奥纳多·达·芬奇刻意在他的大部分作品中隐藏了密码和潜意识中的信息。如果这是真的，那么我们有理由推测，《蒙娜·丽莎》这幅画实际上是为了隐藏重要的历史与宗教事实，或许关乎外星人的存在及其在罗马天主教会内部的秘密活动。

无论是神学家、艺术史家、专家，还是其他人，随意使用"许多"这个词会带有疯子理论家的特征，他们表现出与业内专家势不两立，又渴望得到大多数人的支持。对于达·芬奇而言，他对依靠想象力将一种偶然性形象投射到线条、形式和色彩的组合当中十分警惕：

> 当你刻意要聚焦于某处，就会不自觉地在布满污渍的墙面、有花纹的石头上，发现大量的熟悉景象，如山脉、河流、岩石、树木、平原、大峡谷和山丘，它们会以各种方式组合在一起。进而，你还会看到各种各样的战斗场景，还有到处乱窜的人物，有着奇怪的面孔或服装，这样的东西不计其数，都可以

网站"隐藏的马头"上展示的《蒙娜·丽莎》画面中的狮子和猿的头部，罗恩·皮奇里洛

提炼成更精确的形式。

然而，达·芬奇肯定不希望后世用这种方式探索他"精心绘制"的作品中的秘密信息。

此类"细读"还衍生出其他形式，比如借助曲解的图像和想象的投射。威廉·瓦维尔被称为"前数学教授""历史学家"和"达·芬奇爱好者"。他声称达·芬奇构建了 40 个独立的符号，这些符号取自《撒迦利亚书》第 14 章，并且分布在《蒙娜·丽莎》的远景、中景和前景中。因为《撒迦利亚书》的这一章预言了主的到来和新耶路撒冷的建立，所以丽莎左肩上堆叠的面纱象征着"所罗门门廊的帷幔"，丽莎前额的面纱则象征着"在至圣所前揭开的面纱"，而面纱前的金链与丽莎衣服领口处的金色绳结相呼应。在风景部分，我们还可以看到"各各他山正从丽莎的右肩后方缓缓升起，另一侧则是橄榄山。丽莎长袍袖子上的褶皱暗示着一种枷锁——与《圣经》文本以及妇女所受压迫相呼应"。关于撒迦利亚的大量象征意在掩盖达·芬奇"亵渎神明"的信息，即在新的耶路撒冷，妇女将有权利成为神职人员。由于丽莎的肖像画体现了撒迦利亚的预言，她也成为激进的女权主义者宣扬"女性崇拜"的工具，媒体也再次对此大加宣扬。

除了解密数字、字符和隐藏的图像，人们还一直在探究达·芬奇作品中的黄金分割比例，尤其是在《蒙娜·丽莎》中。所谓的黄金"神圣"片段（比率、比例）或"平均比率"，是指一条线被分割成较长与较短的两条线段的比例，与该线条与较长部分的比例一致。比例不能精确地用数字表示，到小数点后 7 位是 1.6180339。这个比例后来被发现与斐波那契数列有神秘的联系，后者以中世纪比萨数学家莱奥纳多·斐波那契的名字命名，每个数字等于前两个数字之和，例如 1、1、2、3、5、8、13、21、34、55、89 等，而且连续数字之比趋近于黄金分割比，到了 55

和89时，比率为1.6181818，就接近了黄金比例。除此之外，还有对数螺线或等角螺线——在总体形状不变的情况下，连续螺纹之间的间隔会逐渐增加，即每旋转90º，就会以黄金比例向外扩展。

黄金分割比与斐波那契数列、等角螺线之间的迷人关系，被誉为在形而上学或心理学层面中"解读大自然与艺术之美"的关键。所以，它怎么可能不出现在世界上最著名的画作中呢？问题的关键是，这种迷人的关系直到19世纪才被发现。达·芬奇确实了解黄金分割，如在1498年，他就为卢卡·帕乔利的著作《神圣比例》（《论神性比例》）绘制了插图。他还知道2的平方根约等于1.414，而且如果直角三角形的两条直角边为1，那么斜边就是2的平方根。

虽然在早期人们还没发现黄金分割、斐波那契数列和等角螺线之间的相互关系，但这并没有阻止人们把黄金分割和螺旋图形叠加在艺术品及建筑的示意图中，例如古老的埃及金字塔。有些网站痴迷于在任何地方找到黄金分割——从宇宙几何学到肖像画。文艺复兴时期的绘画经常会成为这种单方面想法的牺牲品。在这些图解（尤其在缩小版的图像标注的）当中，标注出的几何图形与绘画本身构图的关系多少有些随意，就像从普桑绘画中推测出的五边形。更确切地说，正如我们在《阿卡迪亚的牧人》画面中看到的，在大量现存的手稿和底稿中，没有任何迹象表明这些几何比例被应用到文艺复兴和巴洛克时期的绘画创作中，也没有出现在雕塑或建筑上。当然了，"这是一种秘密"。

在关于黄金分割的大量案例中，存在一些极端的阐述，令人惊讶的是，在"沃夫朗数学世界"这一备受推崇、享有盛誉的网站，也落入了在艺术史上的作品中发现神奇比例的历史陷阱。沃夫朗借助动画，巧妙地让观众与《蒙娜·丽莎》中的黄金分割现象进行互动，并指出《蒙娜·丽莎》的脸迎合了黄金矩形的比例。虽然丽莎的脸并不是正对着画面，但是它与矩形是无限接近的，并且从中可知，这幅画的形状"符合神圣的比例"，但其高度和宽度间的比例其实是1.49，而不是1.618，网页演示中使用的图像的左右两边被裁剪过，实际上，这幅画的长宽比例更接近二的平方根（1.414）。达·芬奇很擅长几何学，如果他愿意的话，完全可以让他的画作尺寸变得更加精确，但很不幸，沃夫朗网站的草率做法是"让科学家强行介入美术领域"的典型。对此，他们似乎常常忽视自身专业信奉的真理——严谨。

尽管研究者可以借助自身的专业术语巧妙地建构一些"科学的"理论，但这些理论明显违背了历史。而现代技术（尤其是数字技术），也被应用于与之相去甚远的对历史作品的研究。用达·芬奇无法企及的方式去研究其创作是很有风险的。而克劳斯-克里斯蒂安·卡本和维拉·赫斯林格对《蒙娜·丽莎》的研究就是其中最有新意却最不合时宜的尝试。他们以卢浮宫的版本与普拉多的摹本为对象，想要用一种"双视角"进行解读。在普拉多的摹本中，隐晦地展现出卢浮宫版本中的一些细节，而卢浮宫版本的画作当时尚未完成，以此来看，普拉多的摹本来自一位对《蒙娜·丽莎》的创作进度十分了解的画家。卡本和赫斯林格于2013年在《洞察力》杂志上发表了一篇文章，他们借助两幅作品在人物大小、局部细节上的细微差距，指出达·芬奇及其助手在作画时采用了不同的观看视角。这意味着这两幅画能够组成一个立体图像，由此卡本和赫斯林格认为，达·芬奇有意或无意地创造了带有立体效果的图像，而这一点早在19世纪之前还未被认识到。

这两幅作品之间的细微差别完全符合文艺复兴时期绘画工作室复制肖像的具体程序，它们是根据原画进行临摹而得，而不是由两位画家同时面对一位对象写生。让丽莎每隔几个月（或者几年）就来到工作室，耐心地在画板前坐几个小时，而这两位画家在画面缓慢变干的过程中一直辛勤工作着，这些都是不可能发生的。即使卢浮宫和普拉多版本有意形成一种立体的图像，达·芬奇也没有这样观看两幅画的条件。

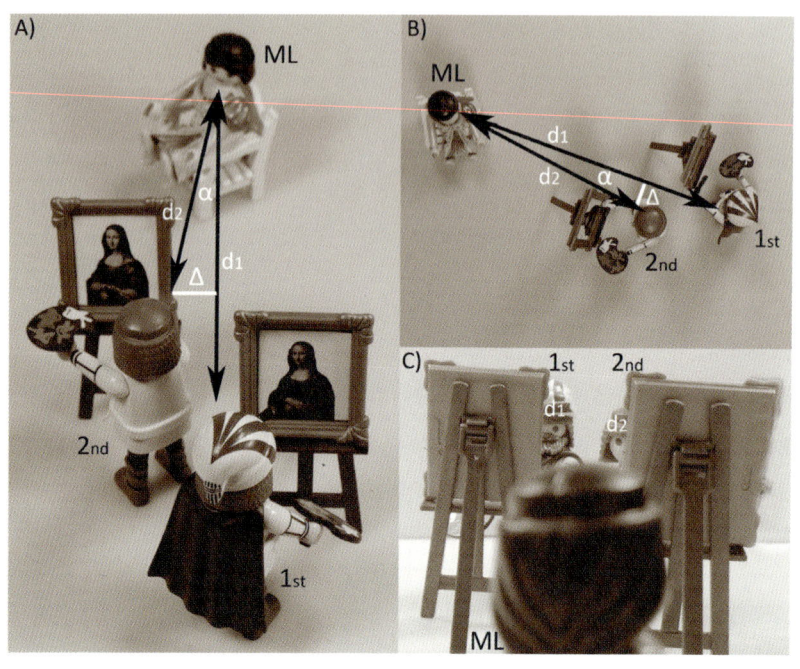

克劳斯-克里斯蒂安·卡本和维拉·赫斯林格的《蒙娜·丽莎》双视角作画模型，收录在《达·芬奇达到新维度的〈蒙娜·丽莎〉》，载《洞察力》XLII，2013，第887~893页

随后，卡本和赫斯林格在艺术科学类杂志《莱奥纳多》上发表了新的文章，注意力转向了画作的背景部分，指出两位画家当时将"一张挂在达·芬奇工作室中的平面油画放在了模特身后"，就像19世纪的摄影棚一样。如果是这样的话，根据视差定律，两幅作品中"人物与背景的相对位置"就会出现明显不同。将现代技术应用于艺术史中的作品分析或许会有显著成效，但不能错误地混淆我们所拥有的资源、分析方法和艺术家实际能够掌握的技术。

此外，还存在着一种"回顾性"的诊断。巴勒莫大学病理解剖学教授维托·弗朗科就以"诊断"老大师画作中主角所患的病症而闻名。例如，在皮耶罗·德拉·弗朗西斯卡的《怀孕的圣母》中，圣母的脖子据说就有初期甲状腺肿瘤的迹象，这是乡村里共用一口水井的人的特征。从历史上看，鉴于"无玷始胎"的观念，圣母不可能会有黄斑或污点，更不可能像是一位患上疾病的农妇一样。此外，在弗朗科看来，丽莎显然患有黄斑瘤——一种高胆固醇引发的病症，该病症会引发皮下黄色脂肪酸积聚，通常会导致皮下脂肪瘤。在丽莎的手部和左眼的凹陷处都能发现这些迹象，但是放大画面来看，丽莎眼睛旁边那块浅色的颜料并不是在刻意描绘皮下出现肿胀，只是因为她脸上薄薄的深色颜料遭到了破坏。即使丽莎真的存在这样的缺陷，达·芬奇也不可能像拍照一样，将其描绘在一幅理想化的肖像中。弗朗科教授的这个理论得到了广泛的传播，可以想见，比起发表在专业期刊上的科学文章，媒体的报道对于公众更有吸引力。

在围绕《蒙娜·丽莎》展开的"秘密学"研究中，有一类十分活跃的讨论，涉及画作背景的真实位置。如果丽莎身后的湖泊和山脉能够呈现出一个特定地点的样貌，那么可能会对我们解读图像产生巨大的影响。桑德罗·阿尔比尼是一位布雷西亚的专业人士，我和他保持着长期的合作交流，他对于研究画面的具体地点做出了大量、持久的尝试。他的研究包括《莱奥纳多油画和素描中的布雷西亚和贝加莫式地景》以及与埃尔弗里德·可耐尔合作的《乔孔达：她究竟是谁？》。可耐尔将《蒙娜·丽莎》中的风景与贝加莫和布雷西亚的伊塞奥湖和奥格里奥河（波河的支流）周边的风景进行匹配。这里是达·芬奇非常熟悉的地区，一幅温莎收藏中的地图就描绘了这条河的流向。为了使两处风景能够更好地匹配，桑德罗将风景或画中人物进行了镜像反转。当我们面对反转后图像时候，会看到前阿尔卑斯山脉、特伦塔帕西峰（有时称特伦塔帕西山）和多西峰。丽莎右边的桥则是阿佐尼·维斯孔蒂桥，它实际上至少有十个桥拱，但这种图像对应最多也只是一种暗示。我们知道，如果达·芬奇真的想要

靠近伊塞奥湖的特伦塔帕西峰

描绘一个具体地点，他会描绘得非常精确，那么还有一个问题，即为什么达·芬奇要使用反转的手法？不可能是因为他喜欢书写镜像文字，在他的油画和手稿中，所有图像都是用正常视角描绘的。

一个本地人当然会因为看到自己的家乡出现在名画中而感到骄傲。桑德罗是其中一个，而已故的著名达·芬奇地图研究专家卡洛·斯塔尔纳齐是另一个，他声称达·芬奇画的是阿雷佐地区。在卡洛看来，这座桥是古老的布里亚诺桥，有七个拱。虽然达·芬奇的数学能力不稳定，但无疑他可以从一数到七，甚至十，可是又没有迹象表明丽莎背后还有其他桥拱。因此，地点问题依然悬而未决。艺术史家卡拉·格洛里认为画中的拱桥位于皮亚琴察省的博比奥，这座桥于1472年遭到严重损坏，刚好与文切蒂在《蒙娜·丽莎》背景的一座拱下面看到的数字"72"相吻合。

而最难理解、最偶然的发现要属一位在乌尔比诺工作的摄影师的风景研究。乌尔比诺是文艺复兴时期备受瞩目的城镇之一，它被费德里科·达·蒙特费尔特罗、皮耶罗·德尔拉·弗朗西斯卡和年轻的拉斐尔的光芒笼罩着。罗塞塔·博基亚在地貌学家奥利维亚·内西的协助下，曾在皮耶罗绘制的费德里戈和巴蒂斯塔·斯福尔扎双联肖像的背景中，辨认出一些真实的景观。他们已经取得了某种程度的成功，找到了一些特定山脉、湖泊和建筑，可能会与画面景观存在对应。他们根据一些关键的观测点制定考察路线，试图在各地寻找与皮耶罗画中景观匹配的地点。然而，当博基亚和内西用这种方式研究达·芬奇时，却屡屡碰壁。丽莎身后的景观与乌尔比诺附近的地形并不相似，但我们却被告知，达·芬奇是采用了一种未知的技术，将乌尔比诺周围的广袤地区"压缩"或"精简"成了画面中的单一视角。那么，为什么他要这样做呢？因为画中人物实际上是乌尔比诺的高级妓女帕西菲卡·布兰达诺，而不是丽莎·德·乔孔多。难以信服的画中人物设定，又被置于一个牵强而怪异的解读当中。

我曾与斯科特·隆德有通信来往，他运营的网站是关于达·芬奇的"密码"主题网站中最怪异的一个（MonaLisaCode.com）。他还有一个内容浮夸的油管（YouTube）账号，其中描述了一种以罗马布拉曼特设计的坦比哀多礼拜堂为中心的风景：

《蒙娜·丽莎》中的风景并非来自想象，而是一幅精确的罗马及其附近地区的勘测图。这项勘测工作巧妙地记录下两方宗教势力：基督教中心在右，异教中心在左。梵蒂冈圣彼得大教堂的穹顶是一端，内米湖的狄安娜女神的祭祀地是另一端，两个端点间的连线达29.5千米，恰好经过布拉曼特的坦比哀多礼拜堂……

内米湖地区是欧洲巫术的摇篮，在《蒙娜·丽莎》的画面中，内米湖的位置在文艺复兴时期是一个很危险的异教中心，并且以异教神"雅努斯"为创作主题也暗示了达·芬奇有着异端信仰，认为太阳是宇宙的中心……《蒙娜·丽莎》描绘的是一位孕妇和她未出生的男婴共享的灵魂。雅努斯的二元主题体现在画面两边的部分柱子上，而上帝则来自隐晦的字符"太阳灵魂"（ANIMASOL），这是"蒙娜·丽莎"一名的秘密变位词，拉丁语义为"太阳灵魂/神"。

难怪达·芬奇在世时，这幅画从来没有和"蒙娜·丽莎"一名有过关联。

隆德继续在达·芬奇的画作中寻找隐藏的天象星座，以此展现天体运行是如何与"基督教的神圣时间协调一致的"。达·芬奇显然能够将星体"拨回"创世之初——根据古老传统，这是公元前5500年的春分日——正好是在大禧年之前的7000年。达·芬奇发现，那时的英仙座将正好位于"太阳第一次出现的方位"的正上方，正如他在《圣母子与圣安妮和施洗约翰》中所描绘的那样，它预示着1500年的春分和秋分日。相关论述还有很多。这种巨大、奇幻的分析逻辑，似乎对于达·芬奇厌恶占星术和伪科学的神秘主义视而不见，但对于隆德来说仿佛无足轻重。

至此，我还没有阐述我在面对这些"景观秘密学家"时的核心立场。我们没有理由认为达·芬奇曾在画中描绘过特定的地点。达·芬奇关心的是他的艺术（和他的科学）的各个方面，进而借助自身对于自然规律的了解，尝试"再造"自然。丽莎背后的风景，其实意在表现她身体内的小宇宙（较小的世界）与外界的共鸣，这基于达·芬奇对地质变化的深刻了解。高处的湖泊、低处的河水、倾斜的山脉和蜿蜒的河床，无不来自画家对地质演变来之不易的认识——而不是从某个单一角度去描摹自然。对达·芬奇来说，艺术创作就像他的科学插图和图解一般，更像是一种展示说明。正是这种塑造典型山景的想法，使得画面中的背景与各地的真实风景有着一种普遍的相似性，但又无法真的一一对应。因此，特伦塔帕西峰倾斜而陡峭的岩层和锯齿状的山峰，正是能让达·芬奇着迷的地貌，但他并不想精确地"转述"它或者其他地点的真实形象。

对于所有对于密码和秘密的探索研究，我还有一个更宏观的立场，在那些多到数不清的邮件回复里被反复提及，大致内容如下：

在文艺复兴时期的绘画中，不存在任何需要在500年后进行解译的密码（图像、数字或其他形式）。画中可能会包含寓言和象征，但没有隐藏的密码。密码的设计是为了最大限度地隐藏某种信息或者意义，而象征和寓言则是意义的组成部分，并且知情者看到作品时是能够发现它们的。象征是用一种事物代表另一种事物，就像《最后的晚餐》中的面包和酒，代表着基督的身体和血液一样。寓言则是一系列象征物的组合，用来传递一个更广泛的信息，例如基督道成肉身和牺牲能够带来救赎，这就是圣餐礼的思想依据。

达·芬奇曾公开地贬低隐藏的秘密、秘密系统和魔法。可以去参考E.H.贡布里希收录在《老大师新解》中的文章《莱奥纳多与魔法师》。

一个重要的问题是，为什么会有诸多人认为达·芬奇在自己的画中嵌入了几乎无法破译的"密码"？达·芬奇在和谁交流，又希望达到什么目的？小说家可以假设达·芬奇是参与了一个惊天阴谋，以此向后代传递隐藏的真相，但作为一名历史学家，我只能面对达·芬奇的现实：他只是通过情境的建构，使作品成为一种他与观者进行交流的手段。

人们幻想当中的达·芬奇出没于互联网上的"虚假森林"中，行走在虚构历史的"荒芜海岸"上，与那些假惺惺的、拘泥于细节的历史研究截然不同。而在这"两极"之间，是不计其数的小说、传奇、推理故事、通俗历史、公共媒体和官方主流文化塑造的达·芬奇。无论我们处在其中的哪个位置，都不能对其他部分视而不见。我们不可能抹去达·芬奇在世界文化中的存在。那么，面对这些纷繁乱象，我有没有什么建议给那些没有时间或专业技能来验证所见所闻的人呢？我会立即回答：去倾听达·芬奇本人的声音。因为与后世的那些喧嚣相比，他的声音是唯一真实的声音。我们需要亲自去看，只要去看一看那些油画和手稿，就会发现它们其实无与伦比。

后记

这本书的内容经历了多次调整，数易其稿才最终成形，因此首先要感谢一直对本书抱有信心的朋友们。由于没有一个公认的模式，因此很难明确此前人们是如何来呈现艺术史的，但我能够强烈地感觉到，从个人角度来讨论达·芬奇是值得尝试的，而且能够引起业内人士及公众的兴趣，但我时常会信心不足。我能够找到的本书最早的大纲可追溯至2011年12月，但在这之前已有许多初稿。最终，是我的长期经纪人卡罗琳·道内让我的想法落到了实处。虽然我们看待事物的角度不尽相同，但是我们彼此都认为从个人角度审视达·芬奇的内心世界将会是有益且有趣的。我也会尽力在书中融入她的观点，因为这对本书大有裨益。

从初始阶段到最终的完稿，索菲·汤普森提供了热情的支持，她是一位严谨而关键的编辑，从而使本书呈现了最佳的效果。卡米拉·洛克伍德、阿曼达·维尼康贝、珍·摩尔则编辑了各个章节的细节，敬业而又高效——当然，他们没有抱怨其中一些无用的东西。波比·大卫是一位出色的图片研究者，如果没有他，本书的视觉效果会逊色许多。尼可拉·切莫迪为本书所作的排版充分展现出他的才华。凯特·托马斯则进行了专业的插图校对。

作为一家伟大而经久不衰的艺术出版社，泰晤士与哈德逊出版社的最大优势，就在于从不畏惧插图。当我还是一名科学专业的学生时，就开始自己学习《艺术的故事》（E.H.贡布里希最杰出的畅销书）。从那时起，英国艺术出版业的两大巨头泰晤士与哈德逊出版社、费顿出版社的书便渐渐充实了我的藏书。一直以来，我十分敬佩那些乐于与非专业人士交流想法的人。作为一个转行进入艺术史领域的研究者，我感激那些在学术界常常被小瞧的"畅销书作家"。

在海沃德和巴比肯美术馆举办的"壮观的身体"及"引诱"展览，玛丽娜·华莱士是其中一位非常重要的人物。她是中央圣马丁艺术学院的教授，也是该学院全球达·芬奇研究项目的核心成员。对达·芬奇的研究还不足以涵盖我们合作20多年来所做的广泛而重要的工作。

从我与莱奥纳多的种种联系当中，几乎难以洞察到我的家庭生活。如果没有我的前妻吉尔、我的孩子乔安娜和乔纳森，现在还有了孙子——艾蒂安、爱丽丝、路易斯和马格努斯，那么，我无法想象我的生活会是什么样子，一定会贫乏得难以想象。

我要感谢本书中出现的每一个人，即便一些故事参与者的意图并不友好。虽然我的工作引发了一些充满敌意的评论，但它们很有创造性，也很有趣。坦率地说，有些并不让人愉快，但它们仍被纳入这一由种种经历所编织起的锦缎中。一位同事曾经针对我的一本书发表了完全否定的看法，他对我说，写评论是一种"接触运动"。我能感受到确实如此，但相比较拳击或者综合格斗，我宁可把它比作网球运动。

在我与达·芬奇的"际遇"当中，有许多人发挥着建设性的作用，并给予直接的帮助。在后面的绝大多数章节中，我感受到了合作的乐趣，如果没有这些合作，很多关键的项目都无法实现。在本书的最后，我整理了一个简单的名单，记录了在达·芬奇研究中，与我有着直接合作的人，并向多年以来给予我源源不断帮助的人表示感谢。

我优秀的个人助理贾德·弗罗德尔，在我漫长的写作与出版的过程中一直十分敬业。感谢她的努力与付出，我才能有条不紊地进行专业化的工作。这几年来，和她的友谊已成为我生活中很重要的一部分。

参考资料

Since this is not a reference work on Leonardo, I have not included endnotes. The following list provides guidance to some valuable sources among the vast amount of literature on Leonardo, and includes publications by myself that are cited in the text.

A good point of reference for Leonardo's paintings is Frank Zöllner, with Johannes Nathan, *Leonardo da Vinci* (Cologne, available in a number of editions, most recently in 2017).

Clark's monograph remains a fine introduction: Kenneth Clark, *Leonardo da Vinci*, ed. M. Kemp (Harmondsworth, [1939] 1988).

For the great stock of drawings in the Royal Collection, see Kenneth Clark, *The Drawings of Leonardo da Vinci in the Collection of Her Majesty the Queen at Windsor Castle*, 2nd edition with Carlo Pedretti, 3 vols (London and New York, 1968); and more generally, A.E. Popham, *The Drawings of Leonardo da Vinci*, ed. M. Kemp (London, 1994).

For Leonardo's own writings, the anthology by J.P. Richter is still fundamental: *The Literary Works of Leonardo da Vinci*, 2 vols (Oxford, 1970); and the accompanying *Commentary* by Carlo Pedretti, 2 vols (Oxford, 1977).

A selection of Leonardo's writings on painting is *Leonardo on Painting: An Anthology of Writings by Leonardo da Vinci with a Selection of Documents Relating to his Career as an Artist*, ed. M. Kemp, trans. M. Kemp and M. Walker (New Haven and London, 2001).

The website of the Biblioteca Leonardiana contains valuable resources, including images of Leonardo's manuscripts: www.bibliotecaleonardiana.it/ – see also www.universalleonardo.org.

For the 'earlier version' of the *Mona Lisa*, see the Mona Lisa Foundation's *Mona Lisa: Leonardo's Earlier Version* (Zurich, 2012).

MY OWN WRITINGS INCLUDE:

'Il concetto dell'anima in Leonardo's Early Skull Studies', *Journal of the Warburg and Courtauld Institutes* XXXIV (1971): 115–34.

'Dissection and Divinity in Leonardo's Late Anatomies', *Journal of the Warburg and Courtauld Institutes* XXXV (1972): 200–25.

'Leonardo and the Visual Pyramid', *Journal of the Warburg and Courtauld Institutes* XL (1977): 128–49.

Leonardo da Vinci: The Marvellous Works of Nature and Man (Oxford, [1981] 2006).

with Thereza Wells:

Leonardo da Vinci's Madonna of the Yarnwinder. A Historical and Scientific Detective Story (London, 2011).

with Pascal Cotte:
La Bella Principessa: The Story of the New Masterpiece by Leonardo da Vinci (London, 2010).
La Bella Principessa di Leonardo da Vinci: Ritratto di Bianca Sforza (Florence, 2012).
'Science and Judgement by Eye in the Historical Identification of Works of Art', paper given at the Authentication in Art Congress, The Hague, 7 May 2014, http://authenticationinart.org/pdf/papers/Science-and-judgment-by-eye-in-the-historical-identification-of-works-of-Art-Martin-Kemp3.pdf [last accessed 30 November 2017]

with Giuseppe Pallanti:
Mona Lisa: The People and the Painting (Oxford, 2017).
with Margaret Dalivalle and Robert Simon:
Leonardo's Salvator Mundi and the Collecting of Leonardo da Vinci in the Stuart Courts (Oxford, forthcoming).

THE LEONARDO EXHIBITION PUBLICATIONS ARE:
Leonardo da Vinci: Artist, Scientist, Inventor, Hayward Gallery (London, 1989).
Leonardo da Vinci: The Mystery of the Madonna of the Yarnwinder, National Galleries of Scotland, Edinburgh, 1992.
Leonardo da Vinci: Experience, Experiment and Design, Victoria and Albert Museum (London and Princeton, 2006–7).

OTHER MATERIALS REFERENCED INCLUDE:
'The Last Supper: restoration reveals Leonardo's masterpiece', *National Geographic* 164:5 (November 1983).
'The perpetual restoration of Leonardo's Last Supper, Part 2', ArtWatch (14 March 2012), http://artwatch.org.uk/the-perpetual-restoration-of-leonardos-last-supper-part-2-a-traumatic-production-of-a-different-leonardo-3/ [last accessed 30 November 2017].
Martin Bailey, 'Leonardo commission case exposes back-room deals', *The Art Newspaper*, January 2011.
Dan Brown, *The Da Vinci Code* (New York, 2003).
Severin Carrell, 'Stolen work by Leonardo recovered after four-year hunt', *Guardian*, 5 October 2007, https://www.theguardian.com/uk/2007/oct/05/ukcrime.artnews [last accessed 30 November 2017].
Pascal Cotte, 'L.A.M. Technique (Layer Amplification Method) – Principe', extract from *Lumière on the Lady with an Ermine* (2014), http://www.academia.edu/8611306/L.A.M._Technique_Layer_Amplification_Method_-_Principe [last accessed 30 November 2017].
Milton Esterow, 'The Real Thing?', *ARTnews*, 1 January 2010, http://www.artnews.com/2010/01/01/the-real-thing/ [last accessed 30 November 2017].
E.H. Gombrich, 'Controversial methods and methods of controversy', *The Burlington Magazine* 105:720 (March 1963): 90–3.
E.H. Gombrich, 'The Form of Movement in Water and Air', in *Leonardo's Legacy: An International Symposium, 2–8 May 1966*, ed. C.D. O'Malley (Berkeley and Los Angeles, 1969), pp. 171–204.
Cecil Gould, *Leonardo: The Artist and the Non-artist* (London, 1975).
David Grann, 'The Mark of a Masterpiece', *The New Yorker*, 12 July 2010, http://www.

newyorker.com/magazine/2010/07/12-the-mark-of-a-masterpiece [last accessed 30 November 2017].

Simon Hewitt, 'Fingerprint points to $19,000 portrait being revalued as £100m work by Leonardo da Vinci', *Antiques Trade Gazette*, 12 October 2009, https://www.antiquestradegazette.com/news/2009/fingerprint-points-to-19-000-portrait-being-revalued-as-100m-work-by-leonardo-da-vinci/ [last accessed 30 November 2017].

Vincent Noce, 'La Bella Principessa: Still an Enigma', *The Art Newspaper*, May 2016.

Henry Pulitzer, *Where Is the Mona Lisa?* (London, 1966).

A.R.R.R. Roberts, *The Va Dinci Cod* (London, 2005).

Ken Shulman, 'The *Last Supper*: worth the wait', *ARTnews* (March 1995): 112–13.

Peter Silverman and Catherine Whitney, *Leonardo's Lost Princess* (Hoboken, 2012).

Alastair Sooke, 'The Isleworth Mona Lisa: a second Leonardo masterpiece?', BBC, 17 February 2015, http://www.bbc.co.uk/culture/story/20150216-a-second-mona-lisa [last accessed 30 November 2017].

Ellen Thomas, 'Duke delighted after "absurd" £4m art heist claim rejected', *The Herald*, 19 June 2015, http://www.pressreader.com/uk/the-herald/20150619/textview [last accessed 30 November 2017].

Alessandro Vezzosi, *Leonardo Infinito* (Bologna, 2008).

图片版权*

2 Royal Collection Trust © Her Majesty Queen Elizabeth II, 2018/Bridgeman Images 25 Santa Maria delle Grazie, Milan 29 San Giovanni in Bragora, Venice. akg-images/Cameraphoto 30 © 2006 Alinari/TopFoto 31 DeAgostini Picture Library/Scala, Florence 33 National Gallery, London 35 © Martin Kemp 36 Alinari/Brogi/Diomedia 39–45 Royal Collection Trust © Her Majesty Queen Elizabeth II, 2018/Bridgeman Images 51 Photo Antonio Quattrone/Electa/Mondadori Portfolio via Getty Images 52 © Martin Kemp 55 Alinari/Toscani, Fedele/Diomedia 57 Photo Claudio Emmer/Alinari via Getty Images 58 Photo O. Louis Mazzatenta/National Geographic/Getty Images 61 Photo by Art Media/Print Collector/Getty Images 65 Alinari/Ranzani Mauro/Diomedia 71 Louvre, Paris 75 Royal Collection Trust © Her Majesty Queen Elizabeth II, 2018/Bridgeman Images 84 © Martin Kemp 90 Czartoryski Collection, Krakow 93 Private Collection, Switzerland 103 **above** National Galleries of Scotland. Long loan in The Buccleuch Living Heritage Trust, 2008. By kind permission of the Duke of Buccleuch & Queensberry KBE 103 **below** Private Collection 105 Uffizi Gallery, Florence 107 © Martin Kemp 112–113 National Galleries of Scotland. Long loan in The Buccleuch Living Heritage Trust, 2008. By kind permission of the Duke of Buccleuch & Queensberry KBE 114 © Martin Kemp 115 National Galleries of Scotland 121 Opificio Delle Pietre Dure, Florence 122 National Galleries of Scotland. Long loan in The Buccleuch Living Heritage Trust, 2008. By kind permission of the Duke of Buccleuch & Queensberry KBE 127 © Martin Kemp 128–130 National Galleries of Scotland. Long loan in The Buccleuch Living Heritage Trust, 2008. By kind permission of the Duke of Buccleuch & Queensberry KBE 137 Private Collection 146–148 © Lumière Technology/Pascal Cotte 149 © Martin Kemp 159 Photo Grzegorz Mazurowski 162 National Library of Poland, Warsaw 165 Pascal Cotte 168 Courtesy Sarah Simblet 174 **left** Royal Collection Trust © Her Majesty Queen Elizabeth II, 2018/Bridgeman Images 174 **above right** Michael Daley, *"Problems with 'La Bella Principessa' – Part II: Authentication Crisis"*, ArtWatch UK – News and Notices, 3 May 2016 175 © Lumière Technology/

* 图片版权中所有页码指英文原版页码。

Pascal Cotte **177** Louvre, Paris **178** © Lumière Technology/Pascal Cotte **185** Private Collection. Photo 2018, Robert Simon via Fine Art Images/Heritage Images/Scala, Florence **186–90** Robert Simon **193** Museum of the History of Science, Oxford University. Photo Victoria Brown **195** Stanza della Segnature, Vatican **201** Andy Rain/EPA/REX/Shutterstock **202** Hermitage Museum, St Petersburg **211** Alte Pinakothek, Munich **216** National Gallery, London **217** National Gallery, London. Heritage images/Fine Art Images/Diomedia **222–223** Louvre, Paris **232** Sipa Press **237** Private Collection. Boltin Picture Library/Bridgeman Images **239** Royal Collection Trust © Her Majesty Queen Elizabeth II, 2018/Bridgeman Images **243** Courtesy Bill Gates **246** Source material courtesy Bill Gates, photographs courtesy Curtis Wong **252** Royal Collection Trust © Her Majesty Queen Elizabeth II, 2018/Bridgeman Images **253** Courtesy Steve Maher **255** Museo Galileo, Florence **263–265** Courtesy Paul Stanton, © Peter Cook **267** Ian Rutherford for the *Scotsman* **270** Private Collection **272** Victoria and Albert Museum, London **274** Courtesy Paul Stanton, © Morley von Sternberg **275** Biblioteca Ambrosiana, Milan **276** Courtesy Paul Stanton, © Morley von Sternberg **278** Royal Collection Trust © Her Majesty Queen Elizabeth II, 2018/Bridgeman Images **279** Mory Gharib **281** Louvre, Paris **290** Santa Maria delle Grazie, Milan **291** Louvre, Paris/Bridgeman Images **296** Oskar Pfister, diagram of the "vulture" in the *Madonna, Child and St Anne with a Lamb* from Sigmund Freud, *Eine Kindheitserinnerung des Leonardo da Vinci (Leonardo da Vinci and a Memory of His Childhood),* 1910 **298** From *Solving Mona Lisa: The Discovery of My Life* by Ron Piccirillo **303** C.-C. Carbon & V.M. Hesslinger (2013). *Da Vinci's Mona Lisa entering the next dimension.* Perception, 42(8), *887–93.* doi:10.1068/p7524 **304** © Drimi/Dreamstime

致谢

我参与的许多项目是在朋友和熟人的大力帮助下完成的。以下是曾给予我帮助的致谢名单（作为后记的补充，尽管不完整）。我还想说，达·芬奇作品相关的展览或其他公共展示离不开大家一直以来的积极合作。

朱丽亚娜·巴龙，曾是我的一名博士生，以高水平的研究为各种项目做出了贡献，尤其是在整理英国（温莎除外）的达·芬奇以及达·芬奇风格作品的庞大的目录方面。

卢米埃科技公司的帕斯卡·柯特，慷慨地与我分享了他对达·芬奇画作的多光谱扫描和 LAM 分析的重要结果。

玛格丽特·达利瓦尔对《救世主》进行了关键研究，分享了许多关于收藏和复制的宝贵想法。

约翰·迪克，资深的苏格兰国家美术馆文物修复者，不仅分享了自己的技术，还帮助我观看 X 光和红外线图像。

伊莉莎贝塔·格尼格纳，研究服装与服饰的历史学家，在解读达·芬奇作品中的女性形象方面发挥了关键作用。

多梅尼科·劳伦扎，孜孜不倦地研究达·芬奇手稿的学者，是《莱斯特手抄本》项目的理想合作伙伴。

琳达·罗伊德·琼斯，维多利亚与艾尔伯特博物馆的展览负责人，其高度的专业素养和冷静的处事风格让达·芬奇的展览成为可能。

事实证明，史蒂夫·马赫尔是一位魔术师，他让达·芬奇的手稿动了起来。

皮耶特罗·马拉尼，一代著名的意大利达·芬奇学者，米兰芬奇亚娜收藏的杰出负责人，多年来一直是我的良师益友。

吉安尼诺的妻子、已故的珍妮·马尔奇，面对多起轰动事件，仍然热情地支持我们对肖像的研究。

与我曾合著的朱塞佩·帕兰蒂，在研究意大利档案时表现出了非凡的谨慎和谦逊。

牛津圣休学院的玛利亚·帕夫洛娃，不仅负责重要的意大利语翻译，还为文艺复兴时期的意大利诗歌提供了有益的指导。

茱莉亚·佩顿-琼斯，在海沃德美术馆大展的策展工作中兢兢业业。

简·罗伯茨，长期在温莎城堡负责达·芬奇手稿的研究，为我的达·芬奇画作研究提供了支持，并在海沃德美术馆和维多利亚与艾尔伯特博物馆的展览中扮演了重要角色。

来自天空体育的史蒂夫·罗伯茨和马丁·金姆将他们的专业知识和资金投入对达·芬奇滑翔机的创造中。

《美丽公主》的所有者——凯西·西尔弗曼与彼得·西尔弗曼夫妇，在漫长的研究过程中，一直是值得信赖的伙伴。

莎拉·辛布利特，她的绘画宛如天使般优美，她巧妙地研究并复原了《美丽公主》的羊皮纸肖像制作过程。

罗伯特·西蒙——《救世主》的发现者之一，支持着我的研究并开诚布公地分享了他的专业知识。

伦敦大学教授菲利普·斯特德曼，创造性地指导了海沃德美术馆展览中 IBM 支持的计算机图形动画部分。

尼克·透纳与简·肖夫·透纳对《美丽公主》肖像画的鉴定做出了重要贡献。简在著作的出版过程中发挥了核心作用。

特蕾莎·克劳（威尔斯），与我一起工作的硕士研究生，对许多项目贡献颇丰，包括"全球的达·芬奇"项目，以及关于《纺车边的圣母》

的专著。

斯坦通·威廉姆斯建筑师事务所的保罗·威廉姆斯对我策划的展览进行了出色的设计，为公众活动做出了积极贡献。他无与伦比的洞察力、视觉的敏感度和技术性的经验是展览成功的关键。

来自 Tetra 协会的詹姆斯·温科，竭尽所能地在海沃德美术馆展览中实现了达·芬奇的飞行器。

在比尔·盖茨赞助的达·芬奇手稿项目中，新技术项目经理科提斯·王发挥着他的创造力。

卡西娅·沃斯尼亚克在对《美丽公主》的研究中不遗余力地工作，孜孜不倦地研究其在波兰的历史资料。

D.R. 爱德华·赖特教授在确定《美丽公主》原始来源方面提供突破性线索，并分享了对《斯福尔济亚达》的图像学见解。

此外，还有许多人以不同的方式为我提供过帮助。

我衷心感谢克里斯蒂娜·阿克西蒂尼、桑德罗·阿尔比尼、乔治·阿玛罗利、罗伯特·安德森、马克·阿伦德、查尔斯·艾弗利、马丁·贝利、约瑟夫·巴里里奥、卡门·班巴赫、罗伯塔·巴尔桑蒂、莱因霍尔德·鲍姆斯塔克、戈弗雷·巴克、捷季安娜·贝尔谢达、罗伯特·贝鲁奇、克里斯蒂亚诺·比安奇、保罗·比罗、苏珊·博斯特、玛丽·博伊尔、苏珊·费勒格、布拉德斯、布鲁诺·布鲁内蒂、巴克卢公爵、马丁·凯格·史密斯、吉亚玛尔科·卡普佐、谢尔盖·切尼、迈克尔·克拉克、已故的丹尼斯·克拉克、马丁·克雷顿、蒂莫西·克利福德、马修·卡顿、比尔·克兰、迈克尔·达雷、纳恩·德金、文森特·德莱文、布莱恩·德尚、乔安娜·德鲁、罗温·德鲁里、米尔顿、埃斯特罗、克莱尔·法拉戈、大卫·费尔德曼、马利亚·特雷莎·菲奥里奥、雅克·弗兰克、塞西莉亚·弗罗西尼、保罗·盖鲁齐、比尔·盖茨、克里斯蒂娜·格多、马尔科姆·杰拉特、莫特扎·加里布、梅勒妮·戈尔茨坦、已故的 E.H. 贡布里希、大卫·格兰、米娜·格雷戈里、西蒙·休伊特、朱莉·希尔、索尼娅·霍普、已故的迈尔克·贾菲、瓦尔德马尔·贾努斯扎克、萨曼莎·杰西尔、马克·琼斯、塞西尔·胡安娜、埃里克·考夫曼、拉里·基思、马丁·金姆、米尔科登·勒乌、丹妮拉·卢森堡、戴安娜·德怀尔、莫德斯提尼、让-皮埃尔·莫恩、大卫·默多克、已故的约翰·尼克、已故的艾德里安·尼古拉斯、卢西安娜·奥弗莱赫蒂、托马什·奥斯辛斯基、卡罗·佩德瑞提、让·彭尼考特、尼克·佩尼、朱丽叶·菲利普斯、皮特·夸伦登、杰奎琳·里奇、史蒂夫·罗伯茨、曼纽拉·罗斯福、皮埃尔·罗森伯格、阿肖克·罗伊、大卫·罗斯福、伊恩·罗斯福、德米特里·雷波诺列夫、盖里·萨克勒、保罗·萨宾、简·施密特、弗雷德·施罗德、约翰·夏普、已故的约翰·谢尔曼、雷斯利·史蒂文森、海克·斯特奇、可妮莉娅·赛尔、卢克·西森、莫妮卡·塔迪、保罗·泰勒、伊丽莎白·乌利维、亚历山德罗·维佐西、弗朗西斯·威尔斯、凯瑟琳·惠斯勒、已故的安德鲁·麦克拉伦·杨，以及弗兰克·佐尔纳的支持与帮助。此外，肯定还有很多人，对于那些无意中被忽略的人，我深表歉意。

索引*

All works of art are Leonardo's unless it is stated otherwise. References to illustrations are in *italics*.

Accidia Foundation, Liechtenstein 271
Acidini, Cristina 123
Adelson, Warren 209
Adoration of the Magi 14, 124
Alberti, Leon Battista: *On Painting* 78
Albini, Sandro 304–305
Alexander VI, Pope 18
Amboise, France; Clos Lucé 21, 263; Saint-Florentin 23
anatomical drawings 10, 17, 19, 20, 21, 22, 42–43, *44*, *45*, 46–48, 49, 187, 247, 277–278, *278*; *see also* 'Great Lady'
'anatomical errors' 175–176, *177*, 179
Anchiano 83, 84; *Casa Natale* 83, *84*
Anderson, Maxwell 206
Andrews, Richard and Schellenberger, Paul: *The Tomb of God* 285
Annesley, Noël 160
Annunciation 14
Antiques Trade Gazette 153–154
Aortic Valve, Studies of... 277–278, *278*
Apelles 81
Apollo (magazine) 269
Aretino, Pietro: *Selected Letters* 78
Art Newspaper 225

Artibus et Historiae (journal) 173
ARTnews 61–62, 153, 155
ArtWatch UK 62–63, 64, 162, 220–221; demonstration of eye *174*, 175–176
Assassin's Creed II (video game) 293
Authentication in Art (website) 173, 225
Avalos, Costanza d' 94
Avery, Charles 26, 27–30, 48
Avery, Mary 27–30

Baigent, Michael *see* Lincoln, Henry
Bailey, Martin 266
Balilio, Joseph 116, 119, 268
Bambach, Carmen 144, 186, 189
Bantam Press 287, 288
Baptism (Verrocchio and Leonardo) 13
Barker, Godfrey 125
Barone, Juliana 270
Battle of Anghiari 19, 58, 81, 227
BBC 38, 96; *Chronicle* series 284; *Crimewatch* 126; *Timewatch* 282, 285–286
Beatis, Antonio de' 21–22, 87
Beck, James 62

Bella Principessa, La (portrait of Bianca Sforza) 16, 136, *137*, 138–145, 148–149, *150*, 151–154, 155–157, 158, *159*, 160–166, 170–176, *178*, 178–183, 198, 207–208; the eye *174*, *175*, 175–176; finger/handprints *147*, *147*, 152, 153–154, 155; infrared reflectogram *146*, 146–147; vellum 146, 147–148, 158, 163, 164–166, 167–169, 173, 174
Belle Ferronière, La 166
Bellincioni, Bernardo 91; poem 91–92
Bellini, Giovanni 28
Bellucci, Roberto 123
Benci, Ginevra de': portrait 14, 213, 230, 265
Benois Madonna 14, 184
Bernini, Gian Lorenzo 100
Bertelli, Carlo 60
Birago, Giovanni Pietro *162*, 163
Biro, Paul 152, 153, 154–155, 172
Blaker, Hugh 92, 94
Blunt, Sir Anthony 26, 37–38, 40
Boltraffio, Giovanni Antonio 140, 190, 205; *Madonna and Child*

---

* 索引中所有页码指英文原版页码。

(*Madonna Litta*) *202*, 203
Bora, Giulio 136, 140
Borchia, Rosetta 305
Borgia, Cesare 18
Borne, François 160
Bossi, Giuseppe 143
Botticelli, Sandro 284
Bouvier, Yves 206, 207, 209
Bramante, Donato: Santa Maria delle Grazie, Milan 35, *35*, 54; Tempietto, Rome 306
Brambilla Barcilon, Dr Pinin 57, 58, 59–60, 61–62, 65, 66
Brando, Pacifica 306
Brewis, Kathy 199–200
British Government Indemnity Scheme 257
British Museum 198, 203, 270
Brown, Carter 266
Brown, Dan: *The Da Vinci Code* 280, 282, 284, 286–292, 293, 294
Brown, Michael 131, 132, 133, 135
Buccleuch and Queensberry, John Douglas Scott, 9th Duke of 106, 110, 112, 120, 125, 126, 127, 266, 267, 268
Buccleuch and Queensberry, Richard Douglas Scott, 10th Duke of 129, 132, 134–135
Buckingham, George Villiers, 1st Duke of 92
Bullettino Storico Pistoiese 86
Buranelli, Francesco 156
Burgess, Guy 37
'Burlington House Cartoon' *see Virgin, Child, St Anne and St John the Baptist*
Buti, Antonio di Piero 85

CAD *see* computer-aided design programs
Caplin, Jo Ann 145
Capuzzo, Gianmarco 148
Carbon, Claus-Christian 302, *303*
carbon dating 148, 162, 230
Castagno, Andrea del: *Last Supper* 224, 290
Caterina (Leonardo's mother) 83, 84–85, 86, 87
Cennini, Cennino: *Il Libro dell'Arte* 219
Centre de Recherche et de Restauration des Musées de France 218, 220
Cera, Adriano 136
Chardin, Jean-Baptiste Siméon 65, 100, 210; *Cellar Boy* 212; *Lady Taking Tea* 212, 213; *Scullery Maid* 212
CHARISMA 221, 224
Charles I 192
Charles, Prince of Wales 269
Chérisey, Philippe de 283
Christie's auction house 116, 140, 144, 158, 160–162, 171, 209, 242, 244
Cicero: *Letters to Friends* 81
Cima da Conegliano 28; *Baptism of Christ* 28, *29*
Clark, Dennis 40
Clark, Kenneth 34, 39, 42, 56, 69, 144; *Leonardo da Vinci* (1939) 734
Clarke, Michael 112, 119, 126
Clifford, Timothy 112
'Codescope' 245, *246*, 247
Codex Arundel 273

Codex Atlanticus 49–50, 168, 274–275, *275*
Codex Leicester 19, 74, 77, 203, 236, *237*, 241–242, *243*, 244, 250–251; CD-ROM project 244–245, *246*, 247; website translation 247–250
Codex Madrid 255
computer-aided design (CAD) programs 240
Condé Nast 155
Cook, Sir Francis: Collection 189–190, 205
Copernicus, Nicolaus 228–229
Corbis Productions 236, 241, 244, 245, *246*, 247
Cork, Richard 267
Corna Trentapassi *304*, 305, 307
Cornaro, Caterina, Queen of Cyprus 115
Correggio, Niccolò da 91
Cotte, Pascal 141, 145–148, 152, 153, 155, 156, *159*, 160, 170, 172, 176, 179, 181; *La Bella Principessa* (with Kemp) 155–156, 148, 167; LAM scan of *Mona Lisa* 231, *232*, 233
Council of Europe *see* Universal Leonardo project
Courtauld Institute, London 26, 27, 37, 40–41
Cowley, William (firm) 167
Cran, Bill 285
Cranach, Lucas, the Elder 216
Croker, Mr 'Froggy' 78
Czartoryska, Izabela 166–167
Czartoryska, Zofia 167

Czartoryski family 166

Daily Record (Glasgow) 266
Daily Telegraph 156, 268
Daley, Michael 62, 175
Dalgleish, Chief Inspector Mickey 126–127
Dalhousie University, Nova Scotia 38
Dalivalle, Margaret 192–193, 199, 200, 209
Dallas Museum of Art, Texas 206
Dalrymple, Mark 132
Dante Alighieri 77, 78, 88; *Convivio* 79, 89; *Paradiso* (*Divina Commedia*) 101; *La Vita Nuova* 79, 88–89
Daumier, Honoré 242
Dawnay, Caroline 48, 155, 256
Delieuvin, Vincent 220, 224
Dick, John 110, 111, 212–213
Dickinson, Simon 152, 271
Dorment, Richard 156–157
Downing College, Cambridge 24, 41
Doyle, John 131, 132, 133, 134
Drew, Joanna 261
Drumlanrig Castle 106–107, *107*, 109, 268
Este, Isabella d' 17, 108, 193; portrait *177*, 179, 180
Esterow, Milton 153, 155
European Fine Art Fair, Maastricht 152–153
Eyre, John 94; *Monograph on Leonardo da Vinci's Mona Lisa* 94, 96

FBI 213–214
Feldman, David 95
Feldman, Stanley 96
Fibonacci series 300, 301
Fiesole: Convent of San Domenico 82–83
Fiorio, Maria Theresa 186
Flogdell, Judd 7, 73
Florence 14, 17, 18–19, 28, 102; Archivio di Stato 50; Cathedral Dome 14; Company of St Luke 13, 18; Istituto Alberghiero 'Buontalenti' 82; Opificio delle Pietre Dure 123, 215, 216; Sant'Apollonia 224; Santa Maria Novella 18; Santissima Annunziata 83, 296
Forster, John 271
Forster Codices 271–272, *272*
Fortnightly Review 74
Francis I, of France 21, 22, 87, 259, 263
Franck, Jacques 219
Franco, Vito 303–304
Franks, Theresa 154–155
Freud, Sigmund: *Leonardo da Vinci and a memory of His Childhood* 296–297
Frey, Markus 95, 99
Frosinini, Cecilia 123

Gage, Edward 268
Gallerani, Cecilia: portrait (*The Lady with an Ermine*) 15, *90*, 91, 166, 265
Galluzzi, Paolo 262
gamma-ray spectroscopy 181
Ganay, Marquis Jean-Louis de 205, 206
Ganz, Kate 140–141, 144, 156, 163

Gates, Bill 19, 236, 244, 247, 250
Gates, Mimi 236
Gates, William Henry 236
Gayford, Martin 268
Geddo, Cristina 143, 155, 170
Gerratt, Malcolm 48
Gharib, Morteza (Mory) 277; model of aorta 277, *279*
Gherardini, Amideo 104
Gherardini, Cosimo, Duke of Florence 102
Gherardini, Lisa *see* Giocondo, Lisa del; *Mona Lisa*
Gherardini family 102, 104, 106
Ghirlandaio, Domenico 158
Giocondo, Francesco del 73, 80, 82, 83, 85
Giocondo, Lisa del (née Gherardini) 19, 73, 80–83, 104; *see Mona Lisa*
Glasgow, University of 38–39, 49, 210, 212
Glori, Carla 305
Gnignera, Elisabetta 170; *La Bella Svelata* 170
Goguel, Catherine 139, 140
'golden section' 53, 300–301
Gombrich, Sir Ernst 38–39, 40–41, 47, 48, 49, 51, 66–67, 105; *Art and Illusion* 40, 47, 66; 'The Form of Movement in Water and Air' 39–40, 412; *The Heritage of Apelles* 39; 'Leonardo and the Magicians' 308
Gould, Cecil 269

Grabski, Jósef 173
Graham, Robert 131, 132, 133
Grann, David 154, 155
'Great Lady' *75*, 76–77, 249
Greenhalgh, Sean 179, 181; *A Forger's Tale* 179–180
Gregori, Mina 136, 139, 140, 141, 143, 155, 170
Griesbach, Monica 191
Guardian (newspaper) 126–127, 180
Guelfs 102
Gutman, Nica 197

Hales, Dianne: *Mona Lisa: A Life Discovered* 80
Hammer, Armand 242, 244, 247
Harris Hydraulics Lab, University of Washington 245
Hayward Gallery, London: Leonardo exhibition (1989) 240–241, 245, *255*, 260, 261–263, *263*, 264–265
Hermitage, St Petersburg 184, 203
Hesslinger, Vera 302, *303*
Hewitt, Simon 153–154, 163–164
Holkham Hall, Norfolk 241, 242, 250
Hollar, Wenceslaus: engraving of *Salvator Mundi* 192, 208
Hope, Charles 204–205
horses 16, 19, 121, 238, *239*
Houdon, Jean-Antoine 100
Hunter, Dr William: Collection 210

IBM 240, 241, 264
Independent (newspaper) 155
Independent on Sunday 268
infrared reflectography (IR) 111, 119, 121, *122*, 123, 126, *128*, 129, *130*, 145, 146, *146*, 197, 216, *216*, 225, 235
Institute of Fine Arts, New York 141, 191, 197

Jaffé, Michael 26
Jones, Jonathan 180–181
Jones, Mark 272
Josquin des Prez 69
Julius II, Pope 19

Keith, Larry 186
Kemp, Jill 7, 27–30
Kemp, Martin 149, 159; *La Bella Principessa* (with Cotte) 155–156, 158, 180; Leonardo da Vinci: The Marvellous Works of Nature and Man 10, 50–53, 74, 76–77
Knauer, Elfriede 304
Knoedler & Co. 242
Krzyżagórska-Pisarek, Katarzyna 175; 'La Bella Principessa...' 173, 174

Lady with an Ermine, The see Gallerani, Cecelia
LAM (Layer Amplification Method) scans *175*, 231, *232*, 233
Last Supper, The 9, 12, 16, 24, *25*, 34–37, *36*, 43, 46, *46*, 48, 51–52, *52*, 53, 67–68, 69, 156, 201, 218, 224, 289–290, *290*; computer modelling 241; restoration 54, *55*, 56–63, *58*, *61*, 64–69
Laurenza, Domenico 247–248, 249, 250–252
Leda and the Swan 19, 20, 23, 227
Ledden, Judy 275
Leeuw, Milko den 225
Leicester, Thomas Coke, 1st Earl of 241, 251
Leigh, Richard *see* Lincoln, Henry
Leo X, Pope (Giovanni de' Medici) 20, 21
Leonardo (journal) 302; Leonardo Lab 123, 214–215, 216, 218, 221
Lincoln, Henry *285*, *286*; *The Holy Blood and the Holy Grail* (with Baigent and Leigh) 284, 288; *The Holy Place: Saunière...* 284–285
Lippi, Bartolomeo (Meo) 85
Louis XII, of France 17, 19, 107, 108, 109
Louvre Abu Dhabi 209
Louvre, Paris 70, 95, 136, 208, 218, 285, 287, 294; *Isabella d'Este* 180; *Mona Lisa* 72, 73, 82, 87, 92, 94, 97, 98, 100, 296, 302; *Virgin, Child and St Anne with a Lamb* 218–219, 220–221, 227, 297; *Virgin of the Rocks* 15, 216, 224, 290–292
Lumière Technology, Paris 141, 145
Lund, Scott 306–307
Luxembourg, Daniella 270, 271

MacGregor, Neil 120, 175
Machiavelli, Niccolò 18
Mackworth-Young, Sir

Robin 47
Maclean, Donald 37;
*Madonna and Child
(Madonna Litta) see*
Boltraffio, Giovanni;
*Madonna and Child with a
Carnation* 211, 215–216;
Madonna and St Anne 19,
20, 23; *Madonna of the
Yarnwinder* 171–178;
Buccleuch version 9–10,
58, 102, *103*, 106–112,
112, 113, 114, 116, 117,
119, 120–122, 124–127,
127, 128, 129–135, 198,
202, 212–213, 214, 216,
221, 235, 266–267, *267*,
268, 269; Lansdowne
version 58, *103*, 109, 110,
116–120, *117, 118, 120*,
121, *121*, 122–125, 129,
158, 202, 214, 235, 266,
267, *267*, 268; *Madonna
of the Yarnwinder* (after
Leonardo) 114, *115*, 121
Maher, Steve 251, 252
Marani, Pietro 64, 65, 70,
143–144, 186
Marchig, Giannino 116,
158, 162–163, 174, 176,
181
Marchig, Jeanne 158,
160–163, 176
Martini, Simone: *Laura* 89
Mary Magdalene 284, 288,
289, 290, 292
Maupassant, Guy de: *The
Inn* 78
Maximilian, Emperor 15,
143, 217
Medici, Giuliano de' 20,
21, 87
Medici, Lorenzo de' 15, 22
Melzi, Francesco 223, 144
Metropolitan Museum,
New York 99, 119, 144,
184
Michelangelo Buonarroti
8, 18, 19, 81, 108; *Battle
of the Centaurs* 265–266;
Creation of Adam 24;
Crucifix 208; *Madonna
of the Stairs* 266; Sistine
Ceiling 24, 59, 60, 66
Milan 29–30, 49, 54;
Archivio di Stato 50;
Biblioteca Ambrosiana
49–50; Castello Sforzesco
30, *30*; Raccolta Vinciana
143; Sala delle Asse 16,
30–32, *31*, 201; Santa
Maria delle Grazie 35,
35, 54, 56, *57*, *see also Last
Supper, The*
Modestini, Dianne Dwyer
190–191, 197, 221, 224
Modestini, Mario 190–191
Modigliani, Amedeo 206;
Nu Couché au Coussin Bleu
207
Möller, Emile 213, 214
Mona Lisa 9, 11, 12, 19,
20, 22, 23, 34, 48, 70, *71*,
72–74, 76–77, 79–80, 83,
85, 87–88, 100, 109, 118,
204, 248; codes, images
and 'secretology' 53, 92,
282, 289, 295–296, 297,
298, 299–300, 301, 302,
303, 304–306; identity
of sitter 224, 228, *see*
Giocondo, Lisa del;
'Isleworth Mona Lisa' 92,
93, 94–100; LAM scan
231, *232*, 233; landscape
background 73, 77,
121, 249–250, 302–303,
304–306, 307; Prado copy
302; *sfumato* 73; 'Mona
Lisa Foundation' 95, 99
Montefeltro, Federico da
170, 305
Montorfano, Giovanni
Donato da: *Crucifixion* 56
Montreal: Museum of Fine
Arts exhibition (1987)
262
Morelli, Giovanni 225;
*Mountainous Landscape with
a Castle 105*, 105–106
Munich: Alte Pinakothek
215
Munich *Madonna* 14,
215–216
Murdock, David: *Mystery of
a Masterpiece* 164, 169
Mussolini, Benito 110

National Galleries of
Scotland 110, 126,
127, 133, 135, 198, 212;
Leonardo exhibition
(1992) 112, 114, 116,
119, 120, 260, 266–271
National Gallery, London
64, 129, 184, 206, 208,
269; CHARISMA
workshop (2012) 221,
224; Leonardo exhibitions
120–121 (1992), 197–204,
216 (2011–2012); *see also
Virgin of the Rocks*
National Geographic (magazine) 60–61, 164, 169
Nazarene movement 171
Nesci, Olivia 305
New York Post 296
New York Review of Books 204
New York Times 144, 145,
209
New Yorker 154, 155
Nicholas, Adrian 276, 277
Norman, Geraldine 268
Notes on optics: hammering
man 252, *252, 253*

Novellara, Fra Pietro 107–108, 124
'On the Eye' (manuscript) 196
Ososinski, Tomasz 164
Osservatore Romano, L' (newspaper) 205–206

Pacioli, Luca: *On Divine Proportion* 17, 50, 300
Pallanti, Giuseppe 80, 82–87, 89; *Mona Lisa Revealed...* 80–81
Parrish, Alexander 190, 209
Pater, Walter 74, 101
Pavia, University of 181
Pedretti, Carlo 42, 99, 114, 143, 205–206, 242, 247; *Leonardo & io* 8
Pellicioli, Mauro 56, 57
Penny, Nicholas (Nick) 136, 139, 184, 191, 198
pentimenti 110, *121*, 147, 181, *190*, 191, 193, 210, 212, 214
Perréal, Jean 168
Peruggia, Vincenzo 72, 86
Petrarch (Francesco Petrarca): sonnets 89
Peyton-Jones, Julia 264
Pfister, Oskar *296*, 297
Picasso, Pablo 100, 206, 207
Piccirillo, Ron: The Hidden Horse Head (website) 297, *298*
Piero, Ser (Leonardo's father) 80, 82, 83, 84, 85
Piero della Francesca 170, 305; *Madonna del Parto* 303; portraits of Federigo and Battista Sforza 305
Piero di Cosimo: *Jason and Queen Hypsipyle with the Women of Lemnos* 158, 160
Plantard, Pierre 282–283, 284
Playfair, William Henry 267
Pollock, Jackson 154
Popper, Karl 40
Portrait of a Musician 204
Poussin, Nicolas 38; *The Arcadian Shepherds* (*Et in Arcadia Ego*) *281*, 285, 301
Price, Monica 193
Priory of Sion 283, 287, 288, 289; 'Masters of' 283–284
Pulitzer, Elizabeth 95
Pulitzer, Henry 94–95; *Where is the Mona Lisa?* 94

Raccolta Vinciana (journal) 64
Raphael 26, 32, 87, 97, 100, 108, 156, 214, 290, 305; *Astronomy* (Stanza della Segnatura ceiling fresco) *195*, 195–196; *Bridgewater Madonna* 133
Reford, Robert 116, 214
Rembrandt van Rijn 100, 242; Self-portrait (Kenwood House) 64
Reynolds, Sir Joshua 92
Richardson, Jonathan 225
Richter, Jean Paul: *The Literary Works of Leonardo da Vinci* 42
ring bearing (model) 255
Robertet, Florimond 107, 109, 120, 202, 267
Roberts, Adam R.R.R. 292; *The Va Dinci Cod* 292–293
Roberts, Dame Jane (Janie) 260, 261
Robinson, Sir Charles 190
rock crystal *193*, 193–195
Ronald, Marshall 131–132, 133, 134
Röntgen, Wilhelm 210
Rosenberg, Pierre 70
Rubens, Peter Paul: Samson and Delilah 175
Rutherford, Ian 267, *267*
Rybolovlev, Dmitry 187, 206–207, 209
St Andrews, University of 50, 109
St Jerome 153
St John the Baptist 20, 23, 204
Sala delle Asse 16, 30–32, *31*, 201
Salaì (Gian Giacomo Caprotti da Oreno) 11, 22, 23, 73, 87, 109, 296
Salvator Mundi 19, 184, *185*, *186*, 186–188, *188*, 189, 190–193, 196–197, 198–200, 202–203, 204–209, 224, 227; crystalline sphere *187*, 188–189, 192, 193–196, 200
Sanseverino, Galeazzo 163
Saunière, Bérenger 282, 283, 284–285, 286
Saunière, Jacques 287–288
Schellenberger, Paul *see* Andrews, Richard
Schlechter, Armin 81–82
Schnorr von Carolsfeld, Julius 171
Schröder, Klaus Albrecht 153
Schultz, George 265
Scotsman (newspaper) 267, 268
Scripta Maneant 169, 170
Seated man..., and studies and notes on the movement of

water 39
Seattle, Washington; Art Museum: *Codex Leicester* exhibition (1997) 236, 247; Harris Hydraulics Lab 245
Sections of the Human head... 45
Sède, Gérard de 283
Sforza, Bianca Maria 15, 163, 216–217; portrait *see Bella Principessa, La*
Sforza, Francesco 16, 163; equestrian memorial to 16
Sforza, Ludovico ('Il Moro') 15, 16, 17, 32, 36, 54, 56, 163, 170, 198, 216
Sforziada see Simonetta, Giovanni
sfumato 73, 219, 268
Sgarbi, Vittorio 170
Sharp, John 24, 26
Shearman, John 26, 389, 46
Short, George 131, 132, 133
Silverman, Kathy 136, 138–139, 148
Silverman, Peter 136, 138–139, 140, 141, 142, 144, 148–149, *149*, 152, 153, 156, 157, 163, 164, 165, 171, 172, 182, 198, 208, 227; *Leonardo's Lost Princess* 142
Simblet, Sarah 167; reconstruction of Leonardo's technique *168*, 169
Simon, Robert 186, 189, 190–192, 197, 198–199, 207, 208, 209
Simonetta, Giovanni: *Sforziada 159*, *162*, 163, 164, *165*, 165–166, 169–170, 173

Sissons, Michael 48
skull sectioned, A 44
Snow-Smith, Joanne 205
Soderini, Piero 81
Sodoma (Giovanni Antonio Bazzi) 116, 214
Sotheby's auction house 190, 206, 209, 234
South, Sidney 41
spolvero marks 213
Starnazzi, Carlo 305
Steadman, Philip 241
Steinberg, Leo 141
Stevenson, Lesley 127
Stolen Stuff Reunited 131
Stone, Captain John 192
Stone, Nicholas 192
Strinati, Claudio 167
Strong, Sir Roy 261
Suida, Wilhelm 214
Sunday Times 125, 199–200
Syson, Luke 99, 184, 197–198, 199, 201, 202, 203
Teniers, David 285
Times 33, 267
Titian 11, 28, 32, 78
Tradescant, John: rock crystal sphere *193*, 194–195
Treatise on Painting 77, 251
Trivulzio, Gian Giacomo 50; equestrian monument to 20
Turin: Centro di Conservazione e Restauro 181
Turner, Jane Shoaf 155, 173
Turner, Nicholas (Nick) 136, 139, 140, 141–142, 143, 155, 173

Ulivi, Elisabetta 86
Universal Leonardo project 7, 122–123, 214, 215, 251, 271
Urbino: Galleria Nazionale delle Marche 170

Varvel, William 299–300
Vasari, Giorgio: *Lives...* 73–75, 79, 94
Vascular, Respiratory, and Urino-Genital Systems of a Woman, The 75, 76–77
Velázquez, Diego 100
Venice 17, 27–28, 30 196, 197; Gallerie dell'Accademia 143
Vermeer, Jan 100
Verrocchio, Andrea 13, 14, 216; *Baptism* (with Leonardo) 13
Vespucci, Agostino di Matteo 81, 86
Vettise, Tony 267
Vezzosi, Alessandro 86, 95, 99, 156; *Leonardo Infinito* 142–143, 144
Victoria and Albert Museum, London 48, 190, 198, 271; Leonardo exhibition (2006) 251, 260–261, 271–279, *274*, *276*
Vienna: Albertina 153
Villa Vignamaggio, Chianti, Tuscany 102, 104, 124
Vinceti, Silvano 295–296, 305
Vinci 13, 83–86, 206; Biblioteca Leonardiana 86; Museo Ideale Leonardo da Vinci 86, 95
Virgin, Child, St Anne and St John the Baptist 22, 307
Virgin, Child and St Anne with a Lamb (oil) *222*, 227; *Pfister's vulture 296*, 297;

restoration 218–221, *223*
Virgin, Child, St Anne and a Lamb (drawing) 269–271, 270
Virgin, Child, St Anne and St John the Baptist ('Burlington House Cartoon') 17, 32–33, *33*, 120–121, 203
Virgin of the Rocks; Louvre version (1483–1485) 15, 32, 198, 204, *216*, 216–218, 224, 290–292, *291*; National Gallery version (*c.* 1491–1508) 15, 19, 32, 129, 184, 186, *186*, 204, *217*, 218, 261, 291
Vitruvian Man 8

Wallace, Marina 7, 122, 214, 251
Warburg Institute, London University 38, 41, 50, 196, 204; *Journal...* (author's articles) 47–48
Washington, D. C., National Gallery of Art 141, 213; 'Circa 1492: Art in the Age of Exploration' (1991–1992) 261, 265–266
water, studies of 17, 20, 38, 39, *39*, 41–42, 118, 240, 245, 277
Wells, Thereza (*née* Crowe) 106, 107, 109, 117, 122, 123, 124, 214, 218, 221
Whistler, James McNeill 212
Whitney, Catherine: *Leonardo's Lost Princess* (with Silverman) 142
Wildenstein & Co. 116, 119, 122, 214, 268
Williams, Paul:

exhibitions 264, *265*, 273–274, *274*
Windsor 26, 30, 47; Royal Library 21, 39, 42, 46–47, 175, 192, 252, 261, 270, 273, 304
Windsor Grammar School 24, 26–27, 35, 40, 41, 78
Wink, James: Flying Machine 262–263, *263*
Wolfram Math World (website) 301
Wong, Curtis 244–245, 247
Woodstock Literary Festival 155
Woolford, Harry 212, 213
Wosniak, Kasia 164, 166
Wright, D.R. Edward (David) 163, 164, 166

X-rays 210, 212–216, 225–226

Yale University Press 199
Young, Andrew McLaren 210, 212

Zamoyski, Stanisław 167
Zamoyski family 166
Zöllner, Frank 204